Hans-Otto Meissner

Durch die sengende Glut der Sahara

Die Abenteuer
des deutschen Arztes Gerhard Rohlfs,
der 1865 als erster Europäer
die Sahara durchquerte.

Moewig Verlag KG München

Herausgegeben von R. W. Pinson und Heinz Reck
Mit 14 Illustrationen und Karten

Kurz nach dem 30jährigen Krieg gründete Johann Georg Cotta 1659 die J. G. Cotta'sche Buchhandlung in Tübingen. Durch die Verbindung mit Gelehrten der Universität war das Programm vornehmlich wissenschaftlich. Nach vier Generationen, einer 125jährigen Familientradition, übernahm Johann Friedrich Cotta die Verlagsbuchhandlung. Er hatte Jura und Mathematik studiert und begann seine Verlegerlaufbahn mit viel Energie und Glück. Als ihm die Begegnung mit Schiller 1794 die Gelegenheit bot, den Verlag vielseitig und überregional weiterzuentwickeln, hatte er schon festen Fuß gefaßt.
Schiller übernahm die Herausgabe der literarischen Schrift »Die Horen«, die Cotta die wichtigsten deutschen Autoren, einige von europäischer Bedeutung, zuführte: Goethe, Herder, Jean Paul, Lichtenberg, Hölderlin, Clemens Brentano, Uhland, Alexander und Wilhelm von Humboldt, Friedrich und August Schlegel, Schelling, Hauff, Fichte, Hegel...
Johann Friedrich Cotta gab auch Zeitschriften, Taschenbücher, Almanache und wissenschaftliche Werke heraus. Seine »Allgemeine Zeitung« wurde zur führenden deutschen Zeitung (sie erschien bis in den Ersten Weltkrieg), Johann Friedrich Cotta zum berühmtesten Verleger. Er war auch im öffentlichen Leben sehr betriebsam: Er beteiligte sich am Hotel Baden-Badener Hof, an der Einführung der Dampfschiffahrt auf Rhein und Bodensee, interessierte sich für die ersten Eisenbahnpläne und stellte für seine Druckerei der »Allgemeinen Zeitung« die erste Dampfschnellpresse auf. Er bereitete weitgehend den deutschen Zollverein vor und reiste im Auftrag der württembergischen Stände nach Paris, um die angedrohten Maßnahmen der französischen Okkupationsarmee abzuwenden. In Weimar wirkte er für das Zustandekommen eines Urheber- und Verlagsrechts. Es gab damals noch kein Gesetz, auf Grund dessen sich Verfasser und Verleger vor unhonorierten Nachdrucken ihrer Werke schützen konnten.
Die Vielseitigkeit und Qualität dem Verlag zu erhalten, war immer das Bestreben seiner Nachfolger.

J. G. Cotta'sche Buchhandlung Nachf. GmbH

Ungekürzte Ausgabe

1977 Moewig Verlag KG, München
Umschlaggestaltung Creativ Shop München, Adolf und Angelika Bachmann
Umschlagillustration Ulrich Schramm, Feldafing
Satz: Kreuzer Fotosatz GmbH, Stuttgart
Druck und Bindung: Salzer-Ueberreuter, Wien
Printed in Austria
ISBN 3-8118-0016-7

Inhaltsverzeichnis

Alle in diesem Buch geschilderten Ereignisse sind tatsächlich geschehen, auch wenn sie oft unglaublich scheinen. Alle Personen der Handlung haben wirklich gelebt und tragen ihren richtigen Namen. Die Geschichte ist erregender als die Phantasie. Den Wegen der Entdecker bin ich selber gefolgt und habe alle Landschaften, die sie durchstreiften, mit eigenen Augen gesehen.

Gerhard Rohlfs, genannt Mustafa-el-Tobib

Das Schloß des Scheitan

Die Schlucht war so eng, daß die Traglasten der Kamele den Felsen streiften. Immer wieder mußte man die Gurte fester ziehen und das Gepäck zurechtrücken, damit nichts verlorenging. Dabei fiel kein lautes Wort, und es wagte auch niemand, zwischen den Zähnen zu fluchen, denn groß war die Furcht vor dem *Dschinn el Djebel*, dem bösen Geist der Berge. Es hieß, daß schon manche Karawane hier verschwunden sei.

Ksar el Scheitan nannte man die Schlucht, auf deutsch „Schloß des Teufels", weil die himmelhohen Steilwände aus reinem Marmor bestanden. Breite, glühendrote Bänder liefen durch das helle Gestein wie lodernde Flammen. Wenn es den Dienern des Teufels gefiel, konnten sie das erstarrte Feuer wieder entfesseln, um Menschen wie Tiere in dem Engpaß zu verbrennen. Aber man mußte hindurch, es gab keinen anderen Weg zu den Oasen jenseits des südlichen Atlasgebirges. Wer von der Küste des Atlantik kam, von Agadir oder Mogador, um Kupfergeschirr, Waffen, Pulver und Blei gegen die herrlich süßen Datteln von Draa oder Tafilet einzutauschen, hatte keine andere Wahl, als dem Lauf des Ued Sus zu folgen. Und dieser Fluß, hier drinnen kaum noch ein schmales Bächlein, zwang jede Karawane, den Ksar el Scheitan zu durchwandern. Über die Berge zu steigen, war unmöglich, denn hier reichten die Gipfel und Kämme des Anti-Atlas bis in den Himmel hinauf, waren im Winter sogar mit tiefem Schnee bedeckt.

Mustafa-el-Tobib war der letzte Mann hinter dreißig schwerbeladenen Kamelen. Von Fieber geschwächt und mit schmerzenden Füßen, konnte er nur mit Mühe der Karawane noch folgen, mußte aber seine Pflichten als Treiber versehen. Nur unter dieser Bedingung hatten ihn die Kaufleute mitgenommen, zu denen er sonst in keiner Beziehung stand. Mit Stockschlägen und Steinwürfen trieb er das Packtier voran, dessen Körbe knirschend an der Wand entlangstrichen. Auf all seinen weiten Wanderungen hatte Mustafa noch nie eine so seltsame Schlucht gesehen. Das Wunder war nicht nur der reine Marmor auf beiden Seiten, sondern dessen Politur. Man konnte wirklich glauben, die Hände von Riesen hätten die Wände so vollkommen glatt geschliffen. Kein Riß und kein Spalt öffneten sich im Gestein. Menschen und Tiere wanderten im Halbdunkel, weil kein Sonnenstrahl so tief hinabreichte. Über das Geröll im Grund rieselte kühles Wasser, eine willkommene Wohltat für die geschundenen Füße Mustafa-el-Tobibs. Seit Tagen hatte er nicht mehr ausreichend gegessen und fühlte sich erschöpft von den Strapazen vieler Monate.

Endlich, nach sechs langen Stunden, hatte man die unheimliche Schlucht durchquert. Die Kaufleute und Treiber lachten wieder und meinten, der Dschinn el Djebel habe so tief geschlafen, daß er vom Durchzug der Karawane gar nichts gemerkt habe. Alle warfen sich nieder, um Gott und seinem Propheten zu danken.

„La ilah il Allah, Mohammed ressul ul Lah!"

Danach folgte das *Elassar*, das Nachmittagsgebet, mit allen dazugehörigen Übungen und den vorgeschriebenen Worten. Hier war es nicht notwendig, die rituelle Waschung von Gesicht und Händen nur mit Sand nachzuahmen, denn es stand reichlich Wasser zur Verfügung. Die Quelle des Ued Sus sprudelte in einen kleinen Teich, den perlende Blasen belebten. Als Mustafa davon trank, merkte er zu seiner Überraschung, daß die frische Flüssigkeit viel Kohlensäure enthielt. Wundervoll prickelndes Mineralwasser, gewiß auch mit heilkräftiger Wirkung, von der aber noch niemand wußte.

Die anderen Treiber lachten über sein Erstaunen und rieten ihm, möglichst viel davon zu genießen, denn frühestens nach drei Tagen würde man den nächsten Brunnen erreichen. Der Verbrauch des mitgeführten Wassers mußte streng rationiert werden. Mustafa aber lobte Allahs Güte, der hier ein solches Wunder vollbracht hatte. Niederkniend und wieder aufstehend sprach er die erste Sure des Korans, die mit den Worten endet: „Führe uns den rechten Weg derer, die Deiner Gnade sich freuen, und nicht den Weg derer, über welche Du zürnest, und nicht den Weg der Irrenden."

Er war ein frommer Mann, das hatten seine Gefährten schon am ersten Tag gemerkt. Sie fielen ein und wiederholten mit ihm: „La ilah il Allah, Mohammed ressul ul Lah!"

Nur bis zum nächsten Morgen blieb die Karawane in der lieblich grünen und herrlich feuchten Oase. Mustafa-el-Tobib nutzte die Pause, um sich neue Sandalen anzufertigen. Mit bloßen Füßen wäre es ihm nicht möglich gewesen, über den glühendheißen Boden der Wüste zu wandern, die vor ihm lag. Niemand half ihm bei der Arbeit. Ein armseliger Kameltreiber mußte selbst sehen, wie er damit fertig wurde. Aus roh gegerbtem Ziegenleder gute *Nails* zu fertigen, war nicht einfach. Sie mußten weich und biegsam sein, dennoch durfte man scharfkantige Steine nicht spüren, falls der Weg durch eine Hamada führte. Es gibt ja ganz verschiedene Arten der Wüste. Nur die *Erg* besteht aus mehr oder weniger feinem Sand, ein *Serir* dagegen aus glatten Kieselsteinen, während die *Hamada* von spitzem, eckigem und kantigem Geröll bedeckt ist. Pferden, Eseln und Kamelen macht das nichts aus, aber die Fußsohlen eines Menschen werden zerschnitten, wenn er längere Zeit schutzlos darüber geht. Selbst in der Erg kann niemand barfuß laufen, weil über Mittag der Sand so heiß werden kann wie die Platte eines Ofens.

Als sich die dreißig Kamele wieder in Bewegung setzten und die Oase von Tesna hinter ihnen lag, war bald keine Spur von Vegetation mehr zu sehen. Ein vollständiger Wechsel der Landschaft hatte begonnen, der Übergang vom Hochgebirge in die lebensfeindliche Welt der Sahara. Wenn Mustafa-el-Tobib einen Blick zurück nach Westen warf, sah er noch den glitzernden Schnee auf den Gipfeln des Atlas und hellglänzende Wasserfäden, die an seinen Felswänden rieselten. Dort gab es graugrünes Gestrüpp, und in den schattigen Tälern sammelten sich die Arganbäume zu dichten Wäldern. Aber nach Osten zu, wohin die Karawane marschierte, war alles flach und trostlos. Vergeblich suchte das Auge nach Anhaltspunkten, aber es gab nichts, absolut nichts. Flimmernde Hitze lag über der Einöde. Alle Unterhaltung verstummte, auch die Treiber ersparten es sich, die Kamele durch lautes Rufen zu ermuntern. Ohnehin wußte jedes Tier, daß es vor Anbruch der Dunkelheit nicht ruhen durfte.

Für Mustafa wurde das rasche Gehen immer schwieriger, weil ihm die Riemen seiner neuen Sandalen tief ins Fleisch schnitten. Doch es ließ sich nicht ändern. Er mußte sich an den ständigen Schmerz gewöhnen. Die Kamele waren so schwer mit den Waren der Kaufleute beladen, daß man ihnen dazu nur wenige *Girbas* hatte aufbürden können. Achtzehn Wassersäcke aus behaartem Ziegenfell sollten ausreichen, um drei bis vier Tage lang zweiundzwanzig Menschen vor dem Schlimmsten zu bewahren. Erst dann konnte man die Girbas wieder auffüllen. Vorher bekamen die Kamele nichts. Die Männer mußten sich mit sechs Bechern pro Tag begnügen. Das waren ungefähr drei Liter für jeden. Uns mag das viel erscheinen, aber in der Sahara, wo selbst im Schatten, sofern es Schatten gibt, die Hitze bis zu fünfzig

Grad Celsius ansteigt, würden wir die dreifache, sogar die vierfache Menge brauchen, um bei Kräften zu bleiben.

Mutafa-el-Tobib durfte sich nicht anmerken lassen, wie durstig er war. Es hätte ihm auch nichts genützt. Kein Mann bekam auch nur einen Tropfen mehr als der andere. Sogar der reichste unter den Handelsherren aus Agadir mußte sich damit begnügen und war es nicht anders gewohnt. Noch knapper als bisher wurde die Verpflegung zugeteilt. Morgens, mittags und abends bestand sie nur aus einer Handvoll Datteln, einer Tasse Gerstenmehl und etwas Olivenöl. Das wurde gemischt, geknetet und in kleine Klumpen geformt, die man langsam zerkaute. Nur mit Aufbietung aller Willenskraft konnte Mustafa das ranzig riechende Zeug hinunterwürgen. Sein Magen revoltierte, er litt unter heftigen Beschwerden und fühlte sich schwächer von Tag zu Tag. Doch niemand nahm auf ihn die geringste Rücksicht. Wenn er liegenblieb, war das seine Sache. Eine Karawane in wasserloser Wüste kann sich nicht mit Kranken aufhalten. Auf einen Treiber mehr oder weniger kam es nicht an.

Der schlimmste Tag war der letzte. Schon um Mitternacht brach die Karawane auf, denn bis zum Abend mußte sie den ersten Brunnen der Oase Draa erreichen. Die allzu schwer beladenen Kamele brauchten unbedingt Wasser. Wenn sie es nicht bald bekamen, brachen ein paar Tiere zusammen.

Dabei ging es nun über die ärgste Hamada, am scharfkantigen Gestein zerrissen allmählich die Nails. Mustafa lief auf blutenden Sohlen und stieß mit seinen wunden Füßen immer wieder gegen die spitzen Steine.

Erst bei Sonnenuntergang fand der Gewaltmarsch sein Ende. Am Brunnen der Oase Tagetta schlürften Menschen und Tiere begierig die lauwarme Flüssigkeit. Mustafa-el-Tobib glaubte, das Wasser liefe wieder aus ihm heraus, weil er nicht aufhören konnte zu trinken.

Tagetta war nur eines der vielen großen und kleinen Dörfer von Draa. Diese ganze, vom Grundwasser des Oued-Draa befeuchtete Gegend erstreckte sich über etwa dreitausend Quadratkilometer. Für die Verhältnisse Marokkos lebten sehr viele Menschen in diesem weiten, fruchtbaren Gebiet. Es war und ist noch heute eine der größten Oasen in der westlichen Sahara. Zahlreiche *Djuars* gab es dort, die nur aus Zeltlagern bestanden und nur zeitweise bewohnt wurden. Die *Ksors* dagegen, wie man regelrechte Dörfer mit Häusern aus Lehmziegeln nennt, waren ständig bewohnt und mit zwei Meter hohen Mauern umgeben, damit es den Räuberbanden nicht gar so leichtfiel, sie auszuplündern.

Inmitten der Riesenoase lag eine sogenannte *Sebcha*, ein breiter Sumpf mit Salzkruste. Wie die Leute sagten, sollte es vorgekommen sein, daß sich die Sebcha vollkommen mit Wasser gefüllt hatte. Der Oued-Draa wurde dann, nach der Schneeschmelze im Gebirge, zu einem reißenden Fluß und ergoß sich in den salzigen Sumpf. Kaum zu glauben war, daß bei solch seltenen Gelegenheiten auch eine Unmenge von Fischen erschien. Sie mußten wohl aus jahrelangem Schlaf im Schlamm wieder zum Leben erwacht sein.

Die Mehrheit der Oasenbewohner gehörte zum Berberstamm der Ait-Atta. Die eigentlichen Herren Marokkos, also die Araber, waren in der Minderheit. Manche von ihnen behaupteten, *Schürfa* zu sein, das heißt Abkommen des Propheten. Sie genossen natürlich die Verehrung aller übrigen Moslem[1]. Zahlreiche Juden, meist Handwerker,

[1] „Schürfa" ist die Mehrzahl von „Scherif". Da seit dem Tode Mohammeds (im Jahr 632 unserer Zeitrechnung) schon so lange Zeit vergangen war, hatten sich seine wirklichen wie angeblichen Nachkommen entsprechend zahlreich vermehrt. Es soll in der islamischen Welt über hunderttausend Schürfa geben, aber nur sehr wenige, wie etwa der Groß-Scherif in Uessan, konnten von sich behaupten, daß ihr Stammbaum in direkter Linie bis auf Mohammed zurückging. Dazu gehörte die namentliche Kenntnis aller Mitglieder der langen Kette.

hatte man gezwungen, in Gettos zu leben, und hatte ihnen viele Beschränkungen auferlegt. Sklaven aus dem Sudan und dem Inneren Afrikas mußten die schwere Arbeit verrichten.

Wer aus der Wüste kam, dem erschien die Oase Draa wie eine Insel der Seligen, denn grün und gut bewässert waren alle Felder. Da gediehen Kohl, Rüben und Karotten, Zwiebeln, Knoblauch, Tomaten, Gerste und Weizen. Mehrmals im Jahr konnte man ernten, deshalb die relativ dichte Bevölkerung der Landschaft. Berühmt waren die Palmen von Draa wegen ihrer zuckersüßen Datteln. Im Austausch für diese Köstlichkeit erhielt man die Handelswaren aus den Städten an der Küste, vor allem Steinschloß-Gewehre nebst Pulver und Blei. Nur drei Taler zahlten die Kaufleute für eine Kamelladung der Datteln, die sie zum zehnfachen Preis in Agadir und Mogador wieder verkauften. So lohnte es sich schon, die lange Reise nach Draa zu unternehmen.

Außerdem war die große Oase ein wichtiger Platz für den Sklavenhandel. Von hier aus zogen die Karawanen acht Wochen weit bis zur sagenhaften Stadt Timbuktu am Südrand der Sahara, um sich mit den Menschenräubern zu treffen. Mit vielen tausend gefesselten Sklaven kehrten sie zurück nach Draa. Dabei mußte man zehn Tage lang eine wasserlose Strecke überwinden, was jedesmal viele Opfer kostete. Trotzdem machten die Händler gute Geschäfte mit ihrer lebenden Ware, denn ein kräftiger Sklave kostete in Timbuktu nur 15 bis 20 Taler[1], während man in Fez und

[1] Gemeint sind Mariatheresien-Taler, die merkwürdigerweise noch bis zum heutigen Tage in Äthiopien sowie in vielen Gegenden des inneren Nordafrika in Umlauf sind. Während der hier geschilderten Zeit – 1860 bis 1870 – waren sie das meistverbreitete Zahlungsmittel Marokkos. Ursprünglich nur für den Zahlungsverkehr im alten Österreich gedacht, werden die Mariatheresien-Taler noch jetzt für den afrikanischen Bedarf in Wien geprägt, müssen aber das Todesjahr (1780) der Kaiserin Maria-Theresia tragen, um von der dortigen Bevölkerung als „echt“ anerkannt zu werden. Als die Franzosen darangingen, Algerien zu erobern – seit 1830 –, begannen sie die Mariatheresien-Taler durch ihre eigenen Silber- und Goldmünzen zu ersetzen.

Meknes mindestens 100 Taler für ihn bekam. Hübsche junge Mädchen wurden zum Preis von etwa 30 Talern pro Stück eingekauft, aber im Norden Marokkos mit etwa 300 Talern bezahlt. So kam der Sklavenhändler auch dann auf seine Kosten, wenn unterwegs die Hälfte oder sogar noch mehr seiner Opfer zugrunde ging.

Zwar residierte in der Ortschaft Tagetta ein Kaid des marokkanischen Sultans mit einem Trupp berittener Polizisten, den sogenannten *Maghaseni*, aber viel hatte er nicht zu sagen. Nur nominell gehörte das Oasengebiet von Draa zum Kaiserreich Marokko. Jedes Dorf hielt sich für selbständig, und niemand konnte verhindern, daß sie einander gegenseitig beraubten.

Die Karawane, mit der Mustafa gekommen war, löste sich auf. Jeder von den Kaufleuten zog nun eigener Wege. Für einen Kameltreiber, der nicht unermüdlich laufen konnte, hatte man keine Verwendung mehr. Deshalb bemühte sich Mustafa-el-Tobib um die Gastfreundschaft Sidi-Bu-Bekrs, der als besonders heiliger Mann galt und daher verpflichtet war, Fremde aufzunehmen. Um gastfrei zu sein, war er reich genug. Es ging die Sage, daß sein Urgroßvater die Sprache aller Tiere verstanden habe, fast ebenso gut wie König Salomon und der Sultan Harun-al-Raschid (oder Doktor Doolittle). Zwar hatte sich diese wunderbare Gabe nicht auf Sidi-Bu-Bekr vererbt, aber dafür die Heiligkeit seines Vorfahren. So war nun Sidi-Bu-Bekr der Vorsteher einer religiösen Gemeinschaft mit eigenem Kloster, einer sogenannten *Sauya*. Freundlich und gastfrei wurde Mustafa aufgenommen, erhielt gute Verpflegung und konnte sich ausruhen. Es war selbstverständlich, daß er fleißig an allen Gebetsübungen teilnahm und streng darauf achtete, die richtigen Formeln zu sprechen. Wobei man wissen muß, daß die Moslem in Marokko der *malekitischen* Richtung des Islam angehören. Viele äußere Formen ihrer Religion unterscheiden sich von denen in Ägypten, Libyen und Arabien. Den Kalifen von Konstantinopel, der gleichzeitig Sultan des türkischen Reiches war, erkannten sie nicht an, obwohl er dies verlangte. Die Malekiten hatten ihr eigenes geistliches Oberhaupt, den Groß-Scherif Sidi-el-Hadj-Abd-es-Ssalam, der in Uessan residierte. Das war ihr Papst, den sie abgöttisch verehrten.

Pilger, die nach Mekka wanderten oder nach jahrelanger Reise von dort zurückkamen, belebten den Hof der Sauya. Mustafa-el-Tobib hatte viel Gesellschaft in diesen Tagen und führte interessante Gespräche. Jene, die Mekka gesehen hatten, durften nun den Ehrentitel *Hadj* führen und waren hochangesehene Leute für den Rest ihres Lebens. Wenn man ihnen zuhörte, so schien es, als sei die heilige Stadt Mohammeds schon der Eingang zum Paradies.

Vierzehn Tage lang blieb Mustafa ein Gast unter den vielen Gästen Abu-Bekrs, lag aber nicht immer auf der faulen Haut. Dafür war er viel zu neugierig. Alles mußte er sehen, wollte auch das Leben in den Djuars und Ksors so gut wie möglich kennenlernen. Dann aber glaubte er, nun sei es genug und begab sich wieder auf die Wanderung. Viel hatte er nicht zu tragen, nur sein Bündel mit Wäsche und Proviant, dazu ein zweites Paar neuer Sandalen und die *R'kua*, wie man jenen kleinen Wassersack nennt, den man nicht Tragtieren, sondern sich selbst aufbürdet.

Die Oase Tafilet war sein nächstes Ziel, eine Fußreise von etwa sieben Tagen in nordöstlicher Richtung. Der Weg führte ihn nicht durch vollkommen kahle Wüste, sondern durch *Sahel*. Darunter versteht man eine Landschaft, in der hin und wieder Steppengras, Dornbüsche und vielleicht sogar einzelne Bäume gedeihen. Hier waren es Akazien mit graugrünem Gezweig, worunter man Schatten fand. Mustafa folgte der Spur von Karawanen, konnte sich also nicht verirren. Stets kam er gegen Abend an einen Brunnen. Denn wo immer es möglich ist, verlaufen die Handelswege der Wüste von einer Wasserstelle zur anderen. Sogar ein Zickzackkurs wird in Kauf genommen, wenn es nur gelingt, recht bald wieder einen *Bir* oder *Hassi* zu erreichen[1]. Ein Lastkamel kann vier bis fünf Tage lang ohne Wasser auskommen. Besonders gute Reitkamele sogar bis zu zehn Tagen. Aber der Mensch kann es nicht, und die Kamele können es nur dann, wenn sie wenig tragen. Je weiter der wasserlose Weg, desto mehr Wasser muß die Karawane in Girbas mitnehmen. Das geht natürlich auf Kosten der sonstigen Last, das heißt der eigentlichen Nutzlast.

Doch übel erging es Mustafa-el-Tobib, als er im ersten Dorf von Tafilet anlangte. Seine hellen Augen erregten Mißtrauen. Für seine Wanderung so ganz allein konnte er keinen glaubhaften Grund angeben. Das ungebildete Volk hielt den arbeitslosen Kameltreiber für einen Spion des französischen Sultans, der gekommen war, die Lage der Oase zu erkunden. Es war ja die Grenze von Algerien nicht gar so weit entfernt, und in Tafilet hatte man gehört, daß verfluchte Christenhunde aus Frankistan dort einen großen Krieg gegen die Moslems führten. Umsonst erhob Mustafa seine Hände und deklamierte mit lauter Stimme das Glaubensbekenntnis. Vergeblich rief er der Menge eine Sure des Korans nach der anderen entgegen. Er wurde getreten und mit Steinen beworfen. Viel fehlte nicht, und man hätte ihn totgeschlagen.

Sein Retter war ein Prinz des kaiserlichen Hauses, ein Vetter des regierenden Sultans, der edle Mulei Abd-er-Rhaman-ben-Soliman. Eigentlich war er selbst der rechtmäßige Herrscher über Marokko, doch sein Cousin war ihm bei der Thronbesteigung zuvorgekommen. Nur in Tafilet fühlte sich der Prinz einigermaßen sicher vor Gift und dem Dolch sei-

[1] „Bir" heißt Brunnen auf arabisch, „Hassi" dasselbe in der Bekrsprache.

nes Verwandten. Hier war sein Einfluß noch groß genug, um dem vermeintlichen Spion aus höchster Not zu helfen. Als er kam, wichen alle Leute zurück. Der Prinz nahm Mustafas Hand und zog ihn mit sich fort.

„Ich habe gehört, du bist ein rechtgläubiger Moslem und kannst den Koran so gut hersagen wie nur wenige Leute. Du wirst bei mir wohnen."

In dem kleinen Lehmpalast von Ertib genoß Mustafa-el-Tobib sieben Tage lang die Gastfreundschaft seines Beschützers. Als er dann weiterzog, gab ihm Prinz Mulei ein Empfehlungsschreiben mit, das vielleicht helfen konnte, falls er wieder in Bedrängnis geriet.

„Aber laß meinen Brief niemanden sehen, der zum jetzigen Sultan hält. Dann hätte er die gegenteilige Wirkung. Nur in den Oasen der Wüste leben meine Freunde."

Mustafa traf eine Karawane, die ihn zur nächsten Oase mitnahm. Er war wieder Treiber des letzten Kamels, kam nach Budeneb und von dort nach Boanan. Aber dann trennten sich wieder die Wege. Mustafa wollte nach Nordosten, die Karawane zog nach Süden, um jenseits der Sahara Sklaven zu kaufen.

Es war für Mustafa am besten, hier zu warten, bis sich eine andere Gelegenheit fand, um in größerer Gesellschaft weiterzuwandern. Als Treiber in einer Karawane fiel er niemandem auf. Es war die sicherste Art des Reisens. Selbst wenn Räuber eine Karawane überfielen, ließen sie meistens die Treiber unbehelligt. Bei denen gab es nichts oder scheinbar nichts zu plündern. Mustafa ging zum Scheich der Oase und zeigte ihm den Brief des Prinzen[1]. Er wurde herzlich umarmt, er sollte sich hier wie zu Hause fühlen. Thaleb-Mohammed-ben-Abd-Allah hieß der liebenswürdige

[1] „Scheich" kann sehr viel bedeuten oder fast gar nichts, je nach der Größe und der Einwohnerzahl seines Herrschaftsbereichs. In kleinen Dörfern ist der Scheich oft ein ganz armer Kerl, der kaum genügend zu essen hat.

Gastgeber. Er ließ Mustafa neben sich schlafen und aß mit ihm aus der gleichen Schüssel. Einen größeren Beweis der Freundschaft konnte es nicht geben. Hatten zwei Männer in denselben Topf gegriffen, mit den Händen natürlich, waren sie einander verbunden wie zwei Brüder. Scheich Thaleb wollte seinen Gast am liebsten gar nicht mehr fortlassen. Als Mustafa dennoch darauf bestand, möglichst bald wieder abzureisen, bemühte sich der Scheich nach Kräften, für ihn die beste Gelegenheit zu finden.

„Ich habe noch etwas Geld in meinem Turban eingenäht", vertraute sich Mustafa seinem Freunde an, „aber es sind Mariatheresien-Taler. In Algerien kann ich nicht viel damit anfangen, dort gelten jetzt die Münzen der Frankistani. Gibt es eine Möglichkeit, die Taler in Franken zu wechseln?"

„Das könnte ich selbst machen, ich betreibe ja nebenher auch ein wenig Handel. Wie viele Taler hast du denn?"

Mustafa rollte seinen Turban auf und brachte 60 Maria-Theresias zum Vorschein, in den Augen Thalebs eine gewaltige Summe.

„So viel Reichtum hätte ich nicht bei dir vermutet. Wo hast du all das viele Geld her?"

„Von meinem Vater", behauptete Mustafa, „ich soll dafür Teppiche in Algier kaufen, dort sind sie um vieles billiger als bei uns in Rabat."

Alle 60 Silbermünzen konnte Thaleb nicht gleich umtauschen. Es vergingen drei Tage, dann war Mustafa mit Franken versorgt.

„Verstecke sie gleich wieder in deinem Turban", riet Thaleb, der gute Freund. „Wenn jemand merkt, was für ein reicher Mann du bist, sind alle Räuber hinter dir her."

„Ich weiß, Thaleb, deshalb spiele ich ja den armen Teufel."

Der Scheich meinte nun, es habe keinen Zweck, auf eine Karawane zu warten. Es könne noch lange dauern, bis wieder Kaufleute nach Algerien zögen.

„Ich stell' dir einen Esel zur Verfügung und meinen Diener als Begleiter. Bis zur Oase Figig wird er dich bringen, von dort kannst du weiterkommen. Da bist du ja schon an der großen Karawanenstraße."

Mustafa bedankte sich sehr. Ein so großes Entgegenkommen hatte er selbst von dem hilfsbereiten Thaleb kaum erwartet. Nicht am Morgen sollte er aufbrechen, meinte der Freund, sondern erst am nächsten Abend. Es war Vollmond und der Weg nicht zu verfehlen. So entging man der größten Hitze, auch würde dann Mustafas Abreise niemandem auffallen.

„Da hast du vollkommen recht, war dieser einverstanden, „so leid es mir tut, daß ich nicht länger bleiben kann."

„Aber du kommst auf dem Rückweg wieder zu mir, das mußt du mir versprechen."

„Natürlich, wo könnte ich es besser haben?"

Mustafa-el-Tobib wanderte in die Nacht hinaus, sein Führer und der Esel gingen voran. Herrlich schön war die Wüste im Silberschein des Mondes, kühl und angenehm die Luft. Er hatte sich so gut von allen Strapazen erholt. So frisch und kräftig hatte er sich seit langem nicht gefühlt. Es machte ihm gar nichts aus, bis zum Morgen, vielleicht bis gegen Mittag weiterzulaufen. Doch schon beim nächsten Brunnen wollte sein Begleiter rasten.

„Der Esel hat zu lange gestanden", sagte der Mann, „er ist weite Wege nicht mehr gewöhnt."

„Das glaube ich kaum, er zeigt keine Spur von Müdigkeit."

„Aber ich, Mustafa, meine Füße sind schwer geworden. Laß mich ein paar Stunden schlafen."

Als der Mann sich niederlegte und laut zu schnarchen begann, schlief auch Mustafa ein.

Ein scharfer Knall, auch ein stechender Schmerz im linken Arm weckte ihn auf. Da sah er über sich Thaleb

Mohammed und in seiner Hand den rauchenden Lauf einer Schußwaffe.

Bevor Mustafa-el-Tobib etwas sagen konnte, warf der Scheich das Gewehr beiseite und griff zum Säbel. Noch immer hatte der Überfallene nicht verstanden, daß ihn Thaleb ermorden wollte. Er hob die rechte Hand und wollte aufspringen. Doch schon hatte der Scheich zugeschlagen und Mustafas Hand bis zur Wurzel gespalten. Ein zweiter Hieb traf sein linkes Bein, das er zur Abwehr gehoben hatte, und noch ein drittes Mal blitzte die blanke Waffe im Mondlicht. Danach verlor Mustafa die Besinnung.

Thaleb riß ihm den Turban vom Kopf, sammelte alle umherliegenden Sachen und belud damit den Esel. Eifrig half ihm dabei der Diener und freute sich schon auf die versprochene Belohnung.

Bevor sich der Scheich entfernte, lud er wieder sorgfältig sein Gewehr und schoß aus drei Schritt Entfernung auf Mustafas Brust, um ganz sicher zu sein, daß er tot war.

Durch einen wunderbaren Zufall traf aber die Kugel den Griff des verborgenen Messers und glitt daran ab. Sie verursachte nur eine Fleischwunde. Thaleb konnte es nicht wissen. Zufrieden mit seiner Tat und seinem Raub machte er sich auf den Heimweg.

Was hier geschehen war, hätte leicht das Ende eines großen Afrikaforschers bedeuten können. Mustafa-el-Tobib war kein Moslem, hatte auch nicht die geringste Absicht, den Lehren des Propheten zu folgen. Er hieß in Wirklichkeit Gerhard Rohlfs und stammte aus Vegesack bei Bremen. Wer immer sich mit der wunderbaren Geschichte berühmter Entdeckungsreisen befaßt hat, dem ist sein Name wohlbekannt.

Der deutsche Kameltreiber

Gerhard Rohlfs war über Wege der Wüste und Wildnis gewandert, die vor ihm kein weißer Mann betreten hatte. Länder und Völkerschaften hatte er kennengelernt, von denen man in Europa nicht einmal den Namen wußte.

Das alles war nur möglich gewesen, weil er es verstand, sich dem Land, den Leuten und dem Islam so vollständig anzupassen, als sei er in Marokko geboren. Er beherrschte die arabische Sprache und hatte den Koran eingehend studiert. Die meisten Suren konnte er aus dem Gedächtnis aufsagen. Da auch seine Gebete und rituellen Übungen den strengen Vorschriften genau entsprachen, fand niemand den geringsten Anlaß zu bezweifeln, daß er sich zu einem glühenden Verehrer Allahs und Mohammeds bekehrt hatte. Er war so tiefgebräunt von der afrikanischen Sonne und dem Wüstenwind, daß es nicht leicht war, ihn von einem echten Araber zu unterscheiden.

Nur die hellen Augen und das strohblonde Haar konnten ihn verraten, weshalb er ich den Turban tief in die Stirn zog und die Augen niederschlug. Vorübergehende ließen sich davon täuschen, jedoch nicht seine Gefährten oder jene Leute, bei denen er wohnte. Diesen pflegte Mustafa ganz offen zu sagen, daß er ein *Rumi* war, wie man alle Europäer nannte. Aber Allahs Güte und die Weisheit Mohammeds hatten ihn erleuchtet, den einzig wahren Weg zu den Pforten des Paradieses zu finden. „La ilah il Allah, Mohammed ressul ul Lah!"

Man mußte es dem Rumi glauben, hatte ihn doch der Groß-Scherif selbst mit seiner Freundschaft ausgezeichnet.

Dieser allmächtige Mann, in nächster Linie von Mohammed abstammend, war für die Gläubigen Marokkos etwa das gleiche wie der Heilige Vater für die katholische Christenheit. An seinem Hof hatte Mustafa-el-Tobib über ein Jahr gelebt und gelernt, wie sich ein frommer Moslem zu verhalten hat. Der vornehmste Nachkomme des Propheten, mit dem langen Namen Sidi-el-Hadj-Abd-es-Ssalam-ben-Aribi-ben-Eli-ben-Ali-ben-Mohammed-ben-Thaid, hatte mit eigener Hand ein Stück gesottenes Hammelfleisch von der ihm gereichten Keule geschnitten und dem bekehrten Rumi in den Mund geschoben. Wenn das nicht die höchste aller Ehren war!

Als Gerhard Rohlfs aus der Betäubung erwachte, sich aber kaum zu rühren vermochte, glaubte er, sein Leben müsse während der nächsten Stunden verrinnen. Das Blut sickerte aus vielen Wunden, sein Körper brannte in tausend Schmerzen. Hatten auch die Bleikugeln und Säbelhiebe nicht genügt, ihn sofort zu töten, war doch das baldige Ende unausbleiblich. Da keine Hoffnung auf Hilfe bestand, mußte wohl der Schwerverletzte verbluten. Für einen Mann von erst dreißig Jahren war es bitter, die Nähe des Todes deutlich zu spüren. So vieles hatte er noch tun wollen, aber nach seiner Meinung erst so wenig getan.

Wie es in solcher Lage vielen Menschen ergeht, eilten seine Gedanken zurück in die Jugendjahre. Und was er seitdem erlebt hatte, spielte sich in seiner Vorstellung noch einmal ab. Die wesentlichsten Ereignisse traten so klar hervor, als wiederhole sich die Wirklichkeit in der gleichen Reihenfolge. Dabei spielte die Zeit, wie gesunde Menschen sie messen, keine Rolle mehr. Der Mann in seiner Blutlache wußte nicht, ob nur wenige Minuten vergingen. Er sah alles, was früher gewesen war, so klar und greifbar nahe vor sich, als würde es erst jetzt geschehen.

Da war das Haus in der Buchstraße mit dem großen Garten. Die salzige Luft des Meeres spürte man dort immer. Bei diesigem Wetter waren die Nebelhörner deutlich zu hören. Auch die Stimmen und Geräusche an Bord der Schiffe, die auf dem Strom vor Anker lagen, hallten dann viel lauter als sonst herüber. Wenn sie ihre Segel setzten, um von Bremen in die weite Welt auszulaufen, packte das Fernweh jeden richtigen Jungen.

Kapitäne und Schiffsoffiziere, die alle Ozeane befahren hatten, waren häufige Gäste im Haus der Eltern. Die konnten erzählen, die hatten Abenteuer erlebt und Gefahren bestanden, daß man sich wundern mußte, sie noch mit heiler Haut wiederzusehen. Das heißt, nicht alle waren so gut davongekommen, denn sie erschienen bei Dr. Heinrich Rohlfs, um ihn wegen dieses oder jenen Leidens zu konsultieren.

Auch der Vater seines Vaters war Arzt gewesen. Es schien in der Familie keinen anderen Beruf zu geben. Die beiden Brüder Gerhard Rohlfs' bereiteten sich darauf vor, und er selbst sollte gleichfalls Medizin studieren. Sieben Geschwister waren im Haus, die alle von einem Privatlehrer unterrichtet wurden, weil es in Vegesack noch keine höhere Schule gab. Doch reichten die Kenntnisse des braven Mannes nicht allzuweit. Mit fünfzehn Jahren kam Gerhard zu fremden Leuten nach Osnabrück, um das dortige Gymnasium zu besuchen. Erdkunde, Deutsch und Geschichte, auch die modernen Sprachen lernte er schnell, fand jedoch an Latein und Griechisch keinen Gefallen, noch viel weniger an Algebra und Mathematik. Es gab viel Ärger mit den Lehrern. Der Junge dachte zu selbständig und war zu eigenwillig. Sein unruhiger Geist konnte das ewige Einerlei der Schultage nicht ertragen. In erheblichem Maße widersetzte er sich der strengen Disziplin. Nach einem Jahr riß er aus und lief bis nach Amsterdam. Gerade noch rechtzeitig holten ihn die Eltern von Bord eines Seglers, der im Begriff war, nach Ostindien auszulaufen. Als Schiffsjunge hatte sich Gerhard anheuern lassen.

Danach kam er aufs Gymnasium in Celle und mühte sich

redlich ab, bis zum Abitur dort auszuhalten. Als er das schließlich geschafft hatte, wünschte sich der Junge statt geduldigen Studierens soldatische Abenteuer. Seine beiden älteren Brüder waren zu jener Zeit Feldärzte in der kleinen Armee Schleswig-Holsteins und hatten soeben, das heißt im Jahr 1848, den Krieg gegen Dänemark mitgemacht. Was sie erzählten, entflammte die Phantasie des Abiturienten. Als Held auf dem Schlachtfeld wollte er sich beweisen. Damals gab es noch kein Deutsches Reich, aber in all den großen und kleinen Staaten Deutschlands begeisterten sich viele junge Leute am Gedanken, für die Einheit des Vaterlandes zu kämpfen, notfalls sogar zu sterben. Bremen war als Freie Hansestadt noch selbständig, also ein kleiner Staat für sich. Bei der Bremer Bürgerwehr war auf kriegerische Taten kaum zu hoffen. Dort begnügte sich Gerhard Rohlfs mit der militärischen Grundausbildung, hernach ging er als Freiwilliger zur schleswig-holsteinischen Armee. Er wurde gleich Unteroffizier, nahm an mehreren Gefechten teil und wurde, erst neunzehn Jahre alt, auf dem Schlachtfeld von Tostedt wegen ganz besonderer Tapferkeit zum Leutnant befördert. Wenig später aber war der Krieg zu Ende. Für fremde Offiziere gab es keine Verwendung mehr, und der Leutnant Rohlfs wurde entlassen[1].

Auf Drängen der Eltern blieb ihm nichts anderes übrig, als mit dem Medizinstudium zu beginnen. An diesen Jahren eilten seine Gedanken schnell vorüber. Sie waren jetzt, da er sich dem Ende so nahe glaubte, nicht mehr von Bedeutung. Dennoch hatte sich der Student mit der gleichen Leidenschaft in die Arbeit gestürzt wie vorher in soldatische Abenteuer. Die Professoren erkannten seine medizinische Begabung, die sich scheinbar in der Familie vererbt hatte, und waren mit

[1] Als 1870 das Deutsche Reich entstand, erhielt Rohlfs in Anbetracht seiner damaligen Kriegstaten eine Jahrespension von 720 Goldmark, sogar die Nachzahlung für die inzwischen vergangenen zwanzig Jahre wurde ihm bewilligt.

ihm sehr zufrieden. Er wurde in Würzburg ein beliebter Schüler Rudolf Virchows, des größten deutschen Arztes damaliger Zeit. Nebenher führte Gerhard Rohlfs ein flottes Burschenleben. Er liebte die Mädchen, verfaßte gefühlvolle Gedichte und spielte Klavier mit hinreißendem Schwung. Ohne Wissen der Eltern und Professoren unternahm er während der Semesterferien einen neuen Versuch, wieder ins Feld zu ziehen. Es sah nämlich so aus, als werde Österreich-Ungarn in einen Krieg verwickelt. Bei einem dortigen Infanterieregiment bat er um Aufnahme, begann auch seinen Dienst, verschwand aber ohne Abschied, da sich die Lage wieder beruhigte.

Heute ist ein junger Mann wohl kaum zu verstehen, der sich ohne besonderen Anlaß danach drängt, sein Leben im Dienst fremder Heere zu riskieren. Damals aber war Rohlfs keine so große Ausnahme. Seit den Napoleonischen Feldzügen hatte Europa in Frieden gelebt, von den jungen Leuten konnte sich niemand eine Vorstellung davon machen, was ein wirklich großer Krieg an Leiden und Schrecken mit sich brachte. Statt dessen glaubten Draufgänger in romantischer Verblendung, es gehöre zum echten Mannestum, sich mit dem Feind auf Tod und Leben zu schlagen. Bedrohte keiner das eigene Land, suchten sie anderswo nach einem Gegner. Vorläufig konnte Gerhard Rohlfs keinen mehr finden. Wohl oder übel kehrte er zu seinem Studium zurück. Er ging von Würzburg nach Heidelberg und schließlich nach Göttingen. Er wurde Bursche im Korps „Hannovera“ und schlug ein paar Mensuren auf dem Paukboden, ohne jedoch Schmisse davonzutragen. So verging die Zeit, und das Staatsexamen rückte näher.

Doch eines Tages packte ihn wieder sein Fernweh. Er verschwand über Nacht, ohne sich abzumelden, und reiste auf abenteuerlichen Wegen durch Italien und die Schweiz nach Montpellier in Frankreich, um sich bei der Fremdenlegion zu bewerben. Die Franzosen stellten zur Bedingung, erst seine medizinische Prüfung abzulegen. Soldaten hatte die Fremdenlegion genug, aber nicht genügend Ärzte. So mußte Rohlfs wieder einige Monate büffeln, wonach er sein Examen bestand. In Deutschland wäre es nicht anerkannt worden. In der Heimat hat Rohlfs auch nie praktiziert. Doch es genügte für die Fremdenlegion. Als Militärarzt schickte man Rohlfs nach Algerien. Es gelang ihm aber stets, als Soldat bei der kämpfenden Truppe zu sein. Offizier konnte ein Ausländer in der Fremdenlegion nicht werden, auch wenn er das in seiner Heimat gewesen war. Aber bis zum Sergeanten diente sich Rohlfs hinauf. Erst hinterher, als der eigentliche Krieg vorüber war, schien man sich wieder an seine ärztliche Aufgabe zu erinnern und übertrug ihm die Leitung eines Militärhospitals.

Aber der gleichmäßige Dienst in einer trostlosen Garnison paßte ihm nicht. Die fünf Jahre seiner Verpflichtung waren vorüber. Wenn er gehen wollte, konnte ihn die Legion nicht länger halten. Als Rohlfs davon hörte, daß die Armee des Sultans von Marokko modernisiert wurde und europäische Offiziere mit Kriegserfahrung suchte, war sein Entschluß gefaßt. Er fuhr mit dem nächsten Schiff als Deckpassagier nach Tanger, um dem Sultan seine Dienste anzubieten. Dieser hatte eben einen Feldzug gegen spanische Truppen verloren, doch war anzunehmen, daß die Kämpfe bald wieder aufflammten.

Aber es sah traurig aus in Marokko. Es herrschte dort allgemeine Unordnung. Ohne Protektion und Korruption ließ sich nichts erreichen. Zudem war die gesamte Bevölkerung von fanatischem Haß gegen alle Ungläubigen erfüllt. An dem Gerücht von großen Möglichkeiten für fremde Offiziere stimmte nichts.

Um die damalige Lage zu verstehen, muß man wissen, daß von allen europäischen Mächten bisher nur die Franzosen begonnen hatten, in Nordafrika einzudringen. Nach dreißigjährigem Bemühen waren sie über das Küstengebirge bis schließlich an den Nordrand der Sahara gelangt, aber nicht weiter. Im Sultanat von Marokko hielten die Spanier nebst einigen kleinen Orten am Mittelmeer lediglich die Hafenstadt Tetuan besetzt. Das übrige Marokko, immerhin größer als Spanien und Portugal zusammen, war noch vollkommen selbständig. Abgesehen von Marokko und dem nördlichen Algier gehörte ganz Nordafrika zum türkischen Reich, allerdings mehr auf dem geduldigen Papier der Landkarte als in Wirklichkeit. Der Sultan in Konstantinopel und seine osmanische Regierung hatten dort nicht viel zu sagen. Die Herrschaft der türkischen Paschas beschränkte sich auf die Küste und einige große Ortschaften. Sonst konnten die Emirs und Scheichs, die Beys und Deys oder wie sonst die örtlichen Potentaten genannt wurden, tun und lassen, was sie wollten. In der Hauptsache taten sie das gleiche wie die türkischen Gouverneure, das heißt, sie betrieben eine erbarmungslose Ausbeutung des einfachen Volkes. Es gab kein Recht außer dem Recht des Stärkeren. Nirgendwo fanden die Schwachen auch nur vorübergehend Sicherheit für ihr Leben und Eigentum. Nur die Ärmsten, die absolut nichts zu verlieren hatten, blieben unbehelligt.

Diese absolute Rechtlosigkeit, schon seit Jahrhunderten, war auch der Grund, weshalb Nordafrika und die Sahara den Europäern viel länger unbekannt blieben als die übrigen Zonen des Schwarzen Erdteils. Man wußte wenig von jenen Ländern, die Europa am nächsten lagen. Nur aus Gerüchten hatte man geringe Ahnung von den Menschen und Landschaften hinter der Küste, obwohl regelmäßige Schiffahrtslinien an ihr entlang führten. Es war ein Rückstand der Forschung ohnegleichen, den man heute kaum begreift. Jede ferne Insel der Südsee war bekannt, selbst das innerste Sibirien und Australien hatten kaum noch Geheimnisse zu verbergen.

Tief war man schon ins Nördliche Eismeer vorgedrungen und hatte auch Südamerika weitgehend erforscht, als sich noch immer der größte „weiße Fleck" auf dem Globus gewissermaßen vor der Tür Europas befand. Nur wenige Tagesreisen von Paris, Wien, Rom und Berlin begann das ungelöste Rätsel der Geographie und Völkerkunde. Schon waren die Küsten des übrigen Afrika, zum Teil bis tief ins Hinterland hinein, mit den Kolonien, Stützpunkten und Handelsniederlassungen der europäischen Staaten gespickt, als noch kaum ein Weißer gewagt hatte, in die Länder und Wüsten jenseits des Atlasgebirges vorzudringen. Das war alles oder fast alles eine Terra incognita, ein unbekanntes, ja sogar ein verbotenes Land[1].

Doch es war nicht immer so gewesen. Die Phönizier und Griechen, erst recht die Römer hatten Nordafrika, sogar einige Oasen der Sahara recht gut gekannt. Eine Kette blühender Handelsstädte säumte damals die Küste. Die afrikanischen Provinzen waren die „Kornkammern" des römischen Reiches gewesen. Viele hundert Meilen weit hatten die Legionen den römischen Adler ins Innere Afrikas getragen. Aber bis wohin sie tatsächlich gelangten, weiß man nicht mehr. Dann zerfiel das Imperium Romanum, und es kamen die Wandalen, also germanische Völker, um ihre Nachfolge anzutreten. Als auch sie zugrunde gingen, beherrschten die Byzantiner für einige Zeit die Küste. Doch alles, was aus der Antike noch geblieben war, versank in Schutt und Asche, als aus dem Osten die Araber erschienen, um mit Feuer und Schwert den Islam zu verbreiten. Sie eroberten nicht nur den gesamten

[1] Das erinnert mich an die große, gebirgige Insel *Sokotra*, östlich vom Ausgang des Roten Meeres. Tag für Tag fahren auf Sichtweite große und kleine Schiffe an ihr vorüber, ohne daß jemand an Bord sagen könnte, wie dort die Verhältnisse beschaffen sind. Viele Male habe ich die Küste der Insel durchs Fernglas betrachtet, aber trotz eifrigen Bemühens konnte ich in keinem geographischen Werk mehr als zehn oder fünfzehn Zeilen über Sokotra entdecken. Dabei hat diese „vergessene Insel" eine Größe von 3300 Quadratkilometern, und 12 000 Menschen sollen dort leben.

Norden des Schwarzen Erdteils, sondern auch Spanien, und waren im Begriff, auch das heutige Frankreich und Deutschland zu unterwerfen, als sie von Karl Martell – dem Großvater Karls des Großen – 732 in der Schlacht von Tours und Poitiers geschlagen wurden. Doch in Nordafrika blieben sie die Herren des Landes und zwangen alle Menschen, ihren Glauben anzunehmen. Sie wurden als Seeräuber der Schrekken des Mittelmeers und auch der nordatlantischen Küste. Sie zogen auf Sklavenjagd bis zum Niger und Kongo. Jeder Ungläubige galt ihnen als Todfeind, nur in wenigen Hafenstädten waren christliche Kaufleute zugelassen.

Daran hatte sich nicht viel geändert, auch was den fanatischen Fremdenhaß betraf, als der nun dreißigjährige Gerhard Rohlfs Anfang März 1861 in Tanger eintraf. Immerhin hatte der Sultan von Marokko vor kurzem gestattet, daß sich jetzt fremde Konsuln hier niederließen. Nur einen Deutschen Konsul gab es nicht, konnte es auch nicht geben, weil noch kein Deutsches Reich bestand. Rohlfs war ein Bürger der Freien Stadt Bremen, und da sich alle fünf deutschen Hansestädte vom englischen Konsul vertreten ließen, begab sich Rohlfs zu Sir Drummond Hay. Er hatte Glück, in dem britischen Konsul einen hochgebildeten Mann zu finden, der die marokkanischen Verhältnisse besser kannte als jeder andere Europäer. Sir Drummond riet Rohlfs dringend ab, sich um eine Anstellung beim Sultan zu bemühen. Keinen Augenblick konnte ein Christ außerhalb von Tanger des Lebens sicher sein. Erst recht war an Forschungsreisen nicht zu denken, selbst wenn er wider Erwarten zu diesem Zweck einen Firman-ali, einen kaiserlichen Paß, erhielt. Die Macht des Sultans stand auf schwachen Füßen. Viele der Kaids und Stammesführer kümmerten sich nicht um seine Befehle. Banditen gab es auf allen Wegen und Räuber in jeder Stadt. Selbst Kinder machten sich ein Vergnügen daraus, „verfluchte Christenhunde“ zu steinigen.

Aber Rohlfs ließ sich nicht entmutigen. Je größer die Gefahren, desto mehr reizte ihn das Wagnis. Ein so tollkühner Mann war dem britischen Konsul noch nie begegnet, er zweifelte sogar am Verstand seines Besuchers.

„Weit werden Sie nicht kommen", warnte Sir Drummond Hay, „bestimmt bleiben Sie nicht lange am Leben."

„Das muß ich allein verantworten, Sir."

„Zwar kann ich Ihre Torheit nicht verhindern", lenkte der Konsul ein, „aber vielleicht mit guten Ratschlägen dienen."

Sein bester Rat war es, daß Rohlfs sich scheinbar zum Islam bekehrte. Es gab keine andere Möglichkeit, um dem religiösen Fanatismus der Bevölkerung zu entgehen. Einem „Rumi", dem Allahs Güte das Licht des wahren Glaubens gezeigt hatte, würde man vielleicht vergeben, daß er in der Fremde geboren war. Nur mußte er alle Vorschriften des Islam, alle Gebote und all die vielen Formen der Anrufung Allahs und seines Propheten genau kennen und möglichst oft wiederholen. So ein „Bekehrter" durfte niemals die Hände falten oder sonst eine Geste machen, die sich nicht mit den Gepflogenheiten eines frommen Moslem vertrug. Er mußte ganz und gar die Lebensgewohnheiten der Bevölkerung annehmen, natürlich auch deren Sprache beherrschen.

„Das wird Jahre dauern, falls Sie die Geduld dafür aufbringen."

„Ich habe fast fünf Jahre in Algerien gelebt", sagte Rohlfs, „und dort schon manches gelernt."

„Das Arabisch der Marokkaner ist verschieden von dem Algerischen", meinte Sir Drummond, „jede fremde Ausdrucksweise, auch jedes fremdartige Betragen erwecken sogleich Mißtrauen bei den hiesigen Leuten. Vor allem müssen Sie stets den Eindruck machen, als wären Sie bettelarm."

„Das fällt mir nicht schwer, denn ich bin fast ohne Mittel und besitze nur, was ich auf dem Leibe trage."

Wovon er denn leben wolle, fragte Sir Drummond.

„Ich bin Arzt, genügt das nicht?“

„Zur Not kann's genügen, wenn Sie nicht die einheimischen Ärzte gegen sich aufbringen. Und die sind allesamt elende Quacksalber...“

„Ich kenne sie aus Algerien, Sir, ich werde mich scheinbar der gleichen Methoden bedienen...“

„Was meinen Sie mit scheinbar?“

„Ich werde mit meinen Kenntnissen und vielleicht auch mit Medikamenten nachhelfen, ohne daß man es merkt.“

Rohlfs' Beharrlichkeit imponierte dem britischen Konsul. Er verschaffte ihm eine Wohnung in Tanger und dazu einen Lehrer, der Rohlfs in allen Fragen und Gebräuchen des islamischen Glaubens unterrichten sollte. Dieser Mann war fest davon überzeugt, daß Allahs Gnade in seinem Schüler den brennenden Wunsch geweckt hatte, ein echter und frommer Moslem zu werden. Der Eifer des Rumi schien es zu beweisen.

„Wenn du fertig bist“, sagte er zu Rohlfs, „mußt du den Groß-Scherif in Uessan besuchen. Sidi-el-Hadj-Abd-es-Ssalam freut sich über jeden Christenhund... möge Allah der Barmherzige die übrigen verbrennen..., der sich zum wahren Glauben bekehrt hat.“

Wieder ertrug Rohlfs die Belehrungen nicht lange. Er begann sein marokkanisches Abenteuer, ehe dafür alle Vorbereitungen beendet waren. Er begab sich in die Gefahren des Landes, ohne sie richtig zu kennen.

Aus Gerhard Rohlfs wurde *Mustafa-el-Tobib*. Weshalb er sich Mustafa nannte, weiß ich nicht zu sagen. Um so einfacher ist *Tobib* zu erklären, denn es bedeutet Arzt[1].

Der fremde Doktor trug zu seinen französischen Militärstiefeln und der arabischen Djelaba einen deutschen, dunklen Überrock. Nicht aus Leichtsinn, sondern weil er glaubte,

[1] Kenner des Arabischen werden einwenden, daß „el Hakim“ der Arzt bedeutet. Aber nicht in Marokko, dessen Sprache wesentlich vom reinen Arabisch abweicht.

sonst für einen Spion gehalten zu werden. Daß er ein Europäer war, ließ sich ja vorerst nicht verkennen, zumal ihm beim Sprechen noch Fehler unterliefen. So aber konnte Mustafa jedem Moslem ganz offen sagen, daß ihn Allah erst vor kurzem erleuchtet hatte. Er war auf dem Wege zum Groß-Scherif Sidi-el-Hadj-Abd-es-Ssalam, um dessen hochheiligen Segen für seine Wandlung zu erbitten. Dabei wollte er auch nicht verfehlen, kranken Menschen zu helfen, hatte er doch die ärztliche Kunst erlernt.

Ein Esel trug die geringe Habe des Reisenden, nur Wäsche, etwas Proviant und ein zweites Paar Stiefel. Rohlfs besaß noch 25 französische Franken, die er in den Falten seines Überrocks versteckte. Als Treiber für den Esel hatte er einen älteren Mann mitgenommen, der den Weg nach Uessan kannte, wo der Groß-Scherif residierte. Damit er nicht erfuhr, daß Mustafa-el-Tobib noch etwas Geld besaß, bekam er keinen Lohn, sondern nur seine Verpflegung. Bei der schrecklichen Armut des einfachen Volkes war der Alte damit zufrieden.

Die Landschaft im Norden Marokkos war jetzt, während des Frühjahrs, wunderbar schön. Sie glich einem üppigen Garten. Die Luft war erfüllt vom Duft der Myrten, Mimosen, Nelken und der Oleanderbüsche. In voller Blüte standen Orangen, Mandeln, Aprikosen und Pfirsiche. Auf den Feldern gediehen Melonen, Weintrauben, süße Feigen und Sträucher mit Granatäpfeln. Wer das übrige Marokko nicht kannte, mußte glauben, es sei überall von der Natur mit so reichen Gaben gesegnet.

Doch Mustafa wußte es schon besser. Jeder Landeskenner, auch sein Lehrer, hatte ihm versichert, daß die schönste und fruchtbarste Gegend sich hier befand, nahe dem Mittelmeer und begünstigt von den Rif-Bergen. Sie schützten das Land vor den glühendheißen Sandwinden aus der Sahara, und da sie im Winter von Schnee bedeckt waren, füllte nun Schmelzwasser die Bäche und Flüsse. Nur wenige Wochen lang war es hier so herrlich grün und blütenbunt. Aber schon Ende Mai ließ die afrikanische Sonne wieder alle Pracht verdorren.

Der Weg nach Uessan führte durch Täler und über Pässe in den Rif-Bergen. Mustafa wanderte durch viele große und kleine Ortschaften, die hier viel zahlreicher waren als sonst in Marokko. Wo man ihn anstarrte oder mißtrauisch musterte, rief er gleich das übliche Bekenntnis des Islams: „La illah il Allah, Mohammed ressul ul Lah!" Und sein Begleiter erklärte den Leuten, dieser Rumi werde später einmal bestimmt die Freuden des Paradieses genießen, weil er aus tiefstem Herzen ein so frommer Moslem geworden sei.

Die meisten Leute ließen sich davon täuschen, jedoch nicht alle. Mehrmals wurde Mustafa-el-Tobib von den Maghesini, den berittenen Polizisten, aus den Händen einer aufgebrachten Menge befreit und den Schriftgelehrten vorgeführt, die seine Kentnisse des Islams prüften. Weil der Rumi davon mindestens ebensoviel wußte wie sie selbst, ließ man ihn unter Segenswünschen wieder ziehen. Einige Male mußte er ins Getto der Juden flüchten, die ihn freundlich aufnahmen, obwohl sie selbst unter dem Fanatismus der Moslem zu leiden hatten.

Niemand durfte wissen, daß der Tobib noch etwas Geld besaß. Er war also gezwungen, sich seinen Lebensunterhalt zu verdienen. So schritt Mustafa ins Gewühl der Marktplätze und rief mit lauter Stimme, daß er ein guter Arzt sei. Man solle ihm die Kranken bringen, damit er versuche, sie zu heilen. Wenn Mustafa noch hinzufügte, daß er früher ein Christenhund gewesen war ... möge Allah der Allmächtige und Allwissende jene zur Hölle senden, die noch im Unglauben verharrten ..., so hatte das merkwürdigerweise eine besonders gute Wirkung, denn Jesus gilt bei den Moslem als der größte Arzt des Altertums. Und wer von uns weiß schon, daß Christus auch von den Moslem verehrt wird, allerdings auf ganz anderer Art. Jesus Christus, mit arabischem Namen *Isa-ben-Miriam* (Jesus, Sohn der Maria), gehört nach islamischem Glauben zu den Vorläufern Mohammeds, zusammen mit Adam, Noah, Abraham und Moses. Er wird sogar von Mohammed als heiligster von ihnen bezeichnet. Ebenso wie nach christlichem Glauben hat ihn seine Mutter Maria auf wunderbare Weise empfangen. Aber Isa-ben-Miriam starb nicht am Kreuz, sondern ein anderer Mensch wurde an seiner Stelle gekreuzigt. Die Moslem glauben nicht an Auferstehen nach dem Tode, sondern Jesus sei lebend und leibhaftig zum Himmel emporgestiegen und werde zurückkommen, wenn das Jüngste Gericht beginnt. Die Moslem hassen die Christen nicht deshalb, weil sie Jesus verehren, sondern weil sie angeblich seine Offenbarungen grundlegend verfälscht haben und Mohammed verleugnen, der als Gottes größter Prophet noch über Isa-ben-Miriam steht. Die Wundertaten Christi, wie etwa die Auferweckung des Lazarus, gelten lediglich als Beweise seiner gottbegnadeten ärztlichen Kunst.

Die marokkanischen Tobibs hatten von dem einst so hohen Stand der arabischen Medizin keine Ahnung mehr. Noch im ausgehenden Mittelalter galten arabische Ärzte als die besten der Welt. Von ihrer Kunst und aus ihren Schriften lernten die Doktoren Europas. Keine Spur war davon geblieben, nicht einmal die Namen ihrer großen Gelehrten waren den Kurpfuschern bekannt, die auf den Märkten Marokkos ihr Gewerbe betrieben.

Mit Staunen und Entsetzen betrachtete Mustafa-el-Tobib, was sie mit ihren bedauernswerten Opfern anstellten. Aus allen möglichen Substanzen, auch ekelhaften und übelriechenden, bereiteten sie ihre Medikamente. Und diese mußten sie erst selbst schlucken, damit die Patienten sahen, daß zumindest keine schlimmen Folgen eintraten. Weil das auf die Dauer kein Tobib aushalten konnte, begnügte er sich meistens damit, irgendeine Beschwörungsformel zu schreiben, um dies Stück Papier dem Kranken auf die schmerzende Stelle zu kleben. Wenn auch das nichts half, wurde der Ärmste mit glühenden Eisen behandelt, das zischend seine Haut versengte. Weil bekanntlich der Aberglaube und die Einbildung in vielen Fällen bei Kranken eine Rolle spielen, hatten auch solche Methoden mitunter gewissen Erfolg.

Es machte großen Eindruck bei dem unwissenden Volk, daß die Tobibs gewichtige Bücher mit sich herumschleppten, worin alle Geheimnisse ihrer Kunst verzeichnet waren. Sie schauten oft hinein, machten ein ernsthaftes Gesicht und murmelten kaum verständliche Worte. Als Mustafa in einem dieser Bücher blätterte, stand nur der Name Allahs darin, von Anfang bis Ende viele tausendmal wiederholt, sonst aber kein einziges Wort. Mehr als dieses eine Wort konnten auch die meisten der Schwindler nicht lesen.

Weil Mustafa keine Medikamente und Instrumente besaß, war er nur bereit, äußere Verletzungen zu behandeln. Vor allem spezialisierte er sich auf das Einrenken ausgekugelter Gelenke, wozu ein Handgriff genügte. Um auch sonst nichts zu versäumen, brachte er Koransprüche zu Papier und empfahl den Kranken, das Pergament als Amulett zu tragen. All jene Patienten, denen er nicht helfen konnte, schickte Mustafa zu seinen marokkanischen Kollegen, die also keinen Anlaß hatten, seine Konkurrenz zu fürchten.

Die Bezahlung der Tobibs war äußerst dürftig, konnte aber bei der tiefen Armut des Volkes nicht besser sein. Mustafa erhielt für Behandlungen nur zwei bis drei Mosonas, manchmal auch nur einen. Die *Mosona* entspricht etwa dem Wert eines französischen Centime damaliger Zeit, ungefähr sechs bis sieben Pfennig heutigen Wertes. So reichten die Tageseinnahmen gerade aus, um ihn und seinen Eseltreiber spärlich zu ernähren. Ihre Unterkunft dagegen kostete nichts. In den Dörfern wurden sie von irgendeinem der Bewohner aufgenommen. In den größeren Ortschaften gab es die sogenannten

Funduks, Gasthöfe der einfachsten Art, die von der Gemeinde unterhalten wurden. Jeder Durchreisende konnte gratis dort wohnen.

Der Frühling ging vorüber, die Blüten fielen ab, und alles Grün verdorrte. Eines Tages wurde die Hitze so drückend, daß Mustafa alles ablegte, was nicht unbedingt notwendig war. Auch seinen dunklen Überrock mit dem versteckten Geld legte er zu den übrigen Sachen in den Tragkorb seines Esels. Als man Rast hielt beim nächsten Brunnen, war Mustafa-el-Tobib so müde, daß er einschlief. Diese Gelegenheit benutzte sein Begleiter, um zu verschwinden, natürlich mit dem Esel und allem was sich in dem Korb befand. Als Rohlfs wieder aufwachte und sein Unglück erkannte, war er so arm geworden wie der Ärmste im Lande.

Jeder andere in seiner Lage hätte jetzt aufgegeben, aber nicht Mustafa-el-Tobib. Er dachte keinen Augenblick an die Rückkehr nach Tanger, er konnte es auch nicht wagen, den Räuber zu verfolgen. M'ktub Allah? ... Gott hat es so gewollt, sagte er zu den Leuten, die ihn mitleidig umstanden.

„Mögen die Aasgeier alle Gebeine des Diebes zerstreuen", fügte er nach dem Brauch des Landes hinzu, „der Sohn einer Hündin sei verflucht bis in alle Ewigkeit. Doch Allahs Wille geschehe, wenn er mich straft, weil ich ein Christenhund war, soll es geschehen!"

„Nein, er wird dir helfen", wurde geantwortet, „du hast ja sein Licht gesehen, und du gehst zu Sidi-Abd-es-Ssalam!"

Groß ist die Gastfreundschaft der Moslem, das ist wahr und wahrhaftig. Mustafa-el-Tobib fand weiterhin freundliche Aufnahme und verdiente sich seine Kost durch Behandlung von Kranken. Wenn ihm Mißtrauen begegnete oder gar Steine flogen, rief er aus Leibeskräften, daß ihn der Groß-Scherif in Uessan erwarte. Der Ruhm und der Reichtum dieses höchsten Heiligen in Marokko waren so groß, daß man gleich davon abließ, den Rumi zu belästigen.

Nach vielen wechselvollen Erlebnissen kam er schließlich nach Uessan, wo der Groß-Scherif in einem prächtigen Palast residierte, von zahlreichem Gefolge umgeben und von vielen hundert Sklaven bedient. Ein Wunder geschah, denn nicht nur gelang es dem armen Rumi, bis in die Nähe des vergötterten Mannes vorzudringen, sondern er fand auch Gnade vor dessen Augen.

Der islamische Papst von Marokko entsprach ganz und gar nicht den Vorstellungen, die sich Mustafa von ihm gemacht hatte. Doch zeigte sich das erst, nachdem er sein volles Vertrauen gewonnen hatte. Da schienen die glühenden Verehrer des Groß-Scherifs weit päpstlicher zu sein als dieser selbst. Sidi-el-Hadj-Abd-es-Ssalam hatte unlängst Frankreich besucht und Kaiser Napoleon III., dem Herrscher über so viele verfluchte Christenhunde, seine Aufwartung gemacht. Ohne daß es seine Anhänger wußten, enthielten die privaten Gemächer des hochheiligen Mannes französische Möbel und auch sonst eine Menge europäischer Gegenstände. Er freute sich an dem Modell einer deutschen Eisenbahn und ließ auf seinem Teich die Miniaturausgabe eines Dampfbootes schwimmen. Spielsachen der Ungläubigen für den Herrn der Gläubigen, es war kaum zu begreifen! Abd-es-Ssalam war für die marokkanischen Verhältnisse damaliger Zeit hochgebildet und hatte auch einen ungefähren Begriff von den technischen Fortschritten in Europa. Es machte ihm Freude, sich mit Mustafa-el-Tobib darüber zu unterhalten.

Ob er dem Deutschen seine Bekehrung glaubte oder nicht, er schloß jedenfalls Feundschaft mit ihm. Solange Mustafa beim Groß-Scherif blieb, das heißt für die Dauer eines ganzen Jahres, genoß er dessen Schutz und alle Bequemlichkeiten, die dessen weiträumiger Palast zu bieten hatte. Hinter den haushohen Mauern lagen schöngepflegte Gärten mit Brunnen, Teichen und Wassergräben. Es gab dort Blumen und Pflanzen, die man aus Europa, ja sogar aus Ostasien und Südamerika hatte kommen lassen. Der Groß-Scherif besaß eine Bibliothek von vielen tausend Büchern, auch französische, deutsche und englische, die er gar nicht lesen konnte. Nur er durfte es sich erlauben, die goldbetreßte Uniformjacke eines französischen Generals zu tragen, die ihm Napoleon geschenkt hatte. Dazu einen juwelenbesetzten Säbel und hohe Lackstiefel. Aber so trat er auch nur im Innern seines Palastes auf.

Tag für Tag drängte sich eine unabsehbare Menge der Gläubigen in den Vorhöfen, um den Segen Abd-es-Ssalams zu empfangen und mit ihm ein Gebet zu verrichten. Wem es gelang, den großen Scherif zu berühren, sei es auch nur den Rand seiner Schuhe, der pries sich glücklich und glaubte, ein heiliger Funke sei auf ihn übergesprungen.

Nur wenigen Auserwählten gestattete Sidi-Abd-es-Ssalam, die inneren Räume seiner Residenz zu betreten. Mustafa wurde ausdrücklich dazu eingeladen. Er bewohnte sogar einen der Räume in unmittelbarer Nähe des mächtigen Mannes, teilte dessen Mahlzeiten und staunte über die Menge erlesener Gerichte, die man ihm auftischte. Es war ganz unmöglich, davon auch nur einen geringen Teil zu vertilgen. Dennoch fand Mustafa, wenn er seinen Schlafraum wieder aufsuchte, andere und nicht minder üppige Mahlzeiten vor. Der Scherif war zweifellos noch reicher als der Sultan selbst, der abwechselnd in Fez, Meknes und Marrakesch residierte. Er besaß grenzenlos weite Ländereien und erhielt dazu noch Geschenke aus allen Teilen des Landes. Doch er mußte die große Menge der Gläubigen bewirten, die oft aus sehr weiter Ferne kamen, um ihn zu sehen. Mitunter waren es über dreitausend Personen, denen Abd-es-Ssalam draußen in den Vorhöfen seine Gastfreundschaft zu beweisen hatte.

Mustafa-el-Tobib lernte in seiner Umgebung alles, was er noch zu lernen hatte, um niemals mehr den geringsten Fehler zu begehen. Er lernte auch, sich den Sitten des Landes ganz und gar anzupassen. Alle Feinheiten der arabischen Etikette wurden ihm selbstverständlich. Sogar dem „Kif" konnte er sich hingeben, der völligen Entspannung. Bei seiner ständigen inneren Unruhe hat ihn das Nichtstun die größte Überwindung gekostet.

Als der Groß-Scherif auf Reisen ging, durfte ihn Mustafa begleiten und war stets in seiner Nähe, schlief sogar in dem riesengroßen Zelt Abd-es-Ssalams, nur durch einen seidenen Vorhang von ihm getrennt. Einmal geschah es, daß die Wachen nicht imstande waren, eine besonders große Menge der Gläubigen von dem Zelt abzuhalten. Viele Menschen stürmten herein, um den Groß-Scherif zu sehen, zu berühren und womöglich zu küssen. Aber sie verwechselten ihn mit Mustafa-el-Tobib, weil der Deutsche einen Burnus trug, Sidi-Abd-es-Ssalam jedoch seinen französischen Rock. So wurde Mustafa die Zielscheibe ihrer fanatischen Verehrung. Sie umarmten ihn und küßten ihn. Er fiel dabei zu Boden, fast hätte ihn die glühende Liebe der Gläubigen erdrückt. Es war ihm nicht möglich, den Leuten klarzumachen, daß sie den falschen Mann erwischt hatten. Statt helfend einzugreifen, hatte Abd-es-Ssalam den größten Spaß an dem Mißverständnis. Er lachte aus vollem Hals und rief immer wieder:

„Wohl bekomme es dir, Mustafa, genieße die Gunst der Gläubigen!"

Das Jahr ging vorüber. Wenn auch der Groß-Scherif gerne gesehen hätte, daß Mustafa für immer bei ihm blieb, war das unmöglich. Der Rumi mußte weiter, der Aufenthalt am Hofe Sidi-Abd-es-Ssalams durfte nicht mehr als eine Episode, durfte nur die Vorbereitung auf größere Abenteuer sein. Und was läßt sich da vergleichen mit Entdeckungsreisen in Länder, die noch kein Europäer betreten hatte?

Einige wenige Europäer waren schon über die marokkanischen Atlasberge hinausgekommen. Doch unendlich weite Gebiete dahinter, größer als Frankreich, Deutschland und

Spanien zusammen, hatte noch kein Rumi betreten. Mustafa wollte der erste sein, der Kunde davon zurückbrachte, falls es ihm gelang, am Leben zu bleiben.

Etwa die Hälfte aller Forscher, die im siebzehnten und achtzehnten Jahrhundert das Innere Nordafrikas bereisten, haben dort ihren Tod gefunden, unter anderem Hornemann, Overweg, Vogel und von Beurmann. Überhaupt brachten damals deutsche Entdecker die größten Opfer zur Erforschung der Sahara. Rohlfs war sich vollkommen darüber im klaren, wie gering seine eigenen Aussichten waren, die Gefahren glücklich zu überstehen. Nicht genug mit den Schwierigkeiten des Landes, seines Klimas und seiner wasserlosen Wüsten. Viel schlimmer wurde noch alles durch den Fanatismus der Menschen. Je weiter man sich aus den halbwegs zivilisierten Gegenden entfernte, desto größer wurde das Mißtrauen gegen einen Rumi, auch wenn er sich scheinbar zum echten Moslem bekehrt hatte. Wer nicht dem Fremdenhaß zum Opfer fiel, hatte auf Schritt und Tritt die Raubgier der Banditen zu befürchten. Das geschah nicht nur in wilden Landschaften, auch in Dörfern und Städten des Binnenlandes wurde man bei passender Gelegenheit vollständig ausgeplündert. Es konnte sogar sein, daß der Raub kein Geld und keine Sachen betraf, sondern den Menschen selbst. Als Sklave hatte jeder Fremde einen gewissen Wert, besonders dann, wenn er jung und einigermaßen bei Kräften war.

Bei alldem muß man bedenken, daß Gerhard Rohlfs keinen Auftrag hatte, daß hinter ihm keine Regierung stand und keine wissenschaftliche Institution. Alles, was er tat, geschah aus eigenem Antrieb, auf eigenes Risiko und aus eigenen Mitteln, die er sich selbst beschaffte. Er hatte für seine Mühe keine Entschädigung zu erwarten, wenn er eines Tages wieder nach Hause kam. Falls er neue Erkenntnisse mitbrachte, mochten sie auch noch so wertvoll sein, gehörten sie der Allgemeinheit. Er selbst konnte sie zu eigenem Nutzen nicht verwerten, es sei denn, daß sich ein Verleger für ein Buch des Entdeckers fand. Doch gehörten auch dazu Protektion und öffentliches Interesse. Ohne die Gewißheit, überhaupt anerkannt zu werden, wagte Gerhard Rohlfs sein Leben und seine Gesundheit zur Erforschung Afrikas. Wer unter gleichen Umständen bereit ist, ein ebenso gefährliches Risiko auf sich zu nehmen, möge sich melden!

Als Mustafa-el-Tobib nach herzlichem Abschied den Palast des Groß-Scherifs verließ, war er deshalb noch lange kein freier Mann. Jeder Kaid und jeder Scheich, der eines guten Arztes bedurfte, konnte ihn festhalten, so lange er wollte. Das geschah auch mehrere Male. Wochenlang saß der Forscher bei einem Pascha, wo er nichts anderes zu tun hatte, als dem hohen Herrn die rheumatischen Füße zu massieren. Nicht viel anders erging es ihm beim Oberstkommandierenden der völlig verlotterten Armee. Der brauchte nur zu seiner Beruhigung einen Tobib aus Europa in unmittelbarer Nähe. Hatte sich Seine Exzellenz wieder mal überfressen, verlangte er ein Brechpulver, und das mußte der arme Doktor erst selbst mit sichtbarem Erfolg einnehmen, um zu beweisen, wie gut es wirkte.

Doch blieb die Belohnung dafür nicht aus. Mustafa-el-Tobib wurde von seinem dankbaren Patienten zum Chefarzt des ganzen Heeres befördert, mit einem Monatsgehalt von hundert Mosonas, nach heutigem Wert etwa 7 DM. Er durfte aber nebenher noch eine private Praxis betreiben und mietete sich in der großen Stadt Fez ein Haus, wo er seine zivilen Patienten behandelte. Er hatte viel Zulauf, doch es brachte ihn nicht weiter. Wieder wurde seine Geduld auf eine harte Probe gestellt. Noch immer konnte er seine große Reise ins Unbekannte nicht antreten.

Das erschien noch hoffnungsloser, als ihn der Sultan in Dienst nahm. Er mußte seine Privatpraxis aufgeben, weil es ihm nicht erlaubt war, den kaiserlichen Palast für längere Zeit zu verlassen. Dort hatte Mustafa zwar freie Wohnung und Verpflegung, doch man vergaß, ihm Honorar zu zahlen. Statt dessen verlieh ihm Sultan Sidi Mohammed das Privileg, auch die Damen des Harems zu behandeln. Noch nie und noch nirgendwo war das einem Mann erlaubt worden. Der heilkundige Rumi durfte die Frauen ohne Schleier sehen, ja es hieß sogar, er habe in gewissen Fällen deren unbekleideten Körper erblickt. Es war wirklich kaum zu glauben!

Mustafa-el-Tobib empfand noch jetzt ein Schaudern, wenn er an die tausend Frauen des Sultans zurückdachte. „Je fetter desto besser" war das Schönheitsideal der Araber. Deshalb wurden die bedauernswerten Weiber regelrecht gemästet. Die besonderen Lieblinge Seiner Majestät konnten sich ohne Hilfe von Eunuchen kaum bewegen. Sie steckten zwar in den herrlichsten Gewändern und waren mit kostbarem Schmuck behängt, hielten aber nichts davon, sich oder ihre Sachen gelegentlich zu waschen. Wolken von Parfum konnten nicht verhindern, daß sie rochen wie die Ratten.

Auch die meisten Eunuchen waren fett wie Möpse, denn bei dieser Art von Leuten schlugen reichliche Mahlzeiten besonders gut an. Jeder von ihnen trug den Namen eines Wohlgeruchs, wenn auch nicht der geringste Anlaß dafür bestand. Die feisten Kerle hießen Rosenöl, Lavendel, Thymian, Nelkenduft, Mandelblüte und ähnliches mehr. Sie bewachten die tausend Damen des Sultans mit größter Eifersucht. Stets war ein halbes Dutzend Eunuchen zugegen, wenn Mustafa eine von ihnen behandelte. Nie konnten die unglücklichen Geschöpfe den Harem verlassen. Sie waren lebenslänglich gefangen und wußten so gut wie nichts von der Außenwelt. So waren sie ohne eigene Schuld von unbeschreiblicher Dummheit. Die damaligen Romane und die Filme von heute lassen den Harem eines Sultans in ganz anderem Licht erscheinen. Mustafa jedoch sah die Wirklichkeit.

Von einer ordentlichen Regierung des großen Landes, ge-

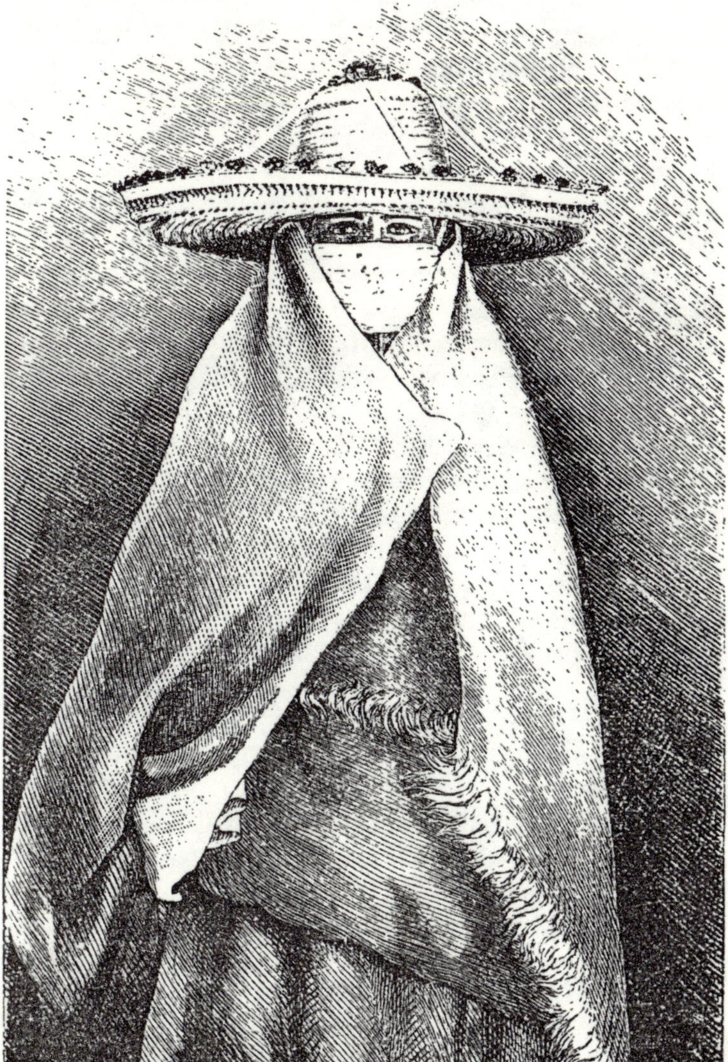

Frau aus Marokko, um 1860.
(Nach einer Zeichnung von Rohlfs.)

schweige denn von einer Verwaltung nach europäischen Begriffen konnte auch im Palast des Sultans keine Rede sein. War die Staatskasse wieder leer geworden, mußten die Statthalter neue Gelder aus dem armen Volke herauspressen. Dabei blieb natürlich ein großer Teil in ihren eigenen Taschen hängen. Wurden reiche Leute gar zu reich, verfügte der Sultan kurzerhand die Beschlagnahme ihres Besitzes. Mustafa-el-Tobib hat mitangesehen, wie der Erbe eines großen Vermögens freiwillig am Hofe Sidi Mohammeds erschien, um dem Beherrscher Marokkos zwanzig Zentner Silberbarren abzuliefern. Nur so durfte der junge Mann hoffen, daß ihm der Rest seines Erbes erhalten blieb. Die höchsten Staatsämter wurden nicht auf Grund von Sachkenntnis verliehen, sondern nach der jeweiligen Lust und Laune des Sultans. Als Sidi Mohammed an der Kunst eines Seiltänzers besonderes Vergnügen fand, ernannte er ihn gleich zum Kommandeur eines Infanterieregiments. So war es kein Wunder, daß diese Armee absolut nichts taugte, sondern mehr dazu neigte, die Bevölkerung auszuplündern als das Land zu verteidigen.

Der Kaiserliche Leibarzt hatte bald genug von seiner Tätigkeit am Hofe, zumal er bei Behandlung der hohen Herren und Damen erst selbst jede Medizin einnehmen mußte, bevor sie die mißtrauischen Patienten schluckten. Sollte es geschehen, daß einer der Kranken starb, würde man ohne Zweifel dem Arzt die Schuld daran geben, während die Heilung eines Kranken nur Allah zu verdanken war.

Seinem gefahrvollen Dienst am Hofe des Sultans konnte Mustafa-el-Tobib schließlich nur entrinnen, weil Sir Drummond Hay zu einem Staatsbesuch in Fez erschien. Da Sidi Mohammed ganz mit Recht der Meinung war, daß ihn nur die Eifersucht Englands vor der ständigen Bedrohung durch Spanien und Frankreich beschütze, wurden damals dem Vertreter Großbritanniens alle nur möglichen Wünsche erfüllt.

So konnte es Sir Drummond ohne viel Mühe durchsetzen, daß Mustafa in Ehren entlassen wurde. Er bekam sogar den vielbegehrten Firman-ali, um frei im ganzen Land zu reisen. Allerdings reichte der Schutz dieses Dokuments eben nur so weit, wie tatsächlich die Macht des Sultans reichte. Gegen Räuber hatte es schon gar nichts zu besagen.

Mustafa wanderte erst nach Tanger, um im britischen Konsulat seine bisher gemachten Aufzeichnungen zu hinterlegen. Die waren schon interessant genug, hatte doch vor ihm noch kein anderer gebildeter Europäer am Hofe des Sultans sowie am Hofe des Groß-Scherifs geweilt und seine Erlebnisse in allen Einzelheiten zu Papier gebracht.

Danach folgte Mustafa der atlantischen Küste Marokkos von Tanger bis nach Agadir. Dabei legte er eine Entfernung zurück, die schon in der Luftlinie mehr als 600 Kilometer beträgt. In Wirklichkeit dürfte es doppelt so weit gewesen sein, weil ihn ja viele Buchten und Lagunen zu weiten Umwegen zwangen. Unterwegs unternahm er noch einen Abstecher nach Marrakesch, um auch die dritte der kaiserlichen Residenzen kennenzulernen.

Dabei wurde Mustafa abermals seiner Habe und seines wenigen Geldes beraubt, wiederum von seinem Führer. Aber diesmal war der Schurke kein Marokkaner, sondern ein entlaufener spanischer Soldat, der gleichfalls behauptete, er habe sich zum Islam bekehrt. Als wandernder Tobib, der sich Kost und Logis durch seine Heilkünste verdiente, zog Mustafa weiter nach Süden. Er wurde gut und er wurde schlecht behandelt, er begegnete gastfreien Menschen und anderen, die ihn mit Steinwürfen davonjagten wie einen räudigen Hund. Je ärmer die Gegend, desto weniger waren es die Leute gewohnt, einen Arzt in Anspruch zu nehmen. Dann mußte er sich bis zur nächsten Ortschaft als Kameltreiber verdingen.

Dennoch fand Mustafa Zeit, sich über alle geographischen und sonstigen Einzelheiten Notizen zu machen. Das mußte heimlich geschehen, sonst hätte man ihn für einen Spion der Spanier oder Franzosen gehalten. Denn groß war die Furcht, daß diese beiden christlichen Staaten – möge Allah sie mit Pestilenz überziehen – die Absicht hatten, das Sultanat seiner Selbständigkeit zu berauben. Was dann ja später auch geschehen ist. Des öfteren mußte der Reisende feststellen, daß diese oder jene Ortschaft, obwohl sie auf europäischen Karten als bedeutende Stadt vermerkt war, in Wirklichkeit nicht existierte. Und dies an einer Küste, an der Schiffe aller seefahrenden Nationen vorüberkamen. Allem Anschein nach hatte man in Europa ganz einfach die Angaben der Spanier und Portugiesen aus den vergangenen Jahrhunderten übernommen, als es diese Hafenplätze noch gab, in denen Kaufleute aus Lissabon und Sevilla regen Handel trieben. Die Einwohnerzahl von Dar-beida betrug nach Rohlfs' Schätzung nur 300 Seelen. Heute heißt die Stadt Casablanca, und dort leben fast eine Million Menschen. Agadir, neuerdings ein weltbekannter Badeort und Zentrum des Tourismus, zählte damals kaum tausend Bewohner, heute sind es fast hunderttausend. Jedenfalls ergab schon jetzt die Wanderung Gerhard Rohlfs', daß jene Vorstellungen, die man sich in Europa von den Verhältnissen an der atlantischen Küste Marokkos machte, nur sehr wenig mit den Tatsachen übereinstimmten. Noch weniger Ähnlichkeit besteht natürlich mit den heutigen Verhältnissen.

Wohin Mustafa-el-Tobib auch kam, überall auf dem Land herrschte bitterste Armut und oft das größte Elend. Nur in einigen Hafenstädten hatte sich durch Außenhandel mit den Rumis ein bescheidener Wohlstand entwickelt. Aus gutem Grund war es einigen fremden Kaufleuten erlaubt worden, sich dort niederzulassen. In Safi, Mogador und Agadir gab es Kontore und Konsularagenten, durch deren Hände die wirtschaftliche Verbindung mit der Außenwelt lief. Aber keiner von ihnen durfte die Stadt verlassen, es sei denn auf dem Seeweg. Bei ihnen fand Mustafa freundliche Aufnahme, und da sie lange keinen Arzt mehr gesehen hatten, war er besonders willkommen. Obwohl er für die Behandlung kein Honorar verlangte, drückte man ihm die silbernen Mariatheresien-Taler in die Hand. Weil aber niemand wissen durfte, daß er Geld bei sich hatte, trennte er seinen Gürtel auf, steckte die Münzen hinein und nähte das Leder wieder zu. Es war besser, arm zu erscheinen, als sich diese oder jene Annehmlichkeit zu gönnen.

Früher war manche der Küstenstädte reich und blühend gewesen. An den Ruinen von Palästen, Befestigungen und Bewässerungsanlagen ließ sich das noch deutlich erkennen. Allgemein war nun der Verfall, ganz Marokko befand sich schon seit langer Zeit im Niedergang, zerrissen durch innere Kriege und geschwächt durch die Korruption seiner Beamten. So gut wie nichts war übriggeblieben von der arabischen Kultur und Zivilisation, die einst höher gewesen war als bei den christlichen Völkern des gleichen Zeitraums. Auf dem Gebiet der Astronomie, Mathematik und Medizin, wie überhaupt der Gelehrsamkeit, hatten die Araber bis ins Mittelalter hinein viel mehr geleistet als ihre Kollegen in Europa. Zahlreiche Worte, fast täglich gebraucht, vor allem bei wissenschaftlichen Arbeiten, zeugen noch heute davon[1].

Je tiefer nach Süden der Wanderer kam, desto geringer wurde die Zahl der Araber. Sie lebten hier nur in den größeren Ortschaften. Das Land und die Gebirge beherrschten die Berber. Auch sie waren überzeugte Moslem, gehörten aber zu einer anderen Rasse, nämlich zur ursprünglichen Bevölkerung des Landes. Mustafa verstand ihre Sprache nicht und hatte Mühe, seine Wünsche begreiflich zu machen. Er

[1] Z. B. Ziffer, Zenit, Horizont, Algebra und Azimuth. Gerade wir Deutschen sollten wissen, daß unsere Zahlen von den Arabern stammen, denn wir sprechen sie noch von rechts nach links, wie sie die Araber schreiben, also „neununddreißig" für 39 statt „dreißigneun", was nach unserer Schreibweise viel vernünftiger wäre. Die anderen europäischen Völker sagen das richtig, nur wir sind in dieser Hinsicht „arabisiert".

meinte, sie seien finstere, verschlossene Menschen und gefürchtet von ihren eigenen Nachbarn. Da ein Stamm den anderen beraubte, sogar ein Dorf das nächste bei passender Gelegenheit überfiel, hausten die Berber in Burgen, jeweils vier oder fünf Familien beisammen. Der Reisende aus Europa glaubte sich ins tiefste Mittelalter versetzt, als er hoch über den Tälern diese Felsennester erblickte. Es waren große, graue und sicherlich schon uralte Steingemäuer, uneinnehmbar für die Feinde aus der Nachbarschaft, doch aufs beste geeignet fürs Gewerbe der Raubritter.

Da Mustafa-el-Tobib nicht den Eindruck machte, daß es sich lohnte, ihn auszuplündern, ließ man ihn vorüberziehen. Sein schleppender Gang verriet einen kranken Mann, den nur die Hoffnung, bald nach Agadir zu gelangen, noch aufrecht hielt. Er litt an Malaria und heftigen Magenschmerzen, weil er die immer gleiche Kost von Gerstenmehl, zerstampften Datteln und schlechtem Olivenöl nicht vertrug. Die Hitze bei Tag und die kühlen Nächte, das mühsame Gehen im tiefen Sand und über scharfkantiges Gestein hatten seine Kräfte erschöpft. Es war ein Fehler gewesen, über die Berge zu steigen, statt weiter nur der Küste zu folgen. Hatte er damit gehofft, schneller in Agadir zu sein, so dauerte es jetzt desto länger und war viel beschwerlicher.

Der schwedische Händler Carstensen versah in Agadir die Funktion eines britischen Konsularagenten. Von ihm bekam Mustafa ein paar Schachteln Chinin, und es gab ein Funduk in der Stadt, wo er sich einigermaßen erholen konnte. Aber noch bevor er wieder ganz hergestellt war, ergab sich die Gelegenheit, eine Karawane zu begleiten, die über den südlichen Atlas in die Sahara zog. Von den großen, dicht bewohnten Oasen Draa und Tafilet war bisher noch keine gute Beschreibung nach Europa gelangt. Noch kein Europäer hatte hier in dieser Gegend, wo die Berge am höchsten waren, den Atlas überschritten. Ohne einen Gedanken daran, wo und auf welchen Wegen er wieder die Küste erreichen konnte, sei es am Atlantik oder am Mittelmeer, war er sofort entschlossen, die Karawane zu begleiten.

Weil Mustafa-el-Tobib niemandem verraten durfte, daß er Geld besaß und eigentlich seinen Platz auf einem Kamel bezahlen konnte, bot er sich den Kaufleuten als Treiber an. Er verlangte dafür nichts als seine tägliche Mahlzeit und versicherte, daß er mit allem zufrieden sei.

Die Karawane war erst einige Tage unterwegs, da brachen Ruhr und Malaria von neuem aus. Dennoch schleppte sich Mustafa weiter, so schwer es ihm auch fiel. Er war der letzte der Kameltreiber und bestimmt der schwächste. Aber wenn er zusammenbrach, war es um ihn geschehen. Seinetwegen würde man kein Gepäckstück zurücklassen, um statt dessen ihn auf ein Kamel zu binden.

Dem Flußlauf des Ued Sus folgend, ging es höher und immer höher in die Berge hinauf. Die Karawane zog so schnell wie nur möglich, damit die Raubritter des Atlas keine Zeit fanden, einen Überfall zu organisieren. Um eine Handelskarawane auszurauben, die von zwanzig gut bewaffneten Leuten begleitet wurde, mußten sich die Wegelagerer aus mehreren Burgen zusammenschließen. Bei dem Mißtrauen, das sie gegeneinander empfanden, bedurfte es zunächst langer Verhandlungen. Die Kaufleute wußten das und drängten daher zur größten Eile.

So erreichten sie schließlich, ohne behelligt zu werden, jene enge Schlucht mit den glatten Marmorwänden, die man „Ksar el Scheitan“ nannte.

Alles war gutgegangen. Mustafa-el-Tobib, der eigentlich den Namen Gerhard Rohlfs trug und Deutscher war, hatte die Oasen Draa und Tafilet gesehen. So gut wie nichts wußte man davon in Europa, und nur wenig vom übrigen Marokko. Seine Berichte hätten gewiß großen Eindruck gemacht, und so viel anderes hatte er sich vorgenommen. Aber das große

Abenteuer war zu Ende. Wie oft hatte man ihm gesagt, wer Gefahren suche, der komme darin um. Er hielt nichts von solchen Redensarten. Er hatte keine Furcht gekannt. So war es denn geschehen, so war er in die Hände eines Mörders gefallen, dem er als Freund zuviel Vertrauen geschenkt hatte. Hier an diesem Brunnen endeten nun alle seine Wege.

Die Heimkehr des Verschollenen

Hyänen umkreisten den Brunnen, ein Schakal nach dem anderen tauchte auf. Hier war Blut geflossen, und dessen lockenden Duft hatten ihre feinen Nasen über weite Entfernung wahrgenommen. Mit gesträubtem Nackenhaar und hochgezogenen Lefzen starrten sie auf den liegenden Menschen und warteten darauf, daß er endlich starb. Da sich Rohlfs fast gar nicht bewegen konnte, war es durchaus möglich, daß zumindest die Schakale schon mit der Mahlzeit begannen, während er noch lebte. Dieser furchtbare Gedanke hinderte ihn daran, die Besinnung wieder zu verlieren. Er schrie um Hilfe, so oft er Kraft dazu fand. Wenn auch kein Mensch ihn hörte, hielt doch seine Stimme die Tiere ab.

Die Blutung der vielen Wunden war zum Stillstand gekommen. Vermutlich hatten sich Pfropfen gebildet und die offenen Stellen geschlossen. Rohlfs' linker Unterarm war mitsamt dem Knochen durchschossen und ohne jedes Gefühl. Der erste Säbelhieb hatte ihm die rechte Hand gespalten und der nächste den linken Oberschenkel tief zerschnitten. Außerdem schmerzte der Brustkorb, wo die abgeglittene Kugel die Haut zerrissen hatte. Rohlfs restliche Kleider waren von Blut getränkt.

Er litt furchtbaren Durst, brachte es aber nicht fertig, bis an den Brunnen zu rollen oder gar den Schöpfeimer zu bedienen. Es war mit ihm vorbei, wenn kein Wunder geschah. Starb er nicht an seinem Blutverlust und den Wunden, mußte er verdursten oder fiel den ungeduldigen Raubtieren zum Opfer. Es war alles zu Ende, wenn nur das Ende nicht zu schrecklich würde...

Er schrie alle paar Minuten, so laut es ihm noch möglich war und hob das unverletzte Bein, um sich die Schakale vom Leib zu halten. Er bat den Allmächtigen, ihn ungestört sterben zu lassen. Er machte seinen Frieden mit Gott und den Menschen. Die Hyänen hatten Geduld, die Schakale legten sich nieder und hielten ihre schlauen Augen halb geschlossen.

So vergingen ein Tag, eine Nacht und wieder ein Tag, aber Gerhard Rohlfs war noch immer am Leben.

Plötzlich verschwanden die gräßlichen Tiere. Er hörte menschliche Stimmen, die sich näherten, und sah zwei ärmlich gekleidete Leute, die eiserne Schaufeln bei sich trugen. Rohlfs rief nach Wasser, und sie blieben stehen, obwohl seine Stimme kaum zu hören war.

„El ma ... el ma", bat der Verwundete erneut, „Wasser ... bitte gebt mir Wasser."

Die beiden Männer traten zu ihm und beugten sich nieder.

„Wir haben gehört, hier liegt ein Toter, und wollten ihn begraben. Aber du kannst noch sprechen ..."

Sicher hätten sie gerne seine Kleider an sich genommen, als sie noch dachten, er sei gestorben. Sie selbst trugen nur Fetzen. Da wären ihnen auch die blutgetränkte Djelaba und der Burnus eines Toten willkommen gewesen. Man konnte ja beides auswaschen und Löcher flicken.

Mustafa-el-Tobib glaubte, nun würde er endgültig ins Jenseits befördert. Doch die ärmsten Leute im Land waren die besten. Sie brachten ihm Wasser und versprachen, bald wiederzukommen. Als sie fortgingen und vier Stunden lang wegblieben, glaubte Rohlfs nicht mehr an ihre Freundlichkeit. Auch diese beiden Menschen warteten wohl nur auf sein Ende, um sich danach seine Kleider zu holen. Er sagte später, diese Zeit sei die schlimmste gewesen.

Es war schon Nacht, die dritte Nacht am Brunnen, als ein halbes Dutzend Männer mit einem Maultier erschienen. Vorsichtig hoben sie den Verletzten auf, legten ihn über das Tragtier und banden ihn dort fest. Dann ging es langsam der kleinen Oase von Hadjui entgegen. Sie bestand nur aus hundert Dattelpalmen und wenigen Lehmhütten. Die beiden Leute, die Mustafa gefunden hatten, waren der Scheich Sidi Lakschmi und dessen Sohn. Sie brachten den Verwundeten in ihr bescheidenes Haus und richteten sein Lager neben der Feuerstelle. Dort lag er auf Schilfrohr und wurde mit einem alten Gebetsteppich zugedeckt.

Mustafa-el-Tobib bat seine Helfer, ihm den linken Arm mit einem scharfen Messer abzutrennen. Er hing nur noch in seiner Haut und an einigen Muskeln.

„Nein, das tun wir nicht. Allah hat dir deine Glieder gegeben, es wäre Sünde, eines fortzuwerfen."

Sidi Lakschmi schnitzte ein paar Stöcke zurecht und preßte den Arm in Schienen. Eine Binde aus Ziegenfell wurde fest darum gewickelt und mit Lehm bestrichen. Danach ruhte der zerschmetterte Arm auf einer Unterlage von Wüstensand. Für die übrigen Wunden bereitete der Scheich ein Gemisch aus Ziegenbutter und dem Saft aromatischer Kräuter. Damit bedeckte er die Verletzungen und verband sie mit Baumwolle.

Die Retter Mustafas waren so arm, daß sie den Kranken nicht ernähren konnten. Sie meinten, er brauche besonders gute und leicht verdauliche Kost. Aber sie hatten davon nur sehr wenig. Da halfen die anderen Bewohner des Ortes und brachten für den Kranken alles, was sie an besserer Nahrung besaßen. Sie holten sogar Weizenmehl aus einer größeren, reicheren Oase. Junge Leute suchten Straußeneier, und junge Mädchen schnitten die zarten Halme der Gerste, um daraus feines Gemüse zu kochen. Mustafa bekam Ziegenbutter und Ziegenmilch, Rübenmus, kleingeschnittene Zwiebeln und lockeren *Kuskus*. Da er seine Hände nicht bewegen konnte, wurde er von den Frauen gefüttert.

Soviel menschliche Güte versöhnte Rohlfs mit seinem

Schicksal. Was der heimtückische Raubmörder ihm angetan hatte, machten sie wieder gut. Das Gleichnis vom Barmherzigen Samariter war an ihm zur Wirklichkeit geworden. Es gab alles in diesem grausamen Land, die Teufel und die Engel, jeden nur denkbaren Kontrast zwischen Gut und Böse.

Nach drei Wochen der besten Pflege unter primitivsten Verhältnissen waren die Wunden am Körper, am Bein und der rechten Hand einigermaßen geheilt. Auch der zerschossene linke Arm schien gerettet. Durch Kallusbildung waren die Oberarmknochen wieder zusammengewachsen, aber die Wunde blieb offen. Noch jahrelang eiterten Splitter heraus. Gerhard Rohlfs konnte später nur den Daumen und den Zeigefinger gebrauchen, die übrigen Finger blieben zeit seines Lebens unbeweglich.

Jener Schurke, der ihn beraubt hatte und ermorden wollte, ließ sich merkwürdigerweise herbei, Mustafa-el-Tobib alle in seinen Kleidern gefundenen Papiere zurückzugeben, auch das wertvolle Tagebuch mit den Einzeichnungen der Reiseroute. Scheich Sidi Lakschmi hatte darauf bestanden. Sonst aber war nichts zu machen, es gab keine Obrigkeit, bei der man Thaleb hätte verklagen können. Er behielt das gestohlene Geld und blieb ein angesehener Mann.

Mustafa-el-Tobib nahm herzlichen Abschied von seinen Freunden in Hadjui. Vorläufig konnte er ihnen nur mit Worten danken, fand aber später Gelegenheit, sie zu belohnen. Von Sidi Lakschmi begleitet, wanderte Rohlfs nach Kenadsa, der nächstgelegenen größeren Ortschaft auf dem Weg zur algerischen Grenze. Hier trennte sich Mustafa von dem besten Freund, den er in Afrika gefunden hatte.

Ohne die kleinste Münze in der Tasche war Rohlfs wieder auf sich selbst angewiesen. Doch sein Empfehlungsschreiben des Prinzen Muley verhalf ihm zur Gastfreundschaft Sidi Ibrahams, des Scheichs von Kenadsa. Der vermittelte ihm auch den Dienst als Treiber bei einer Karawane, die zur großen Oase Figig aufbrach. Es wurde ein mühseliger Marsch, denn Mustafas Wunden brachen wieder auf, und er litt höllische Schmerzen. Ohne die Hilfe anderer Treiber, die ihn stützten und oft wieder aufheben mußten, wäre er gar nicht mitgekommen. Dennoch gelang es dem energischen, durch nichts zu erschütternden Mann, alles, was er sah und hörte, heimlich aufzuschreiben. Jede geographische Einzelheit wurde notiert, auch die Lebensweise der Menschen sowie die Arten von Pflanzen und Tieren.

Der Empfehlungsbrief des Prinzen Muley half ihm dann weiter zur Oase Isch, wo die nominelle Herrschaft des Sultans von Marokko endete. Wieder als Kameltreiber gelangte Mustafa-el-Tobib schließlich nach Géryville, der ersten algerischen Ortschaft mit französischer Garnison. Hier gab sich Rohlfs mit seinem richtigen Namen und als ehemaliger Sergeant der Fremdenlegion zu erkennen. Der Kommandant von Géryville schickte ihn sofort ins Lazarett. Ein tüchtiger Militärarzt nahm sich der Verletzungen an und hielt seinen Patienten vier Wochen fest. Ohne Rohlfs' Wissen verständigte man seine Familie in der Heimat. Der Vater schickte Geld, und der Bruder machte sich auf den Weg nach Algier, um Gerhard dort zu erwarten. Man hatte daheim kaum noch Hoffnung gehabt, daß der Verschollene wieder auftauchen würde.

Als Dr. Hermann Rohlfs seinen Bruder sah, hatte er Mühe, ihn zu erkennen. Von einem echten Araber war Gerhard kaum zu unterscheiden. Er hatte fast die gleiche Gesichtsfarbe und bewegte sich auch wie ein Araber der Wüste. Aus einem schlanken war ein hagerer Mann geworden, weshalb Rohlfs größer wirkte, als er tatsächlich war. Seine Haut spannte sich straff über die Knochen. Er war drahtig und sehnig geworden. Seine Haltung erschien beherrscht und gelassen zugleich. „Er macht mir den Eindruck eines Panthers, der sich in Ruhe seinen nächsten Sprung überlegt", schrieb der Bruder nach Hause.

Dr. Hermann Rohlfs erschrak, als er die vielen Narben an Gerhards Körper untersuchte. Noch immer kamen aus den offenen Wunden am linken Oberarm kleine Splitter zum Vorschein. Die aufgespaltene rechte Hand war nicht restlos verheilt und der allgemeine Zustand weit davon entfernt, neuen Anstrengungen standzuhalten.

„So leid es mir tut", berichtete Hermann den Eltern in Vegesack, „ich kann ihn nicht mitbringen. Der plötzliche Klimawechsel, zumal jetzt der Winter anbricht, wäre kaum zu verantworten. Gerhard braucht Sonne, Wärme und Ruhe..."

Er überließ dem Bruder aus eigener Tasche genügend Mittel, damit er die nächsten Monate nur für seine Erholung leben konnte. Die Tagebücher nebst allen Kartenskizzen nahm Hermann Rohlfs mit nach Deutschland. Er kannte einige der führenden Geographen und glaubte, sie müßten sich dafür interessieren, obwohl noch keiner in diesem erlauchten Kreis den Namen des Wüstenwanderers kannte. Mit welcher Skepsis die meisten Wissenschaftler einen Außenseiter betrachten, der nicht selbst ihr Fach studiert hat, wußte Dr. Hermann Rohlfs, meinte aber, daß die Leistungen seines Bruders ausreichten, auch die Schreibtischgelehrten zu überzeugen.

Wer das Schicksal so vieler anderer Forscher und Entdekker kennt, denen Anerkennung nur deshalb versagt wurde, weil sie ohne fachliche Ausbildung ihre kühnen Reisen auf eigene Faust unternahmen, hätte den Optimismus des Bruders nicht geteilt. Hatte doch Gerhard Rohlfs sein Studium im Stich gelassen, um in die Fremdenlegion einzutreten. Als Kameltreiber und Kurpfuscher in arabischer Verkleidung war er durchs Innere Nordafrikas gezogen. Er war also ein typischer Abenteurer, wie er im Buche steht. Wie konnte man

Tachtirwan, Gehäuse für vornehme Frauen bei Kamelreisen in der Wüste. (Nach einer Zeichnung von Rohlfs.)

solch einem Menschen glauben, was er behauptete, gesehen und erlebt zu haben?

Wer den dreißigjährigen Gerhard Rohlfs nach gutbürgerlichen Maßstäben beurteilen wollte, fand wirklich so manches an ihm auszusetzen. Eine Ausbildung, wie man sie in der zweiten Hälfte des vorigen Jahrhunderts verlangte, hatte er nicht. Dazu gehörten doch gründliche Kenntnisse der Geographie, Botanik und Geologie, auch der Völkerkunde, des Kartenzeichnens und so vieles mehr. Selbst Gerhard Rohlfs konnte kaum bestreiten, daß ihn vor allem sein Verlangen nach abenteuerlichen Erlebnissen zu der Reise getrieben hatte, die fast sein Leben kostete. Gewiß, der Ehrgeiz, bisher unbekannte Länder zu erforschen, kam noch hinzu und konnte für die Allgemeinheit nützlich sein. Aber wer ernsthaft mit solchen Plänen umging, mußte sich auch ernsthaft darauf vorbereiten. Nichts dergleichen hatte Rohlfs studiert. Er konnte höchstens behaupten, ein Kandidat der Medizin zu sein, dem aber noch die Abschlußprüfung fehlte. Ohne Auftrag war er hinausgegangen und hatte sich vor seiner gewagten Reise durchs Unbekannte auch mit keiner wissenschaftlichen Organisation in Verbindung gesetzt. Welche Beweise gab es denn für seine Zuverlässigkeit, zumal ihm die wichtigsten Instrumente gefehlt hatten?

Die führende Persönlichkeit der damaligen erdkundlichen Forschung war Professor August Petermann, Leiter des Geographischen Instituts von Justus Perthes in Gotha. Die von ihm herausgegebenen Mitteilungen[1] waren zum Zentralorgan der geographischen Wissenschaft geworden, nicht nur in Deutschland, sondern für ganz Europa. Petermann selbst reiste nicht, aber er organisierte und förderte die Reisen anderer Leute. Er brachte dafür die Mittel auf, sorgte für die Unterstützung durch amtliche Stellen und fand auch Verleger für die Reiseberichte der Entdecker. Wen Peter-

[1] „Mitteilungen der Justus Perthes Geographischen Anstalt"

mann für geeignet befand, eine Expedition zu unternehmen, der mußte sich allerdings nach seinen Weisungen richten. Die geographische Forschung sollte systematisch betrieben werden. Für „Reisen ins Blaue", die kein bestimmtes Ziel verfolgten, hatte auch Petermann nichts übrig.

Um so höher ist zu bewerten, daß er sogleich die Leistung und Fähigkeit Gerhard Rohlfs' erkannte, als er dessen Aufzeichnungen gelesen hatte.

Ein Mann mit so tollkühnem Wagemut, der dazu noch gelernt hatte, sich glaubwürdig als Moslem zu tarnen, war genau das, was zu dieser Zeit der Professor suchte.

Der deutsche Afrikaforscher Eduard Vogel, zeitweise Begleiter des berühmten Heinrich Barth, war in der südlichen Sahara, und zwar in der Gegend von Wadai, spurlos verschwunden. Um Vogels Schicksal aufzuklären, hatte Petermann eine zweite Expedition ins gleiche Gebiet entsandt. Aber die war nun auch verschollen, der Geograph Moritz von Beurmann, Leiter des Unternehmens, ließ schon seit langem nichts mehr von sich hören[1]. Da man das Schlimmste befürchten mußte, konnte der Professor so leicht keinem dritten Mann zumuten, daß er sein Leben in höchste Gefahr brachte, um diese beiden, tot oder lebendig, zu finden. Nur Gerhard Rohlfs würde nicht erschrecken, wenn man ihm dieses Ansinnen stellte.

Es war selbstverständlich, daß auch eine Hilfsexpedition wissenschaftliche Aufgaben zu erfüllen hatte. Man wollte keine Mittel und Menschen riskieren, ohne auf jeden Fall neue Erfahrungen zu gewinnen. So war die Suche nach Vogel und Beurmann zwar eine Menschenpflicht, der man sich nicht entziehen konnte, aber gleichzeitig ging es darum, weitere Geheimnisse der Sahara zu enthüllen. Gelang das eine nicht, mußte das andere gelingen.

[1] Sowohl Beurmann wie Vogel waren ermordet worden, wie aber erst viel später bekannt wurde.

Rohlfs wurde gefragt, und ohne jedes Bedenken sagte er zu. War es doch ein Auftrag ganz nach seinem Herzen. Er konnte die Reiseroute selbst bestimmen, und wenn es ihm nicht möglich war, bis in die Gegend von Wadai zu gelangen, durfte er nach eigenem Ermessen eine andere Richtung einschlagen. Ließ sich das Schicksal der Verschollenen nicht klären, so erwartete Petermann neue Kenntnisse über Gebiete der großen Wüste, die noch kein anderer Europäer gesehen hatte.

Zur Bestreitung der Kosten brachte der Professor 1200 Taler auf. Teils wurden sie von der Englischen, teils von der Preußischen Geographischen Gesellschaft gestiftet. Die Stadt Bremen gewährte einen Zuschuß, auch Dr. Hermann Rohlfs trug dazu bei. Alles in allem waren es nach heutigem Geldwert ungefähr 10 000 DM, nicht gerade viel für ein so weitreichendes Projekt. Aber im Vergleich zu der fast völligen Mittellosigkeit auf seiner ersten Reise schien es Rohlfs ein großes Vermögen zu sein. Dazu bekam er noch eine gute Ausstattung an wissenschaftlichen Instrumenten, auch Medikamente, Jagdwaffen und drei Revolver. Er konnte auch Geschenke kaufen, um hilfsbereite Menschen gebührend zu belohnen.

„Keine Anstrengungen, auch keine Hindernisse werden mir zu groß sein", schrieb er von Algier nach Hause, „an meinem Mut und meiner Hingebung kann wohl kein Zweifel bestehen. Nach ein paar Jahren wird hoffentlich mein Name mit Ehren an der Seite Heinrich Barths, Mungo Parks und der anderen berühmten Afrikaforscher genannt werden."

Dreiundfünfzig Grad im Schatten

Der erste Vorstoß nach Süden mißlang. Im Dezember 1863 hatte Rohlfs die Stadt Algier verlassen, erreichte wenige Wochen später die Oase Laghuat, jenseits des Atlas, kam aber nicht weiter. Es waren im südlichen Algerien wieder einmal Unruhen ausgebrochen. Es wagte sich keine Karawane tiefer in die Sahara hinein. Jeder Kaufmann und Kameltreiber glaubte mit Sicherheit, sein Leben zu verlieren, wenn er zwischen die streitbaren Stämme des Südens geriet. Weil sich die Kämpfe wie üblich um den Besitz der wenigen Wasserstellen abspielten, konnten ihnen auch kein Fremder entgehen. So kehrte Rohlfs schweren Herzens an die Küste zurück, nahm jedoch einen anderen Weg dorthin, weil er keine Gelegenheit versäumen wollte, seine Kenntnisse und die Karten Algeriens zu verbessern.

In Oran kam er wieder ans Mittelmeer und fuhr mit einem Dampfschiff nach Tanger. Von dort aus, wo ihn Sir Drummond Hay wieder tatkräftig unterstützte, begann am 14. März 1864 die zweite seiner großen Reisen. Zwar nahm sie einen völlig anderen Verlauf, als er selbst geplant und Professor Petermann seinerzeit gewünscht hatte, wurde aber dennoch zu einem großen, ja sogar sensationellen Erfolg. Als erstem Europäer gelang es Gerhard Rohlfs, die größte Wüste der Welt von West nach Ost zu durchqueren, zwar nur die eine Hälfte, vom Atlantik bis nach Tripolitanien, aber auch das war vor ihm noch niemandem gelungen.

Sir Drummond vermittelte ihm einen zuverlässigen Diener namens Hamed, und nun konnte es sich Rohlfs auch leisten, zwei Pferde zu erwerben. Auf dem Rücken eines Esels wurden etwa 150 Pfund Gepäck mitgeführt. Das erste Ziel war wieder Uessan, weil Mustafa-el-Tobib zuversichtlich hoffte, der Groß-Scherif werde ihn mit Empfehlungsschreiben ausstatten, ohne die ein Weiterkommen nach Osten kaum möglich war. Schon am ersten Tage der Reise erlebte Mustafa eine höchst angenehme Überraschung. Unter den vielen Menschen einer Karawane, die sich auf den unendlich weiten Weg nach Mekka gemacht hatte, sah er plötzlich Sidi Lakschmi, der ihm vor wenigen Monaten das Leben gerettet hatte.

„Allah hat es gefügt, Allah hat ein Wunder getan", rief der brave Mann und fiel ihm in die Arme, „Allah sei gepriesen, daß wir uns so bald schon wiedersehen!"

Es war wirklich ein Zufall sondergleichen, außerdem für Mustafa die willkommene Gelegenheit, den allerbesten seiner arabischen Freunde reich zu belohnen. Doch ihre Wege trennten sich noch am gleichen Tage. Nie mehr haben sich die beiden wiedergesehen.

Mustafa war abermals entzückt von der Schönheit und Fruchtbarkeit des Landes am Fuße der Rifberge. Er freute sich um so mehr an der üppigen Vegetation, an den blühenden Gärten und den herrlichen Korkeichenwäldern, weil er wußte, daß sich dieser Segen der Erde nur auf den kleinsten Teil von Marokko beschränkte. Es galt die wenigen Tage zu genießen, da ihm noch der Anblick grüner Felder und blumenübersäter Wiesen gegönnt wurde. Was danach kam, die schroffen Berge, die graue Steppe und die heiße leblose, menschenfeindliche Wüste, kannte er schon.

Am vierten Tag begann es zu regnen, und so viel Wasser strömte vom Himmel, daß alle Bäche weit über ihre Ufer traten. Der Weg verwandelte sich in grundlosen Morast. Selbst in den Gassen der Ortschaften watete man bis zu den Knien in Schlamm. Beim Durchqueren der mächtig an-

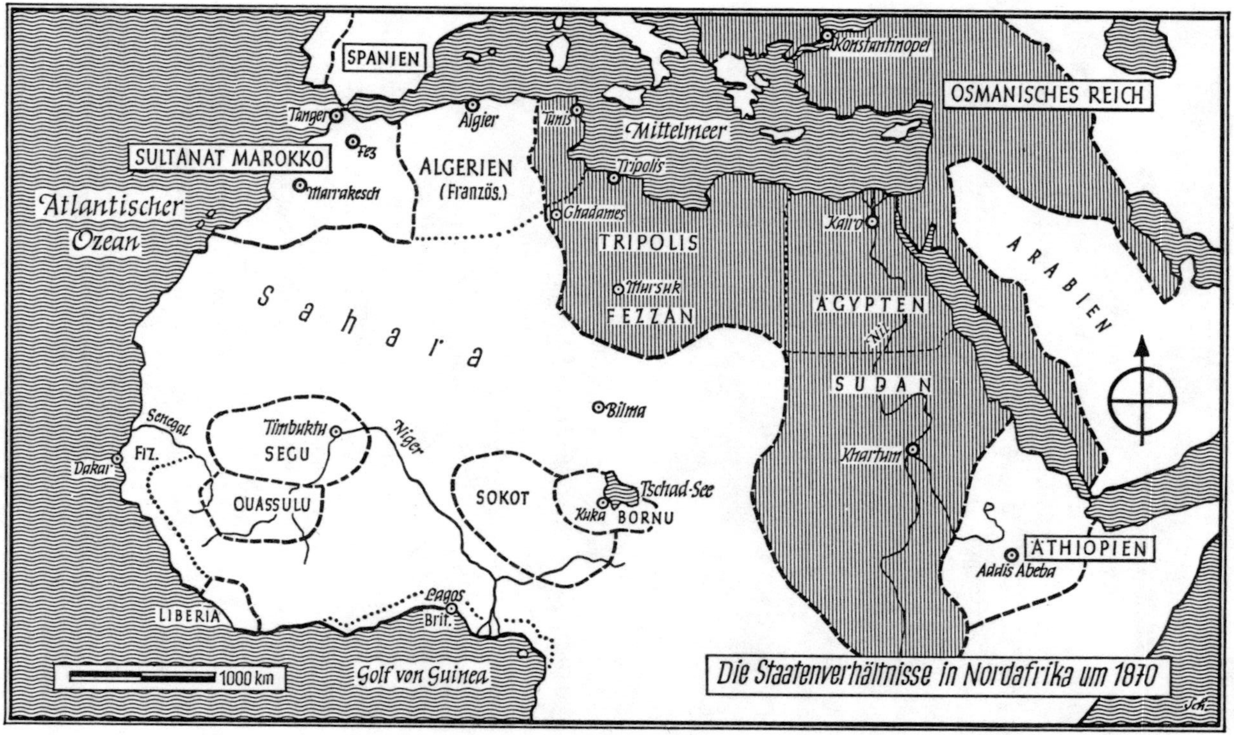

Die Staatenverhältnisse in Nordafrika um 1870

geschwollenen Flüsse war mehrmals zu befürchten, daß die Pferde, und erst recht der arme Esel, mitgerissen würden. Am Ued Sus gab es langen Aufenthalt, weil man erst warten mußte, bis die Überschwemmung zurückging. Auch danach wurden die Reiter und ihr Gepäck noch mehrmals vollkommen durchnäßt. Die Funduks und Karawansereien waren überfüllt, in den Schlafsälen herrschte ein entsetzliches Gedränge. Niemand wollte während pausenlosen Regens unterwegs sein. Nur Mustafa-el-Tobib drängte weiter, sehr zum Mißfallen seines Dieners. Daran erkannte man den Rumi, den ehemaligen Christenhund. Diesen seltsamen Leuten steckte die Unruhe im Blut.

Als die großen, tiefhängenden Wolken verschwanden und die Sonne wieder strahlte, hatten die beiden Männer endlich Uessan erreicht. Als erstes hörte Mustafa, daß der Groß-Scherif soeben seine dritte Frau geheiratet hatte und für niemanden zu sprechen sei. Im übrigen hieß es, daß er den Tod seines Freundes tief bedaure. Ein Bote aus der Oase Tafilet hatte ihm die Nachricht gebracht, Mustafa-el-Tobib sei das Opfer eines heimtückischen Mörders geworden. Nunmehr verbreitete sich die Kunde, daß der Totgeglaubte in scheinbar bester Gesundheit vor der Tür stand, in Windeseile durch den ganzen Palast. Sidi-Abd-es-Ssalam, den man seit Tagen nicht mehr gesehen hatte, eilte selbst heraus und konnte das Wunder kaum fassen, Mustafa in dieser Welt wiederzusehen. Er führte den Freund in seine privaten Gemächer und wies ihm den gleichen Raum an, wo er schon früher gewohnt hatte. Es folgte ein ausgedehntes Festmahl, und Mustafa überreichte dem Groß-Scherif seine Geschenke. Dazu gehörten eine silberne Kaffeemaschine, eine deutsche Doppelflinte und ein ganzer Jahrgang der französischen Zeitschrift „Monde Illustré". Die Bilder darin fanden das größte Interesse des marokkanischen Papstes, besonders die fotografischen Aufnahmen, obwohl sie zu damaliger Zeit noch viel zu wünschen übrig ließen. Mustafa verbrachte viele Stunden damit, dem Herrn des Hauses jedes einzelne zu erklären.

Leider war es damit nicht getan, Abd-es-Ssalam wollte alles sehen, was sein Freund mit sich führte. Und es war für den Groß-Scherif selbstverständlich, sich davon zu nehmen, was ihm gefiel. So verlor Mustafa-el-Tobib sein bestes Jagdgewehr, ein Geschenk Sir Drummond Hays, sowie den modernsten seiner drei Revolver. Jeder Moslem hätte es als hohes Glück empfunden, dem vornehmsten Nachkommen des Propheten all sein Eigentum zu überlassen. Doch für Mustafa waren das sehr schmerzliche Verluste. Aber er mußte sie hinnehmen, die Freundschaft mit dem Groß-Scherif und dessen Empfehlungsbriefe waren weit wichtiger. Sidi-Abd-es-Ssalam ließ es auch nicht daran fehlen, er übergab seinem Gast ungefähr dreißig Briefe, gerichtet an alle seine *Emkaden* in den Oasen der Sahara. Wir würden solche Leute als Vertreter, sogar als Vertreter einer Reiseagentur bezeichnen, denn es war ihre Aufgabe, die Pilger nach Uessan zu sammeln und ihre Reise an den Hof des Groß-Scherifs zu organisieren. So weit der Einfluß und die Anhängerschaft des Groß-Scherifs reichten, so weit hatte sich das Netz seiner Agenturen ausgedehnt. Die Emkadens nahmen auch Geschenke für ihn entgegen. Sie lieferten auch auf Bestellung und natürlich gegen Bezahlung schriftliche Segenswünsche des heiligen Mannes. Sie unterhielten Funduks, sie teilten Mahlzeiten aus und waren, so gut es ging, um die Sicherheit der Pilger besorgt. Manche hatten sehr großen, andere nur geringen Einfluß in ihrer Gegend, je nachdem wie weit sie von der mächtigen Ausstrahlung ihres Herrn entfernt waren. Was sie für Mustafa-el-Tobib tun konnten, würden sie tun, weil es der Groß-Scherif so wünschte.

Mustafa bestieg zwei Berge in der Umgebung von Uessan,

den Djebel Ssur-Ssur und den Djebel Bu-Hellül, um von dort einen Überblick zu gewinnen und ihre Höhe zu messen. Nun besaß er ja die notwendigen Instrumente und hatte auch den Ehrgeiz, den etwaigen Kritikern daheim zu beweisen, daß er kein gewöhnlicher Weltenbummler war, sondern ein ernsthafter Wissenschaftler. Beide Male war der Aufstieg äußerst schwierig und zum Teil gefährlich. Niemand durfte den Gebrauch der Meßinstrumente beobachten. Man hätte sonst vermutet, er betriebe Zauberei. Nach seiner Rückkehr von den Bergen mußte er Sidi-Abd-es-Ssalam auf einem Jagdausflug begleiten, der sich über fast zwei Wochen hinzog. Viele hundert Treiber wurden dazu aufgeboten, aber es gelang den Jägern trotz aller Mühe, nur insgesamt neun Wildschweine zu erlegen. Da kein Moslem Schweinefleisch genießen darf, überließ man die saftige Beute den Jagdhunden.

Der Groß-Scherif erhielt Gastgeschenke in jedem Dorf, das er mit seinem Besuch beehrte, mochten die Leute auch noch so arm sein. Beträge bis zum Wert von 1000 Goldfranken wurden ihm ausgehändigt, wofür er lediglich seinen Segen spendete oder Kranke mit seiner Hand berührte. Wie gering dagegen die Freiheit eines Menschen bewertet wurde, geht aus einer Episode hervor, die Mustafa miterlebte. Da beklagte sich eine Familie beim Groß-Scherif, daß man ihnen einen besonders hellhäutigen Jungen gestohlen habe, um ihn gegen den Betrag von nur 5 Franken an durchziehende Sklavenhändler zu verkaufen. Angeblich gehörte der Menschenräuber zum Gefolge Sidi-Abd-es-Ssalams. Dieser aber konnte oder wollte nichts weiter tun. Allah hatte es so gefügt, man mußte sich damit abfinden. Der verschwundene Junge war nicht das eigene Kind der Beraubten, sie hatten ihn auf einem Markt gekauft.

Mustafa hatte die Folgen des Mordanschlags noch nicht überwunden. Ein daumenlanger Knochensplitter kam aus

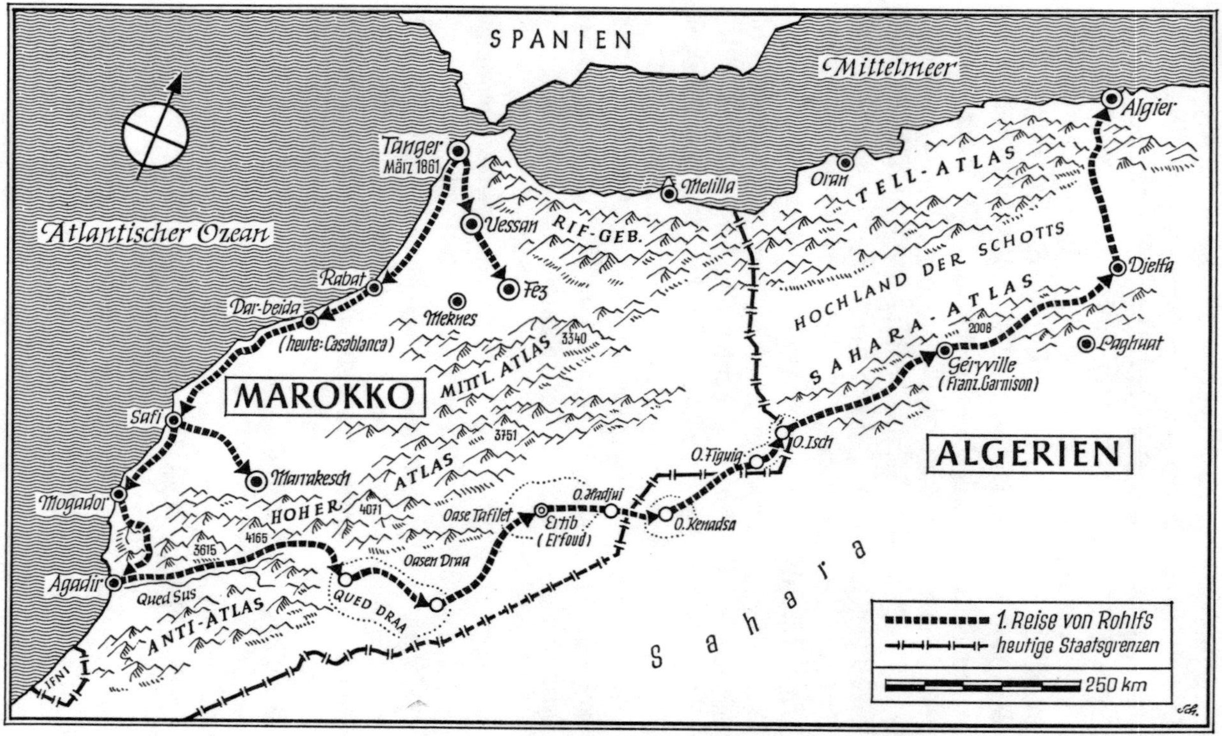

SPANIEN
Mittelmeer
Atlantischer Ozean
Tanger
März 1861
Uessan
RIF-GEB.
Melilla
Oran
TELL-ATLAS
Algier
HOCHLAND DER SCHOTTS
Djelfa
SAHARA-ATLAS
2008
Laghuat
Géryville
(Franz. Garnison)
Rabat
Fez
Dar-beida
Meknes
(heute: Casablanca)
MITTL. ATLAS
3340
MAROKKO
Safi
3751
O. Isch
ALGERIEN
O. Figuig
Marrakesch
ATLAS
Mogador
HOHER
4071
O. Hadjui
Oase Tafilet
Ertib
(Erfoud)
O. Kenadsa
4165
3615
Oasen Draa
Agadir
Qued Sus
ANTI-ATLAS
QUED DRAA
Sahara
IFNI
1. Reise von Rohlfs
heutige Staatsgrenzen
250 km

der Wunde an seinem linken Oberarm zum Vorschein. Er holte ihn mit der Pinzette selbst heraus, ließ aber niemand wissen, daß seine Verletzung nur so langsam heilte.

Am 7. Mai, gegen acht Uhr morgens, brachen Mustafa und sein Diener von Uessan auf, begleitet von den Segenswünschen des Groß-Scherifs. Es war das letzte Mal, daß sie einander sahen. Die beiden Reisenden hatten sich einer großen Schar von Pilgern angeschlossen. Alle waren Berber vom Stamme der Beni Mgill. Sie hatten in Uessan den Segen Sidi-Abd-es-Ssalams empfangen und kehrten nun zurück in ihre Oasen der Sahara. Zwei weiße Fahnen flatterten dem Zug voran. Fast pausenlos sangen die Pilger gemeinsam das „La ilah il Allah“ in eintöniger, endloser Wiederholung. Dabei sangen die Frauen noch lauter und eifriger als die Männer. Alle trugen die ärmlichsten Kleider und gingen zu Fuß, um nicht das Interesse der Straßenräuber zu erregen. Nur Mustafa und Hamed saßen zu Pferde, und ihnen folgte der Esel mit zwei vollbepackten Körben. Beide Männer trugen ihre Waffen schußbereit, denn es war mit einem Überfall zu rechnen.

Regen, Wolkenbruch und brausender Sturm erschwerten die Wanderung. Nachts schliefen die Menschen enggedrängt in den Funduks, mußten sich gelegentlich auch im Freien niederlassen. Meist war es bei der Nässe nicht möglich, ein Feuer zu entfachen. Die Pilger lebten dann nur von Datteln und getrockneten Früchten. Das Gebirge wurde höher, und immer steiler ging es hinauf. Droben auf den Gipfeln der Bergrücken, manche über 3000 Meter hoch, lag schimmernder Schnee, und dichter Wald stand in den Tälern.

„Es fehlt mir die Gabe“, schrieb Gerhard Rohlfs in sein Tagebuch, „die Großartigkeit der Natur zu schildern. In diesen Urwäldern bemerkte ich zahlreiche Lärchenbäume von solchen Dimensionen, wie ich sie nie gesehen hatte.

Nach meiner Ansicht beträgt ihr Umfang drei bis vier Meter. Auch die Steineichen sind hier von unglaublicher Höhe und Mächtigkeit. Oft versperren uns gestürzte Stämme den Weg. Reiten wir über Lichtungen oder sehen wir Berghänge, so sind diese bedeckt von Alpenrosen, Maiglöckchen und Butterblumen. Weit oben blitzt der Schnee. Ich glaubte mich in der Schweiz zu befinden, aber nicht auf den Hochpässen des mittleren Atlasgebirges."

Er hätte noch hinzufügen können, daß vor ihm kein Europäer dieses grandiose Land gesehen hatte, jedenfalls keiner, von dem man weiß oder Berichte erhielt. Wie auf allen seinen Reisen erwartete Mustafa die größten Schwierigkeiten nicht von der Natur, sondern von den Menschen. Auch hier wieder die gleichen Zustände wie auf der Wanderung von Agadir nach Draa. Zwischen den Bergstämmen des Ait-Yussi und den Beni-Mtir herrschte schon seit Jahren anhaltender Krieg. Die Karawanenwege durch den Atlas waren deshalb nicht zu passieren. Davon abgesehen wurden alle Reisenden gezwungen, hohen Zoll zu entrichten. Wer sich weigerte oder nicht zahlen konnte, dem riß man die Kleider herunter. So arm waren die Bergbewohner, daß sie in Fetzen herumliefen. Ihre Kinder trugen überhaupt nichts und balgten sich um jeden Bissen. Das Gepäck und die Waffen Mustafas erregten Aufsehen. Wohin der Tobib kam und sich ausruhen wollte, wurde er von Neugierigen umringt. Alles wollten sie anfassen, bedrängten ihn mit tausend Fragen und ließen ihm auch bei Nacht keine Ruhe. Nur wo sich ein Emkaden des Groß-Scherifs befand, konnte Mustafa hinter einer verschlossenen Tür schlafen. Gelegentlich wurde ihm ein lebender Hammel gebracht, den er schlachten sollte. Das aber mußte sein Diener tun, wobei sich Mustafa in der Himmelsrichtung nach Mekka verneigte und die vorgeschriebenen Worte sang: „Allah akbar, bis m'illah er-rahman irrhabim!"

Die linke Keule des Tieres war dann für die Armen bestimmt, den Rest konnte sich Mustafa mit geladenen Gästen teilen. Das Fleisch wurde natürlich auf offenem Feuer gebraten, wobei man die eisernen Ladestöcke der Gewehre als Bratspieße benutzte. Jeder hielt sein Stück Fleisch in den Händen und riß die Bissen mit den Zähnen ab.

In den Bergen des Atlas erregte Mustafa kein Mißtrauen, obwohl man wußte, daß er ein Rumi war. Ebenso bekannt war seine Freundschaft mit Sidi-Abd-es-Ssalam.

Einmal half ihm das sogar, als ihn acht Räuber angriffen. Sie brachen plötzlich aus dem Gebüsch hervor, ergriffen die Zügel seines Pferdes und verlangten die Auslieferung seiner Waffen. Hamed hatte schon die Büchse gespannt, um den Anführer niederzuschießen. Mustafa konnte ihn gerade noch zurückhalten und schrie die Kerle an, daß sie der Groß-Scherif verfluchen werde, wenn sie nicht sofort von ihm abließen. Da wichen sie zurück, baten flehentlich um Vergebung und küßten ihm die Stiefel. In dem kleinen Dorf Karas wurde der arme Hamed bei Nacht bis aufs Hemd ausgeplündert. Doch am Morgen genügte es, daß Mustafa mit dem Zorn Sidi-Abd-es-Ssalams drohte, schon wurden die gestohlenen Sachen wieder zurückgegeben. Nicht ganz so einfach war es mit anderen Banditen, die bald danach am Wege auftauchten. Mustafa riß seine Pistole hervor und rief die nun schon übliche Drohung, doch es machte diesmal keinen Eindruck. Erst als Hamed auf den glücklichen Einfall kam, seinen Herrn als nahen Verwandten des Groß-Scherifs auszugeben, bekamen es die Straßenräuber mit der Angst zu tun. Sie glaubten nun, Mustafa sei ein direkter Nachkomme des Propheten und könne sie ohne weiteres zur Hölle schicken. Statt ihn auszurauben, baten sie um seinen Segen.

Am 20. Mai passierte der Pilgerzug den nördlichen Hang des Djebel Ayachi, des höchsten aller Berge im Mittleren

Atlas[1]. Die Leute im Tal erzählten, daß sein Haupt sogar im Sommer mit Schnee bedeckt sei. Von dort ging es bergab, und die Landschaft gewann ein anderes Bild. Vom Westen war sie dem heißen Wind der Sahara ausgesetzt. Die Lärchenwälder hörten auf, bald danach auch die Korkeichen. Ginster, Wacholder, Stachelfeigen und Steineichen traten an ihre Stelle. Es gab weniger Bäche. Fast alle Flüsse waren ausgetrocknet, und nur selten traf man noch größere Ortschaften. Weil starke Regenfälle nicht mehr zu befürchten waren, kampierte der Pilgerzug im Freien. Aus Furcht vor Löwen, die hier zahlreich sein sollten und angeblich auch Menschen gern überfielen, wurde jedesmal der Rastplatz mit einem hohen, breiten Dornenwall umgeben. Mustafa hielt Angst für unbegründet, denn weder war ein Löwe zu sehen noch zu hören. Es fanden sich auch keine Spuren im Sand.

Immer kahler und karger wurden die Berge. Fließendes Wasser gab es nur noch tief in den Schluchten. Der Marsch wurde deshalb so beschwerlich, weil nun die Täler quer zum Hang verliefen. Auf schmalen, sehr steilen Pfaden ging es hinunter und dann drüben wieder hinauf. Die Reiter mußten ihre Pferde führen und dem Esel die beiden Körbe abnehmen und sie selbst tragen. Daher machten sie den gleichen mühsamen Weg zweimal und dreimal. Der Pilgerzug war schon weit voraus.

Schließlich blieben die Berge zurück. Eine weite Steppe breitete sich aus. Schon spürte man den Beginn der Wüste. Es wurde heiß, und der Wind spielte mit dem Sand. Man konnte nicht geradeaus marschieren, auf dem kürzesten Wege zur Oase von Tafilet, sondern mußte von einem Brunnen zum nächsten ziehen. Nach drei Tagen, am 26. Mai 1864, erreichte man den Ksor von Ifri, die erste Ortschaft

[1] 3757 Meter hoch

der großen Oase Tafilet. Hier sah Mustafa auch wieder die ersten Palmen. Ein Emkaden des Groß-Scherifs war leider nicht vorhanden. Der Rumi und sein Diener wurden belästigt, beschimpft und beim Einkauf von Lebensmitteln ganz gehörig übers Ohr gehauen. Mustafa und Hamed gerieten in den Verdacht, daß sie mit den Wegelagerern der Berge im Bunde standen. Wie hätten sie denn sonst ihre Pferde, ihre Waffen und ihr Gepäck behalten können. Seit Jahr und Tag hatte niemand mehr, der so wertvollen Besitz bei sich hatte, die gefährliche Reise hinter sich gebracht, ohne ausgeraubt zu werden. So gut es ging, versuchte Mustafa zu erklären, warum man gerade ihn und Hamed verschont hatte.

Der Pilgerzug löste sich auf. Von Ifri aus hatte jede Gruppe ein anderes Ziel, um wieder heimzukommen. Allein mit Hamed und seinem Esel ritt Mustafa-el-Tobib nach Südosten, durchquerte einen breiten, sandigen Arm der Sahara und kam zum großen Oasendorf Beranin. Hier amtierte ein Emkaden, der sich bis zum Boden verneigte, als er den Brief des Groß-Scherifs gelesen hatte. Sofort wurde alles getan, was der Freund des heiligen Mannes wünschte. Er bekam ein gutes Quartier, die beste Verpflegung und frisches Futter für seine Pferde und den Esel.

Mustafa kannte die fruchtbare Landschaft Tafilets schon von seiner letzten Reise, hätte aber Jahre gebraucht, um alle Dörfer zu besuchen. Tafilet ist die größte Oase der Sahara, besser gesagt eine Ansammlung von vielen Oasen, die einander benachbart sind. Alle verdanken ihre Entstehung einigen Wadis, deren Grundwasser auch in der heißesten Zeit so nahe der Oberfläche liegt, daß keiner der Brunnen versiegt und mancher Tümpel gar nicht austrocknet. Knarrende Wasserräder, von Menschen oder Tieren bewegt, schöpften unaufhörlich das kostbare Naß aus dem Boden. Es floß durch schmale Gräben zu den

Feldern und Gärten. Die Dattelpalmen bedurften keiner künstlichen Bewässerung, weil ihre Wurzeln tief genug hinabreichten. Mustafa schätzte die Ausdehnung von ganz Tafilet auf etwa 5000 Quadratkilometer und die Gesamtzahl der Bewohner auf ungefähr 100 000. Sie verteilten sich auf mindestens hundert Dörfer. Die Mehrheit der Tafiletis gehörte zu verschiedenen Stämmen der Berber. Was die Araber betraf, so lebten sie getrennt von ihnen, das heißt in ihren eigenen Dörfern. Es gab auch ein paar hundert Juden in jedem größeren Ort. Die meisten von ihnen stammten aus Spanien. Im sechzehnten Jahrhundert hatte man sie von dort vertrieben. Obwohl sie Ungläubige waren, wurden sie geduldet, denn man brauchte sie als Handwerker. In vielen Dörfern mußten die Juden in Gettos leben, in anderen war ihre Freiheit weniger beschränkt.

Als Mustafa nach Ertib kam, eine der größten Ortschaften von Tafilet, war er wieder Gast im Hause des Prinzen Muley. Dieser kluge und gebildete Mann ließ sich auf die Dauer nicht täuschen, sondern fand bald heraus, daß Mustafa-el-Tobib kein echter Moslem war. Doch gegenüber anderen Leuten machte Muley davon keine Andeutung. Er half seinem Freund, wo er nur konnte. Außer Prinz Muley gab es noch andere Verwandte des regierenden Sultans in Tafilet, alle dorthin verbannt oder geflüchtet, weil der Beherrscher Marokkos niemanden in seiner Nähe haben wollte, der womöglich von seinen zahlreichen Gegnern dazu benutzt werden konnte, ihm den Thron streitig zu machen. Die bisherige Geschichte Marokkos war eine Folge von Rebellion und Revolution. Nur wenige der Sultane waren eines natürlichen Todes gestorben und die meisten nur durch einen Gewaltstreich auf den Thron gelangt. Die jetzt regierende Familie stammte aus Tafilet. So war eben diese Oase der geeignete Ort, wohin der mißtrauische Sultan seine Verwandten zurückschickte, um in Sicherheit zu leben.

Es war außerdem üblich, alle Haremsdamen eines verstorbenen Sultans nach Tafilet zu bringen. In Rissani wurden die unglücklichen Weiber bis zu ihrem Lebensende eingeschlossen und von ihren Eunuchen streng bewacht. Mustafa-el-Tobib erhielt von seinem Freund den Auftrag, die Kranken unter ihnen zu behandeln. Er tat es nicht gerne, mußte aber wohl oder übel den Wunsch des Prinzen erfüllen. Die Verhältnisse waren schlimmer, noch viel schlimmer als im Harem des regierenden Sultans, weil Sidi Mohammed zum Unterhalt der dreihundert Frauen seines Vorgängers nicht genügend Mittel bereitstellte. Die armen Geschöpfe lebten in einem traurigen Gefängnis. Ihre Schmucksachen hatte man ihnen genommen, und von ihrer einstigen Korpulenz war nichts mehr übrig. Viele der Weiber litten an Augenkrankheiten, hervorgerufen durch die entsetzliche Fliegenplage in den verschmutzten Räumen. Mustafa war erschüttert, auch junge, wirklich hübsche Mädchen, sogar vierzehn- und fünfzehnjährige dort vorzufinden. Ihre Eltern hatten sie als kleine Kinder dem verstorbenen Sultan geschenkt, denn man hielt es für eine hohe Ehre, wenn sie im Harem des Herrschers aufwuchsen. Es konnte ja immerhin sein, daß sie später von ihm beachtet wurden und vielleicht zum Rang einer Lieblingsfrau aufstiegen, was den Rabeneltern dann mancherlei Vorteile brachte. Aber zu früh war der Sultan gestorben, und so mußten sie nun ihr ganzes Leben hinter hohen Mauern verbringen, die nicht besser waren als die Mauern eines Kerkers. Es schien Mustafa unbegreiflich, daß man nicht wenigstens den jungen Mädchen die Freiheit schenkte. Es gab ja draußen Männer genug, die sie gerne geheiratet hätten. Aber wer Eigentum des Sultans gewesen war, durfte nie mehr einem anderen gehören.

„Der Zulauf an Kranken vergrößert sich von Tag zu Tag", beklagte sich Rohlfs in seinem Tagebuch, „seit ich die

Frauen im Harem behandeln durfte oder vielmehr behandeln mußte, ist mein ärztliches Ansehen über alle Maßen gestiegen. Sogar auf der Straße läuft man mir nach und läßt mir auch bei Nacht keine Ruhe. Aber wie wenig kann ich tun, ohne zentnerweise Medikamente zu verteilen. Zwei Drittel der Bevölkerung leidet an verschiedenen Krankheiten der Augen. Viele werden erblinden, weil sie niemand nach unseren Methoden zu behandeln versteht. Aber von mir erwartet man, daß schon das Auflegen der Hand genügt. Ich soll sogar böse Geister vertreiben.“

Um den vielzuvielen Patienten zu entgehen, denen er doch nicht helfen konnte, zog Mustafa-el-Tobib von einer Ortschaft zur anderen. Dabei hoffte er eine Karawane zu finden, die sich nach Tuat auf den Weg machte, also weiter nach Osten und tiefer in die Sahara hinein. Es herrschte aber Krieg zwischen mehreren Stämmen Tafilets. Der Handel mit anderen Oasen war zum Stillstand gekommen. Die Ksors hatten sich verbarrikadiert, die Felder lagen verwüstet, die Wasserleitungen waren zerstört. Die Bewohner des einen Dorfes hatten die Obstbäume des anderen umgehauen, auch das reifende Getreide abgebrannt. So hungerten beide Seiten, so stieg der Haß, und jede neue Untat schrie nach Vergeltung. Um nicht selbst in diesen barbarischen Streit verwickelt zu werden, gaben sich Mustafa und seine Diener als fromme Pilger aus, die gelobt hatten, alle heiligen Gräber in der Landschaft Tafilet zu besuchen. Davon gab es sehr viele, und dort war jeder Moslem einigermaßen sicher.

Unbehelligt erreichten sie Abuam, während ruhiger Zeiten ein wichtiger Handelsplatz. Beim Emkaden des Groß-Scherifs fanden sie Unterkunft. Endlich konnte Mustafa wieder seine Beobachtungen zu Papier bringen. Aber es mußte hinter geschlossener Türe geschehen. Das Thermometer zeigte in dem ungelüfteten Raum 53 Grad Celsius.

Schließlich fand sich ein Berber vom Stamm der Duemini, der mit seinem sechzehnjährigen Sohn bereit war, Mustafa und Hamed bis nach Tuat zu begleiten. Das war eine Entfernung von etwa 500 Kilometern und eine der schwierigsten Strecken in der Sahara. Die beiden Pferde taugten nichts mehr, sie mußten verkauft werden, ebenso der brave Esel. Es tat Mustafa leid, denn er hatte sich an sein Tier gewöhnt. Doch es ging nicht anders. Dafür stellte der Duemin für 20 Mariatheresien-Taler zwei Kamele zur Verfügung. Aber die mußten außer dem Gepäck und den Lebensmitteln so viele wassergefüllte Girbas tragen, daß man ihnen nicht noch einen Reiter zumuten konnte. Die vier Menschen mußten zu Fuß gehen, und zwar so rasch wie nur möglich, sonst hätte das Wasser von einem bis zum nächsten Brunnen nicht gereicht.

Am Tage vor dem Abmarsch erhielt Mustafa die Nachricht, daß weit draußen in einem Wadi schon Räuber versteckt lagen, um ihn auszuplündern. Es war ein Punkt, an dem er vorüber mußte. Nur auf einem sehr weiten Umweg hätte man die Gefahrenstelle vermieden. Weil der Tobib wußte, daß die Banditen in Abuam zu Hause waren und bestimmt über alles unterrichtet wurden, was er tat und sagte, erklärte Mustafa auf dem Marktplatz, er habe sich aus Gründen der Sicherheit zu diesem Umweg entschlossen. Gleich danach verrieten ihm gute Freunde, daß ein Bote davongelaufen war, um die Räuber von der Änderung seiner Reiseroute zu unterrichten. Genau das war die Absicht Mustafas gewesen. Er ließ sofort die Kamele beladen und marschierte ab, bevor noch die Sonne aufging. Natürlich blieb er auf dem ursprünglich vorgesehenen Weg. Seine kleine Karawane kam unbehelligt durch das Wadi, während die Räuber an der anderen Stelle auf sie warteten.

Gegen Mittag stieg die Hitze auf 61 Grad in der Sonne.

Wie heiß es im Schatten war, ließ sich nicht feststellen, weil es keinen Schatten gab. Wer in unseren Breitengraden lebt, kann sich kaum vorstellen, was absolute Trockenheit bedeutet. Da wird der Mund zur ausgebrannten Höhle, und die Lippen werden zu Pergament. Man spürt die Zunge nur als harten Klumpen. Es schmerzt jede Bewegung der Augenlider, und die Fingernägel brechen wie Glas. Zwar verliert der marschierende Mensch in der höllischen Hitze Ströme von Schweiß, fühlt aber keinen Tropfen auf seiner Haut, weil alles sogleich verdunstet. Der Wüstenwanderer muß sich von Kopf bis Fuß verhüllen, sonst saugt ihm die sengende Luft alle Feuchtigkeit aus dem Leib. Nur ein schmaler Schlitz für die Augen bleibt frei. Dennoch hebt man den Kopf nur hin und wieder, weil jeder Blick geradeaus die Netzhaut erglühen läßt. Eine dunkle Brille nützt nicht viel, sie müßte schwarze Gläser haben. Schlimmer noch als die trockene Hitze ist der Wüstenwind. Der faucht wie ein Sandstrahlgebläse. Der einherschwankende Mensch wird von vielen tausend glühenden Körnern scharf beschossen. Sie dringen durch die Kleidung, brennen auf der Haut und kratzen über den ganzen Körper.

Ohne seine beispiellose Energie, ohne das Training im harten Dienst der Fremdenlegion und ohne die Erfahrung bei seiner Wüstenreise im vorigen Jahr hätte Mustafa-el-Tobib diesen vierzehntägigen Marsch von Tafilet nach Tuat nicht ausgehalten. Es war schon fast für seinen Diener und die beiden Führer zuviel, obwohl sie doch in diesem Klima zu Hause waren. Aber jetzt im Juli und August war sonst niemand unterwegs, denn nun glich die Sahara einem Feuerofen. Wer mit der bloßen Hand einen Stein berührte, zog sie erschrocken zurück, und wer hier sein Schuhwerk verlor, dem verbrannten die Füße. Viele Paar starker Nails mit doppelten Sohlen aus biegsamem Leder hatte Mustafa eingekauft, um nie mehr jene Qualen zu leiden wie damals auf seinem Weg zur Oase Draa. Als es nun wieder über scharfkantiges Geröll einer Hamada ging, hielt keine Sandale länger als ein bis zwei Tage. Dann kam schon das nächste Paar an die Reihe.

Mustafa schlürfte zehn Liter Wasser pro Tag, und darüber kam es zum Streit mit dem Kamelführer. Der Duemini glaubte, daß bei so hohem Verbrauch der Vorrat nicht reichen würde. Wenn alle vier Menschen täglich das gleiche Quantum tranken, also vierzig Liter insgesamt, dann müsse man schließlich verdursten. Aber Mustafa hielt es für ausgeschlossen, daß überall die Brunnen versiegt waren. In dem einen oder anderen konnte man die Girbas bestimmt wieder füllen.

„Wenn's aber doch so ist", fluchte der Duemin, „bleiben unsere Knochen in der Wüste. Wir sind nicht mit dir gegangen, um zu sterben ..."

Die Angst der Männer war nicht unbegründet. Sechs Kameltreiber aus seinem Dorf waren im letzten Jahr in dieser schrecklichen Hamada umgekommen. Ihre verdorrten Gebeine und die Kadaver der Kamele hatte er selbst nahe einem ausgetrockneten Brunnen gesehen. Als Mustafa wieder eine Girba nahm, um seinen quälenden Durst zu löschen, flog ihm ein Stein an den Kopf. Nur mit gezückter Pistole konnte er den rabiaten Mann zur Vernunft bringen.

Die beiden Duemini wären umgekehrt, sicher auch Hamed mit ihnen, hätte nicht der nächste Brunnen in seiner Tiefe genügend Wasser für alle Girbas enthalten. Auch die Kamele bekamen zu trinken. Weil es am folgenden Tag noch heißer wurde, nämlich 66 Grad in der Sonne, marschierte die Karawane nur noch bei Nacht. Im Licht des Vollmonds sah man genug, um auch Wadis mit steilen Kanten zu durchqueren. Bei Tage hielten sie Rast, legten sich in eine selbstgemachte, metertiefe Grube, um der direkten Sonnenbestrahlung zu entgehen. Wenn man den Graben von Norden nach Süden zog, gewann man sogar etwas Schatten. Aber nicht während der Mittagsstunde, wo man ihn am notwendigsten brauchte. Mustafa machte sich schwere Vorwürfe, auf Zelte verzichtet zu haben. Doch um wirklich vollen Schatten darunter zu finden, waren damals die Zeltbahnen noch so schwer, so daß ihr Gewicht die Kamele zu stark belastet hätte. Ein Zelt für vier Mann wog ebensoviel wie ein gefüllter Wassersack, und der war auf jeden Fall wichtiger. Mustafa hatte auch nicht vorausgesehen, daß sie bei Tage ruhten. Normalerweise braucht eine Karawane keine Zelte, sie ist ja meist unterwegs, solange die Sonne am stärksten brennt[1].

Am Ende der Hamada von Guir erreichten sie die kleine Oase Igli. Hier war der Duemini unter seinen Stammesbrüdern. Er wurde frech und weigerte sich, den Marsch nach Tuat fortzusetzen. Bei der heftigen Auseinandersetzung hatte er den Scheich auf seiner Seite. Die Empfehlungsbriefe des Groß-Scherifs und des Prinzen Muley machten hier keinen Eindruck. Erst als Mustafa den doppelten Lohn versprach und gleich bezahlte, ging es weiter.

[1] Seit kurzem hat man eine Möglichkeit entdeckt, um sich Trinkwasser auch in schlimmster und heißester Wüste zu beschaffen. Wie das geschieht, grenzt an ein Wunder. Man braucht dazu nur ein quadratmetergroßes Tuch aus hauchdünnem Plastik. Mit der Schaufel oder Hand hebt man eine metertiefe Grube aus, stellt in deren Mitte ein Gefäß und spannt das Tuch locker über das ausgegrabene Loch. Am Rand ringsum wird es beschwert, damit es nicht abrutscht. Den Boden unten darf es nicht berühren. Nun legt man einen Stein auf das völlig wasserdichte Tuch, genau über jene Stelle, worunter sich das offene Gefäß befindet. Der aus dem Boden aufsteigende Wasserdampf, von der glühenden Sonne ständig angezogen, kann nicht mehr in die Höhe entweichen. Er bleibt unten an der Plastikfolie hängen, rinnt an ihr herab zur tiefsten Stelle und tropft von dort in den Becher. Was sich an Flüssigkeit darin ansammelt, soll genügen, einen Menschen am Leben zu erhalten. Woher das Wasser in der glutheißen, leblosen Wüste kommt? Aus dem tiefsten Grund, sagen die Hydrologen. Teilweise ist es auch eingesickerter Tau. Ebenso haben die Schwankungen der Temperatur damit zu tun. Es folgt ja der Backofenhitze des Tages eine erstaunlich kühle, mitunter sogar frostige Nacht. Wer mehr von diesen und ähnlichen Künsten wissen möchte, dem empfehle ich mein Buch „Überlistete Wildnis“ (Bertelsmann Verlag, Gütersloh).

Aber jetzt waren auch die Nächte so heiß, das Mustafas Thermometer sogar um Mitternacht noch 30 Grad zeigte. Wo er am Tage Schatten fand, blieb es bei 40 Grad. Doch waren zum Glück die Etappen von einer Oase zur nächsten viel kürzer als bisher. In Beni-Abbés, einem verhältnismäßig großen Ort, blieb Mustafa mit seinen Begleitern drei Tage. Zwar gab es hier keinen Vertreter Sidi-Abd-es-Ssalams, aber die Leute waren freundlich und lieferten Lebensmittel gegen nicht zu hohe Bezahlung. Lästig war nur die Menge der Skorpione. Ein besonders böses Exemplar stach Mustafa während des Schlafs in den rechten Zeigefinger. Der Schmerz war groß, und die Hand schwoll an. Er konnte sie bald nicht mehr bewegen. Dagegen wußten die Leute von Beni-Abbés, die solche Unfälle gewohnt waren, ein Heilmittel, das auch der Tobib noch nicht kannte. Ein paar Skorpione wurden gefangen und in einem Tuch ausgepreßt. Das herauslaufende Öl und Fett, in Form einer dickflüssigen, scharf riechenden Masse, war das Medikament. Damit sollte sich Mustafa die Hand bestreichen. Es wirkte tatsächlich, die Schwellung ging zurück.

Auf dem Weg von Beni-Abbés nach Adrar zeigte das Thermometer gegen Mittag 67 Grad im Schatten! Nach Mustafas Meinung war bisher noch nie eine solche Hitze unter freiem Himmel gemessen worden. Er merkte den Rekord auch an sich selbst, denn zwölf Liter Wasser reichten kaum aus, seinen Durst zu stillen. Bei Tage zu marschieren war nun ganz unmöglich, selbst die Kamele hätten es nicht lange ausgehalten. Der Mond nahm wieder ab, doch die Augen der Männer hatten sich an die Nacht gewöhnt, und wenn sich die Wüste flach dahinzog, genügte ihnen auch der Sternenschimmer. In der Oase Brinka mußten sie aber warten, bis der Mond wieder zunahm. Denn hier begann eine lange Reise durch Erg, also durch ein Gebiet des lockeren, leichten Sandes mit verwirrenden

Dünen. Manche davon waren 150 Meter hoch. Es kostete viel Mühe, die Kamele hinüberzutreiben. Einmal gerieten die geplagten Tiere in derartigen Zorn, daß sie ihr Gepäck abwarfen und kaum noch zu bändigen waren. Man mußte den Inhalt von zwei Girbas öffnen und die Kamele mit Gerste füttern, damit sie wieder ihre Pflicht taten.

Gerhard Rohlfs verdient wahrlich Bewunderung, weil er bei all diesen Strapazen noch imstande war und Gelegenheit fand, seine täglichen Notizen zu machen. Von seinen Begleitern wußte niemand, daß sich die Wunde an seinem linken Arm noch immer nicht geschlossen hatte. Eiter und kleine Knochensplitter kamen zum Vorschein. Er konnte nichts dagegen tun, außer von Zeit zu Zeit den Verband erneuern. Die Natur mußte sich selbst helfen. Am besten war es, gar nicht daran zu denken. Wer über genügend Willenskraft verfügt, kann sich auch an Schmerzen gewöhnen.

Wenn man Rohlfs' Tagebuch aus diesen Wochen studiert, das leider sehr trocken geschrieben und mit einer Fülle von Nebensächlichkeiten belastet ist, gewinnt man den Eindruck, als habe er täglich ein bis zwei Stunden Zeit dafür gehabt, bequem an einem Schreibtisch sitzend und gut mit allem versorgt, was ein Mensch sich wünscht, in Ruhe zu arbeiten. Er schildert den Verlauf fast einer jeden Stunde, beschreibt Veränderungen der Landschaft und berichtet in allen Einzelheiten über Pflanzen, Tiere und Menschen, die ihm begegneten. Er nennt die Namen der Brunnen, die Zahl der Bewohner in einer Oase, auch die ungefähre Zahl ihrer Haustiere und ihrer Dattelpalmen. Er spricht von den wirtschaftlichen, gesundheitlichen und religiösen Verhältnissen in den Ksors und Djuars, die er besuchte. Wo er wohnte, was er aß und wie ihn die Leute behandelten, wird Tag für Tag geschildert. Auch interessante wie weniger interessante Gespräche sind in seinem Tagebuch aufgezeichnet.

Rohlfs hat viele falsche Vorstellungen korrigiert, die man sich damals über die Verhältnisse in der afrikanischen Wüste gemacht hat und teilweise noch heute macht. Romantische Schriftsteller, die wohl niemals dort waren, hatten gar manches phantasievoll ausgeschmückt. Auch einige Entdecker waren nicht so ganz bei den Tatsachen geblieben, sondern hatten ihre Berichte mit recht sonderbaren Erlebnissen ausgeschmückt. Es konnte ihnen vor hundert Jahren kaum jemand widersprechen. Je romantischer solche Behauptungen sind, desto lieber werden sie geglaubt.

Gerhard Rohlfs bestritt ganz energisch jenes Märchen von der *Fata Morgana*. Auch wenn noch so viele Leute versicherten, die seltsame Luft der Wüste habe ihnen ganz deutlich Paläste, Palmengärten und blühende Parklandschaften vorgegaukelt. Alles ist nur Ausgeburt der Phantasie und des Wunschdenkens. Was man wirklich zu sehen glaubt bei solch seltenen Gelegenheiten, sind Wellen und Wasserflächen. *Bahr el Scheitan*, den Weg des Teufels, nennen die Beduinen solche Trugbilder. Es sind nur Luftspiegelungen, die unter besonderen Umständen bei flimmernder Hitze entstehen. Da werden alle Konturen verzerrt, und kleine Büsche erscheinen als Bäume, faustgroße Steine wirken wie hausgroße Felsen. Aber der Anlaß dafür muß da sein und gar nicht zu weit entfernt. Bei der Oase Tejidda-a-Tessan sah ich einen dunklen Strich über der Staubwüste schweben, der immer kürzer und dicker wurde, wobei er sich zu Boden senkte. Schließlich erkannten wir einen schweren Lkw, der sich rumpelnd der Oase näherte. Sechs Wochen lang habe ich die Sahara durchquert, aber nie hat mir eine Fata Morgana den Anblick zauberhafter Erscheinungen vorgetäuscht[1].

[1] Einmal sah ich einen schönen glitzernden Teich mit hohem Schilf darum und vielen Enten darauf. Ich glaubte, das sei nur eine Fata Morgana und in Wirklichkeit nicht vorhanden. Also fuhr ich in das Trugbild hinein und brachte den Wagen gerade noch knapp vor dem Teich zum Stehen. Er war also vorhanden.

Rohlfs zerstörte auch die Legende vom siebten Sinn der Wüstenbewohner, die sich niemals verirren und mit untrüglicher Sicherheit jedes Wasserloch finden, obwohl sie noch nie in dieser Gegend waren. Tatsächlich ist aber kein Mensch, auch kein Sohn der Wüste imstande, ohne bestimmte Anhaltspunkte immer auf dem rechten Weg zu bleiben. Sonne, Mond und Sterne sind solche Anhaltspunkte. Es sind sogar die besten Wegweiser, wenn man nur versteht, sich nach ihrem jeweiligen Stand zu richten. Wenn sich die Söhne der Wüste nur ganz selten verirren, liegt das nicht an ihren übernatürlichen Fähigkeiten, sondern an ihrer ganz natürlichen Beobachtungsgabe. Gerade in der Sahara ist bei Tag die Sonne und sind bei Nacht die Sterne fast immer zu sehen. Was die so erstaunliche Begabung betrifft, mit Sicherheit Wasser zu finden, sofern es irgendwo vorhanden ist, so kann das auch jeder von uns, falls man ihm ganz genau erklärt hat, worauf er zu achten hat. Die Beschaffung des Geländes, die Flugrichtung der Vögel und die Spur von Tieren, auch die Art der noch so sparsamen Vegetation weisen darauf hin.

Manche Leute finden es äußerst erstaunlich, daß ein Beduine so ungefähr zu sagen vermag, wann eine Kamelkarawane vorüberzog, deren Spuren im Sand zu sehen sind. Rohlfs gibt dafür eine ganz einfache Erklärung, weil er das oft genug miterlebte. Die Kamele stinken nämlich, ganz besonders ihre schwieligen Sohlen. Wer sich zu Boden wirft, um die Spur zu beriechen, wird an dem mehr oder minder starken Duft erraten können, wie lange Zeit verstrichen ist, seitdem das Kamel diese Fährte zog. Das gilt aber nur für einige Tage, danach ist keine Schätzung mehr möglich.

„Wer so wenig Gelegenheit hat, seinen Verstand mit anderen Dingen zu beschäftigen, als mit denen, die sich in seiner Umgebung befinden“, schreibt Rohlfs in sein

Tagebuch, „der muß sich doch ganz und gar mit diesem Wenigen befassen. Denn was sieht man in einer Wüste außer Steinen, Sand und stellenweise ganz geringer Vegetation. Es gibt keine Abwechslung vom ewigen Einerlei. Da ist es doch selbstverständlich, daß diese Menschen ihre Sinne und ihren Verstand auf jene noch so winzigen Kleinigkeiten konzentrieren. Die sind ja für sie lebenswichtig."

Sowohl die Araber wie die Berber kennen siebzig und mehr Bezeichnungen für ein Kamel, je nach Art und Alter, Geschlecht, Körperbau und sonstigen Eigenheiten. Eben deshalb, weil davon so vieles abhängt, was jeder von dem Tier unbedingt wissen muß. Oft sagt ihnen eine menschliche Fußspur, wer hier gelaufen ist. Auch das ist kein Kunststück, weil den Passanten die Art der Sandalen verrät und die Besonderheit des Ganges. Der Europäer wundert sich, wenn ihm sein arabischer Begleiter ankündigt, daß binnen einer halben Stunde Fremde auftauchen werden, die jetzt noch kilometerweit entfernt und nicht zu sehen sind. Er selbst hat nicht das geringste bemerkt, aber sein Kamel, sein Pferd, der Esel oder Hund hat die Fremden gewittert, weil sonst weit und breit kein anderer, so auffallender Geruch zu spüren war. Der Beduine hat nur verstanden, das Verhalten des aufmerksamen Tieres richtig zu deuten. Es dauerte nicht lange, und Gerhard Rohlfs konnte das auch.

Er hatte sich an die Verhältnisse der Sahara gewöhnt wie nur wenige Europäer vor ihm und nach ihm. Sein Körper und seine Sinne hatten sich der Wüste angepaßt, als wäre das seine Welt geworden. Er aß nicht anders als die Wüstensöhne, er lebte wie sie und kleidete sich wie sie. Er führte Wortgefechte mit ihnen, wie sie es taten. Er übte größte Geduld, wenn es sein mußte, obwohl ihn dabei seine innere Unruhe fast zur Verzweiflung trieb. Rohlfs brachte jedes nur denkbare Opfer und erduldete die schlimmsten Strapazen, wenn ihm nur die Hoffnung blieb, noch weiter und noch tiefer ins Unbekannte vorzudringen.

So kam er nach langen beschwerlichen Märschen in der Gluthitze des Hochsommers zu der ersten Oase von Tuat.

Hier war das Erstaunen noch größer, ein paar Leute zu sehen, die aus dem Westen erschienen, ohne daß man sie restlos ausgeplündert hatte. Wie war der Rumi nur all den Räuberbanden entgangen, die sonst jeden Fremden und selbst Angehörige des eigenen Stammes niedermachten?

„Ich lasse keine Karawane mehr abziehen, die nicht aus tausend oder zweitausend Kamelen besteht“, sagte ihm ein Emkaden des Groß-Scherifs, „und mindestens hundert Bewaffnete müssen sie beschützen.“

„Vielleicht wissen die Banditen, daß ich die Freundschaft Sidi-Abd-es-Ssalams genieße?“

„Das stört sie überhaupt nicht, Mustafa, die haben vor wenigen Wochen einen nahen Verwandten des Groß-Scherifs ausgeplündert und halbtot geschlagen. Sie würden sich sogar am Propheten vergreifen ...“

„Allah verbrenne und verderbe sie“, rief Mustafa erschrocken.

„Du bist im Schutz des Allerhöchsten gereist“, meinte der Emkaden. „Allah gab dir den Mut eines Löwen und die Klugheit des Schakals. Gelobt sei der einzige Gott und Mohammed sein Prophet.“

Über die seßhaften Bewohner in der Oase von Tuat konnte sich Mustafa-el-Tobib nicht beklagen. Wie er sagte, waren sie freundlich, gastfrei und hilfsbereit. Es kam von seinen Sachen nichts abhanden, er wurde auch von niemandem belästigt. Nur begann sich gleich sein Ruf als Wundertäter auch hier zu verbreiten. Vor dem Haus des Emkaden, wo er Unterkunft gefunden hatte, sammelten sich die Kranken. Mustafa-el-Tobib tat, was er konnte.

Obwohl er keine ärztlichen Instrumente und kaum noch Medikamente besaß, waren doch in manchen Fällen die Erfolge verblüffend. Wenn es heißt, der Glaube könne Berge versetzen, so kann der Aberglaube mitunter auch ein schweres Leiden vertreiben. Die Eltern kranker Kinder baten Mustafa, die schmerzenden Stellen mit Speichel zu bestreichen, und siehe da, seine Spucke wirkte Wunder. Schon am nächsten Tag war das Kind gesund. Eine nervenkranke Frau fühlte sich wieder wohl, als ihr Mustafa über die Stirne strich, und ein Mann mit steifem Bein konnte sein Knie wieder bewegen, nachdem es der Tobib massiert hatte. Heute wissen alle Ärzte und Psychologen, was die Macht der Einbildung im Guten wie im Bösen zustande bringt. Wer sich lange genug einbildet, an dieser oder jener Krankheit zu leiden, bei dem stellen sich oft die entsprechenden Symptome ein. Die sind zu beseitigen, wenn der Kranke mit gleicher Kraft daran glaubt, es werde jetzt ein Wunder seine Gesundheit wiederherstellen. Kann das auch nur in solchen Fällen gelingen, wo das Leiden psychisch bedingt ist, aber nie bei organischen Erkrankungen, so sprach sich doch herum, daß Mustafa-el-Tobib ein Zauberer sei. Man erzählte sich auch, er wäre ein Nachkomme des Bruders des Propheten. So hoch war im Ansehen der Moslem noch kein Europäer gestiegen.

Aber Mustafa-el-Tobib durfte den Bogen nicht überspannen. Wem zuviel Ehre erwiesen wird, gegen den müssen sich bald der Neid und Zweifel erheben. Als eine Karawane nach Osten abging, mietete Mustafa zwei Kamele und schloß sich mit seinem getreuen Hamed den Kaufleuten an.

Sein nächstes Ziel war die Oase Tidikelt, ungefähr eine Woche weit von Tuat entfernt. Die Karawane stammte aus In-Salah, der größten Ortschaft von Tidikelt, wo ein Scheich namens Abd-el-Kader residierte, der weitaus mächtigste Mann in jenem Teil der Sahara. Er war es, dem die Karawane gehörte, und er hatte sie nach Tuat geschickt, um dort Getreide zu holen. Der Weg führte durch ein Erg, also wieder durch absolute Sandwüste.

„Was soll ich von dieser trostlosen Einöde sagen, worin im wahrsten Sinne des Wortes kein Baum und kein Strauch vorhanden ist?“ schrieb Gerhard Rohlfs am Abend des 11. September 1864 in sein Tagebuch. „So weit das Auge reicht, nirgends ist ein Gegenstand zu finden, der es fesselt, wenn nicht mitunter ein niedriger Sandhügel, der vielleicht gestern nicht da war und morgen wieder verschwindet.“

Es war nämlich so, daß der Wind immer wieder und wieder alles veränderte. Er wehte den Sand zu den Dünen empor, und bald danach trug er sie wieder ab. Er verwehte die Wege der Karawanen, er bedeckte und entblößte die Gebeine der Verdursteten. Hier gab es keine Landmarke, nach der man sich richten konnte. Wer unlängst von In-Salah gekommen war und jetzt dorthin zurückkehrte, sah ein völlig anderes Bild, auch wenn er sich bemühte, auf dem gleichen Kurs zu bleiben. Nur die Sonne bei Tag und die Gestirne bei Nacht waren seine Wegweiser.

Den *Garten Allahs* nennen die Moslem eine solche Wüste, weil sie Gott ganz allein für sich behielt. So war die ganze Welt gewesen, bevor Allah daranging, sie mit Pflanzen, Tieren und Menschen zu beleben. In diesem Garten Allahs kann jeder Gläubige so recht ermessen, welche Wunder der Allmächtige im übrigen Erdkreis vollbrachte. Jeder Grashalm, jeder Wassertropfen, jeder Käfer und überhaupt jedes Lebewesen verdankt nur ihm seine Entstehung. Vorher war nichts, überhaupt nichts, da war nur Sand und Sand und Sand auf Erden. Der Garten Allahs war überall, so wie jetzt noch hier. Allah akbar ... Allah ist groß, er ist der Größte und Einzige, La ilah il Allah, Mohammed ressul il Lah.

Tausendmal, vieltausendmal hörte Mustafa das Glaubensbekenntnis an jedem Tag der Wanderung und mußte es auch sprechen. Oft war das nur ein Gemurmel, aber wenn einer der Gefährten seine Stimme erhob, dann riefen oder sangen die anderen womöglich noch lauter.

Drei Wasserstellen fanden sie auf dem Weg nach In-Salah, jede ein tief ausgemauerter Brunnen. Wer einst diese Stellen gefunden und ausgebaut hatte, wußte niemand mehr. Das lag schon viele Jahrhunderte zurück. Diese Brunnen waren die größte Kostbarkeit in dem herrenlosen Land. Ohne sie wäre es nur sehr leicht beladenen Kamelen möglich gewesen, den Garten Allahs zu durchqueren. Man mußte die Ledereimer fast zwanzig Meter tief hinablassen, bis sie drunten ins Wasser fielen. Frisch und kühl kam es an die Oberfläche, ein wahres und wirkliches Gottesgeschenk.

Gegen Abend des elften Tages sah Mustafa in der Ferne die hohen Palmen und weißen Mauern von In-Salah. Dort mußte die Entscheidung fallen, wohin er sich wenden sollte. Die Stadt Timbuktu am Südrand der Sahara war eigentlich sein Ziel. Gab es eine Möglichkeit, dorthin zu kommen, dann sollte er auf den Spuren Heinrich Barths den Tschad-See erreichen, um das Schicksal seiner verschollenen Begleiter zu klären. Ließ sich aber dieser Auftrag nicht erfüllen, so stand es ihm völlig frei, sich anders zu entscheiden. Rohlfs konnte auf kürzestem Weg in die Heimat zurückkehren oder jede andere Richtung einschlagen. In-Salah war auf jeden Fall ein Wendepunkt auf der großen Reise durchs Unbekannte.

Schiffe der Wüste

Wer heute nach In-Salah kommt, findet zwei Ortschaften nebeneinander. Die neue wurde von den Franzosen gebaut, als sie den größten Teil der Sahara beherrschten. Sie bewiesen auch dort ihren guten Geschmack und hielten sich an die landesübliche Bauweise, doch bereichert und ausgeschmückt durch sudanesische Elemente. Das verleiht dem neuen Teil von In-Salah eine exotische, mitunter bizarre Wirkung. Die rosarote Farbe der Lehmziegel, woraus alles besteht, erstrahlt in geradezu märchenhafter Beleuchtung, wenn die Sonne zögernd aufgeht oder langsam wieder verschwindet. Das moderne In-Salah ist ein Dorado für Maler und Farbfotografen, wobei nur die wenigsten Besucher wissen, daß es von den einstigen Kolonialherren geschaffen wurde. Mustafa-el-Tobib hat davon nichts gesehen, er mußte sich mit dem alten In-Salah begnügen. Aber er war von dieser reichen, regsamen Stadt in der Wüste fasziniert. Sie gefiel ihm ebensogut wie mir, der ich hundert Jahre später kam und wie er vom Zauber dieser Stadt gefesselt wurde.

Das alte In-Salah liegt abseits von den Palmengärten, um nicht wertvolles, gut bewässertes Land zu verschwenden. Die gleichfalls rosaroten Gemäuer drängen sich am Fuß der Dünen zusammen. Eng und winklig sind die Gassen, doch erfüllt von lebhaftem Treiben. Kupferschmiede, Schlosser und Büchsenmacher hämmern in ihren offenen Werkstätten, Sattler und Sandalenmacher, Schneider und Schreiber sind emsig bei der Arbeit. Alte Männer sitzen vor ihrer Tür und saugen an der Wasserpfeife. Bettelbuben strecken ihre Hände aus, verhüllte Frauen schieben sich schimpfend durchs Gedränge. Esel mit vollbepackten Strohkörben versperren den Weg, Hausierer werben um Käufer für ihre Waren. Lange und heftig wird um den Preis gestritten. Man sieht Berber aller Stämme und Araber jeder Herkunft, auch solche mit viel Negerblut in den Adern. Schwarze Sklaven schleppen schwere Lasten, eben eingetroffene Kameltreiber streben zum Quartier ihrer Gastfreunde. Hochgewachsene Tuareg schreiten stolz vorüber, die dünne eiserne Lanze in der Hand und das Schwert im Gürtel. Bei ihnen ist es Sitte, daß die Männer ihr Gesicht verschleiern, die Frauen aber ihr Antlitz offen zeigen. Ein Gemisch aus allen Völkerschaften der Sahara, ein Durcheinander von Sprachen und Trachten, eine Vielfalt von Düften der besseren wie der schlechteren Sorte. Nichtstuer hocken in den Ecken, Märchenerzähler finden dankbare Zuhörer, und überall klappern Wasserverkäufer mit ihren Bechern. So hat das Gerhard Rohlfs vor mehr als hundert Jahren beschrieben. Daran hat sich nicht viel geändert, so ist das noch heute.

Nur kann sich In-Salah nicht mehr der gleichen Bedeutung rühmen wie damals. Es war zu jener Zeit der wichtigste Handelsplatz im Nordwesten der unendlich weiten Wüsten, nur vergleichbar mit Ghadames, Mursuk und Timbuktu in anderen Teilen der Sahara. Nach In-Salah zogen die Karawanen aus dem Sudan[1]. Sie brachten Elfenbein, Tierfelle, Straußenfedern, Goldstaub und natürlich Sklaven. Sie kamen aus den Sultanaten am Tschad-See und am Nigerstrom, wo das tropische Afrika begann und nur schwarze Menschen lebten. Andere Karawanen beförderten die Waren von In-Salah nach Marokko, Tunis und Tripolis,

[1] Heute bezeichnet man mit *Sudan* nur den Staat gleichen Namens am Oberlauf des Nil, aber früher galt dieser geographische Begriff für das gesamte Gebiet, das sich im Süden der Sahara anschließt. In diesem Sinn reichte der Sudan vom Oberen Nil bis zum Atlantischen Ozean.

auch nach Ghadames, Mursuk, Kufra und noch weiter bis nach Kairo und Mekka. Alles nur ein Transithandel, wie man heute sagen würde, denn in In-Salah selbst wurde nichts produziert, was man verkaufen konnte. Die Erträge der Felder, Gärten und Dattelpalmen brauchte die Bevölkerung für sich.

In-Salah war unabhängig. Weder der Sultan von Marokko noch der türkische Sultan besaßen hier auch nur den geringsten Einfluß. Die blühende Handelsmetropole inmitten der Sahara, diese Insel der hunderttausend Palmen im Sandmeer, wurde von Sidi Hadsch Abd-el-Kader regiert. Und der herrschte nach dem Grundsatz: Wer mich nicht liebt, der soll mich fürchten. Wer ihm nicht freiwillig gehorchte, wurde dazu gezwungen. So hatte es der gewaltige und oft grausame Krieger fertiggebracht, in den weiten, wilden Wüstengebieten um In-Salah, die an Ausdehnung das größte Reich Europas übertrafen, eine Art von Ordnung herzustellen. Sogar die stolzen Tuareg des Hoggar standen unter Abd-el-Kaders beherrschendem Einfluß. Wenn auch sonst dieses Volk den Raub als Gewerbe betrieb, durften alle Karawanen, die nach In-Salah zogen oder von dorther kamen, die Schluchten des Hoggar frei passieren.

Der mächtige Scheich, den man gut und gerne einen Sultan nennen mochte, hatte zwar den Groß-Scherif Abd-es-Ssalam noch nie gesehen, unterhielt aber aus der Ferne freundschaftliche Beziehungen mit ihm. Als sich Mustafa-el-Tobib bei dem Herrn In-Salahs meldete und ihm den Empfehlungsbrief seines hochheiligen Freundes übergab, wurde er sogleich mit offenen Armen aufgenommen.

„Hier steht geschrieben“, erklärte Abd-el-Kader, als er die Worte des Groß-Scherifs gelesen hatte, „daß du den Wunsch hast, nach Timbuktu zu reisen. Und mein geliebter Bruder in Uessan ... möge ihn Allah mit seinem Segen überschütten ... bittet mich, alle deine Wege zu ebnen und für deine

Sicherheit zu sorgen. Das soll geschehen. Mustafa-el-Tobib, du wirst im Schutz meiner eigenen Karawane nach Timbuktu gelangen."

Besser konnte es gar nicht sein, so viel Entgegenkommen hatte Mustafa gar nicht erwartet. Doch auf die Frage, wann die Karawane aufbrach, folgte gleich die Enttäuschung.

„Du mußt dich in Geduld fassen, mein Freund, wir schicken aus Gründen der Sicherheit nur eine Karawane im Jahr nach Timbuktu, mit über tausend Kamelen. Sie brauchen viel Wasser und Weide unterwegs, erst im Frühjahr können sie genug finden. Ich stelle dir ein Haus zur Verfügung, und ich möchte dich oft bei mir sehen."

Also eine Wartezeit von fünf bis sechs Monaten. So viel Geduld konnte der ungeduldige Mustafa weder aufbringen noch vortäuschen. Auch reichte sein restliches Geld nicht aus, um so lange hier zu leben. Wer die Freundschaft Abd-el-Kaders und damit hohes Ansehen genoß, mußte entsprechend auftreten. Man wurde viel eingeladen und hatte die Einladungen zu erwidern. In dieser Hinsicht herrschen in allen Ländern und zu allen Zeiten die gleichen gesellschaftlichen Gepflogenheiten. Und In-Salah war eine teure Stadt, weil man alle Dinge des gehobenen Bedarfs über unendlich weite Entfernungen importieren mußte. Außerdem stellte sich bald heraus, daß keineswegs sicher war, ob die große Karawane im Frühjahr ihre Reise antreten konnte. Es hieß nämlich, im Süden der Sahara seien erbitterte Kämpfe im Gange, und in Timbuktu herrsche Hungersnot. Auch Seuchen seien ausgebrochen. Wenn diese schlimmen Gerüchte zutrafen, hatte es für Abd-el-Kader nur wenig Sinn, tausend Kamele nach Timbuktu zu schicken. Dort würden keine Waren bereitliegen, man brachte Menschen und Tiere nur in Gefahr. Eine unsichere Reise von fünfzig bis sechzig Tagen, um bestenfalls mit leeren Händen auf ebenso langer Wüstenwanderung wieder heimzukehren. Das war bestimmt ein schlechtes Geschäft.

„Und wie soll ich es vor dem Groß-Scherif verantworten, wenn dir etwas zustößt?“ meinte Abd-el-Kader bei passender Gelegenheit. „Erst müssen sich die Verhältnisse beruhigt haben, sonst lasse ich dich nicht nach Timbuktu aufbrechen. Du mußt Geduld haben, Mustafa, eines Tages wird es dann möglich sein.“

Es war in absehbarer Zeit überhaupt nicht möglich. Das und nichts anderes hatten die höflichen Redensarten Abd-el-Kaders zu bedeuten. Wollte Mustafa nicht jahrelang in der Oasenstadt bleiben, was schon aus Geldmangel unmöglich war, so mußte er sich bald entschließen, die Richtung seiner Reise zu ändern. Am einfachsten wäre es gewesen, auf direktem Weg an die Küste zu wandern, das heißt nach Oran oder Algier, eine Entfernung von ungefähr 1000 Kilometern Luftlinie. Es mochten mit all den nötigen Umwegen etwa 1500 Kilometer in Wirklichkeit sein. In sechzig bis siebzig Tagen konnte Mustafa am Mittelmeer sein, wenn er eine Karawane fand, die sich nicht zu lange in den Oasen aufhielt. Aber der nördliche Teil dieses Weges war in Europa schon durch andere Forscher bekannt. Die französische Fremdenlegion hatte schon ihre Patrouillen bis über Laghuat hinaus nach Süden geschickt. Gewiß, die Karte Nordafrikas zeigte zwischen Laghuat und In-Salah noch viele weiße Flächen, aber eine größere, in der Heimat noch völlig unbekannte Welt, lag im Osten. Noch kein Europäer hatte die Sahara von In-Salah nach Ghadames durchzogen. Nichts wußte man davon in Europa, und fast nichts zeigten die Karten. Auch die Entfernung beruhte nur auf Schätzungen, mit fünfzig bis sechzig Tagen Reisedauer rechneten die Führer der Karawanen. Dieses Ghadames war ein ebenso wichtiger Handelsplatz wie

In-Salah. Zwischen beiden ging der Austausch von Waren hin und her. Wenn es Mustafa gelang, sich einer Karawane nach Ghadames anzuschließen, war das unter den gegebenen Umständen die beste Möglichkeit, um leere Flächen auf der Landkarte mit neuen Eintragungen zu füllen. So begann er in dieser Richtung seine Fühler auszustrecken.

Bei Abd-el-Kader fand er dafür kein Verständnis, weil der Groß-Scherif nur von einer Reise nach Timbuktu geschrieben hatte. Wenn nun Mustafa etwas anderes unternahm, so wußte man nicht, ob Abd-es-Ssalam damit einverstanden war. Und weil Zeit für die meisten Moslem keine Rolle spielt, vermochte auch Abd-el-Kader nicht einzusehen, weshalb dieser Rumi das Ziel seiner Reise ändern wollte. So sah sich Mustafa-el-Tobib gezwungen, andere Beziehungen zu pflegen.

Was es in der Stadt und ihrer Umgebung zu sehen gab, hatte er längst gesehen und davon jede Einzelheit notiert. Am interessantesten war wohl das unterirdische System der Bewässerung, die sogenannten Foggaras. Die gab es nur an einigen Stellen der Sahara, aber sonst nirgendwo in der Welt. Die Oasenbewohner hatten schon seit Jahrhunderten, vielleicht seit vorgeschichtlichen Zeiten, herausgefunden, daß ihre seltenen Regenfälle, die manchmal zwei bis drei Jahre lang ausblieben, nicht ganz und gar versickerten. Unter dem lockeren Sand, wo es zum Teil festeren Boden gab, wurde das Wasser aufgesaugt. Von der Oberfläche hatte man senkrechte Schächte hinuntergegraben, um danach im feuchten Boden von einem dieser Löcher zum anderen halbmeterhohe Tunnels anzulegen. Aus den Wänden dieser Gänge, oft 10 bis 15 Meter unter der Wüste, tropfte unablässig kostbare Nässe. Die Tunnels waren leicht geneigt und führten am Ende alle zu einem Punkt. Das Wasser sammelte sich darin, schwoll zu kleinen Bächen und strömte schließlich in einen tiefen Teich. Von dort aus wurden alle Felder, Gärten und Palmen bewässert. Ohne die Foggaras wäre In-Salah nicht lebensfähig gewesen. Mustafa schätzte das Netz der unterirdischen Kanäle auf insgesamt 100 Kilometer. Die Feuchtigkeit im Boden genügte nicht für einen Brunnen, aus dem man schöpfen konnte, aber Tropfen für Tropfen sickerte in die Foggaras und wurde durch ihr geniales System den Oasenbewohnern nutzbar gemacht.

Unaufhörlich waren viele Sklaven damit beschäftigt, die Schächte und Tunnels instand zu halten. Sie stiegen in die senkrechten Löcher hinunter, sie krochen auf Händen und Füßen durch die Kanäle. Die immer aufs neue ausgehobene Erde türmte sich oben zu Hügeln, den Verlauf der Foggaras deutlich bezeichnend. Eine mühevolle Arbeit, doch Sklaven waren billig. Sie erhielten keinen Lohn, man brauchte sie nur zu ernähren[1].

Unter den vielen einflußreichen Leuten, mit denen Mustafa zusammenkam, um jemanden zu finden, der ihm seine Reise nach Ghadames ermöglichte, war auch ein Mann, der ihn durchschaute. Er hieß Si-Otman-el-Bekri[2] und war Besitzer von vielen hundert Kamelen. Als Scheich des Foghar-Stammes in den Hoggar-Bergen stand Si-Otman auch mit den übrigen Tuareg, die alle Karawanenwege nach Süden und nach Osten kontrollierten, in sehr guten, sogar verwandtschaftlichen Beziehungen. Gerade von ihm hatte Mustafa gehofft, er würde ihm zur Wanderung nach Ghadames verhelfen, weil Si-Otman dorthin regen Handel betrieb. Aber wie es das Unglück wollte, traf er auf entschiedene Ablehnung.

[1] Trotz Verbot der französischen Regierung verkauften die Menschenhändler von In-Salah ihre Sklaven noch bis kurz vor dem Ersten Weltkrieg. Nach einem Bericht aus dem Jahre 1910 betrug der Preis für einen kräftigen Mann etwa 150 Franken, nach heutigem Geldwert 600 bis 700 DM.

[2] Mit vollem Namen, der seine ganze Ahnenreihe enthielt: Si-Otman-ben-el-Hadsch-el-Fakhi-ben-Mohammed-Buja-ben-Si-Mohammed-ben-Si-Ahmed-es-Suki-ben Mahmud. Leicht zu behalten!

„Du bist kein echter Moslem, sondern ein verfluchter Christ", erklärte Si-Otman nach einigen Tagen, „du bist ein Spion des französischen Sultans... ich kenne dein Gepäck!"

Damit waren Kompaß, Thermometer, Barometer und alle übrigen wissenschaftlichen Instrumente gemeint, von denen Rohlfs glaubte, er habe sie gut versteckt.

„Es sind harmlose Spielereien aus Europa, mit denen ich mich manchmal vergnüge..."

„Nein, Mustafa, du lügst, damit können die Rumis Landkarten machen, um den Weg hierher zu finden. Dann kommen sie mit ihren Soldaten und Kanonen... du bist ein hinterlistiger Franzose oder Engländer, ich weiß es genau."

Mit gutem Gewissen konnte Mustafa beschwören, daß er weder Franzose noch Engländer war, doch es half ihm nicht viel.

„Ich kenne die Ungläubigen, ich bin in Paris gewesen und war beim Sultan der Franzosen... mit süßen Worten versuchen sie unsere Sinne zu verwirren. Doch mich können christliche Schakale nicht betrügen... möge sie Allah ohne Ausnahme in Ameisen verwandeln. Die Ungläubigen wollen den Krieg gegen die Gläubigen, das ist gewiß, und du sollst ihnen dazu die Landkarten liefern!"

Si-Otman war wirklich in Paris gewesen, auf Einladung Napoleons III. Sein Stamm und auch mehrere Stammesführer der Tuareg hatten vor drei Jahren mit einem Bevollmächtigten Napoleons in Ghadames einen Vertrag geschlossen, der es französischen Handelsmissionen erlauben sollte, unbehelligt durch ihr Gebiet zu reisen. Zwar hatte das noch niemand versucht, aber in Paris schien man zu glauben, das Abkommen sei ehrlich gemeint. Deshalb die Einladung Si-Otmans und anderer Scheiche an den Hof Kaiser Napoleons.

„Natürlich denken wir nicht daran, Franzosen in unser Land zu lassen, und dich lassen wir nicht mehr hinaus!"

„Warum habt ihr den Vertrag geschlossen?" fragte Mustafa, um Zeit zu gewinnen.

„Weil die Geschenke so schön waren", gestand Si-Otman mit verblüffender Ehrlichkeit, „aber deswegen braucht man doch nicht den Christenhunden sein Wort zu halten."

Er lief zu Abd-el-Kader, um gegen Mustafa Klage zu erheben. Der hörte davon durch seine Freunde und wußte, daß es um sein Leben ging. Er ließ sich gleich bei Abd-el-Kader melden. Nur eine sofortige Gegenklage konnte ihm helfen.

„Dieser Mensch hat einen Freund des Groß-Scherifs tödlich beleidigt", beschwerte sich Mustafa-el-Tobib, „ich bin ein Rumi, du weißt es ja, und Sidi-Abd-es-Ssalam weiß es auch. Doch Allah schenkte mir die Einsicht in den wahren Glauben. Ich bin kein Franzose, ich war nie in Paris. Aber Si-Otman ist dort gewesen, und Napoleon hat seinen Geist verwirrt, damit er hier Unfrieden stiftet."

Abd-el-Kader schien zu überlegen, was ihm wohl wichtiger sei, die guten Beziehungen mit dem Groß-Scherif, oder Mustafa-el-Tobib als falschen Moslem zu entlarven.

„Mir gefällt es auch nicht, daß Si-Otman den Sultan der Frankistani besucht hat, statt nach Mekka zu pilgern. Er soll dich in Ruhe lassen und sich entschuldigen."

Damit hatte Mustafa schon halb gewonnen.

„Das genügt mir nicht, dazu war die Beleidigung zu groß", ging er gleich aufs Ganze.

„Was verlangst du denn von ihm?"

„Er soll mich gut und sicher nach Ghadames bringen."

Abd-el-Kader ließ sich das erst durch den Kopf gehen. Es konnte durchaus sein, daß mit diesem Mustafa nicht alles stimmte. Die verdächtigen Bücher, die Karten und

Instrumente in seinem Besitz gaben zu Zweifeln an seinem Glauben berechtigten Anlaß. Erst wollte dieser Rumi nach Timbuktu, nun aber lag ihm so viel daran, nach Ghadames zu gehen. Man wurde nicht klug aus ihm. Da war es wohl das beste, ihn möglichst bald wieder loszuwerden. Nur durfte ihm dabei nichts geschehen, weil der Groß-Scherif aus ganz und gar unerklärlichen Gründen so große Stücke auf ihn hielt.

„Also gut, Mustafa, ich werde mit Si-Otman darüber sprechen. Bis du Ghadames erreichst, muß er mir für deine Sicherheit bürgen."

Das war ein Versprechen, aber keine Garantie. Und was von einem Versprechen zugunsten verfluchter Christenhunde zu halten war, hatte Si-Otman deutlich genug erklärt.

„Ich hoffe bei Allah dem Allmächtigen, daß du nicht doch ein Ungläubiger bist", sagte Abd-el-Kader mit finster funkelnden Augen, „dann hilft dir kein Empfehlungsbrief vom Groß-Scherif. Wenn du ihn betrogen hast und mich betrügst, Mustafa, dann holt dich die Hölle. Ich lasse jede Christenkröte zu Tode steinigen, und wenn sie einen Brief vom Propheten bei sich hat. Also hüte dich, Mustafa-el-Tobib, bewache deine Worte bei Tag und bei Nacht!"

Was er damit sagen wollte, war Mustafa vollkommen klar. Abd-el-Kader durfte nicht in den Verdacht geraten, daß er im geringsten den wahren Glauben seines Schützlings bezweifelte. Es hätte ihm sonst bei seinen Moslem schwer geschadet. Was er insgeheim vermutete, war eine andere Sache.

Si-Otman verhielt sich mustergültig, so wie es ihm der mächtige Mann von In-Salah befohlen hatte. Er machte erstaunlich gute Miene zum schlechten Ausgang seiner Klage. Er besuchte Mustafa und bedauerte scheinbar zutiefst, daß er an ihm gezweifelt hatte.

„Du kannst dich nun auf mich verlassen, Freund des

Propheten, ich bringe dich gut und sicher nach Ghadames, auch wenn tausend Teufel am Wege lagern!"

Am 29. Oktober war endlich die Karawane reisefertig, und mit gewohnter Langsamkeit sammelten sich die Menschen und Tiere am Rand der Oase. Hamed Tandjani war noch immer Mustafas treuer Begleiter. Beide erhielten gute Reitkamele. Ihr Gepäck wurde einem Tragtier aufgeladen. Erst anderthalb Stunden nach der Mittagszeit setzte sich die Karawane von hundertzwanzig Kamelen in Bewegung. Ihre Fracht bestand zumeist aus Straußenfedern und Elfenbein. Wenn man das Gewicht dieser Handelswaren berechnete, so ergab sich, daß etwa dreihundert Elefanten dafür ihr Leben verloren hatten, und die Zahl der getöteten Strauße ging in viele Tausende. Da Jahr für Jahr noch auf anderen Wegen so manch andere Karawane die gleiche Ware aus dem Innern Afrikas in den Norden brachte, läßt sich ungefähr ermessen, welch mörderische Jagd auf Strauße und Elefanten drunten im Süden betrieben wurde. Aber die Menge dieses Wildes muß unerschöpflich gewesen sein, da immer noch so viele Elefanten und Strauße vorhanden waren, als die weißen Erwerbsjäger dort erschienen.

Schon um fünf Uhr nachmittags wurde das Lager aufgeschlagen. Nur acht Kilometer hatte die Karawane bis dorthin zurückgelegt. Aber so ist das immer am ersten Tag einer langen Reise. Die Kamele müssen sich einlaufen und an ihre Last gewöhnen. Man hat dies oder jenes vergessen, das schnell geholt wurde. Meist wird noch umgepackt, man prüft die Verschnürung der Ballen und kontrolliert jede Girba, ob sie auch vollkommen dicht blieb. Erst am folgenden Tag beginnt dann die richtige Reise.

Für sich und seinen Diener hatte Mustafa zwei Zentner Datteln, einen Zentner Gerstenmehl und einen halben Zentner getrocknetes Ziegenfleisch mitgenommen. Das mußte für die ganze Reise genügen. Seine Mariatheresien-Taler hatten nicht gereicht, bessere Nahrungsmittel einzukaufen. Beide mußten leben wie Kameltreiber. Doch es war nicht so schlimm, wenn sie nur täglich satt wurden. Zwei neue Girbas hingen an Mustafas Kamel und zwei an dem Tier, das Hamed ritt. Wer nicht zu laufen braucht, kann mit Wasser sparen, denn er wird nicht so durstig. Aller Voraussicht nach waren jetzt die Brunnen gefüllt, und es sollte genug Wasser geben, um alle zwei bis drei Tage die Girbas zu füllen.

Die Hitze stieg bei Tage nur bis auf dreißig Grad, für die Begriffe der Beduinen eine angenehm kühle Temperatur. In der Oase In-Salah, bald nach seiner Ankunft, hatte Mustafa gegen Mittag siebenundfünfzig Grad Celsius im Schatten gemessen. Aber das war ein Höhepunkt gewesen, der sich nie mehr wiederholte. In-Salah war seiner Ansicht nach der heißeste Fleck auf Erden. Um so größer die Erleichterung, die der beginnende Winter mit sich brachte. Während der Nacht wurde es sogar bitterkalt. Man mußte sich fest in den Burnus hüllen, möglichst noch einen zweiten darüber ziehen, um nicht zu frieren. Die Männer sammelten ausgedörrten Kameldung, auch trockenes Gestrüpp, wenn es vorhanden war, und ließen das Lagerfeuer während der ganzen Nacht nicht ausgehen. Der Rauch beizte die Augen, denn man legte sich dicht daneben. Die Glut aber wärmte, man fühlte sich wohl und geborgen.

Es gab für Mustafa kein schöneres Bild als einen nächtlichen Lagerplatz am glimmenden, glühenden Feuer. Die Kamele schliefen im Stehen, das Haupt fast bis zum Boden gesenkt, oder hatten sich niedergelegt und den langen Hals weit über den Sand ausgestreckt. Vom Widerschein der flackernden Flämmchen beleuchtet, ruhten die Menschen, drehten sich manchmal im Schlaf oder redeten im Traum. Das Gepäck war aus alter Gewohnheit zu

Hügeln getürmt, um bei plötzlichen Überfällen als Schutzwehr zu dienen. Drei oder vier Wächter, die langen Steinschloßflinten schußbereit im Arm, schauten reglos in die Nacht. Darüber die Glocke der Nacht, die silberne Sichel des Mondes und die flimmernden Sterne. Ringsum das Schweigen der Wüste, der schlafende Garten Gottes.

Wenn der Himmel verblaßte, wenn das erste Morgenrot die Ebene betupfte, wurde es um das Lager lebendig. Die Männer standen steifbeinig auf, wärmten sich die Hände über dem niedergebrannten Feuer, mischten in ihren Näpfen Datteln, Mehl und Wasser, kneteten daraus einen Teig und schoben sich ihr Frühstück in den Mund. Danach wurden die Kamele herangeführt und in aller Ruhe bepackt. Dabei war große Sorgfalt zu beachten. Die Last mußte gleichmäßig verteilt sein, und kein Strick oder Riemen durfte scheuern. Aber fest sollte alles sitzen, damit unterwegs kein Korb, kein Ballen und keine Girba den Halt verlor. Bis man damit fertig war, verging wohl eine gute Stunde.

Kamele sind nicht so gutmütig und gehorsam wie Pferde. Sie bocken und beißen, sie lassen sich nicht gerne beladen. Man lernt nur aus langer Erfahrung, mit ihnen umzugehen. Mancher lernt es auch nie. Das Besteigen ist nicht so einfach, es kann nur beim liegenden Kamel geschehen, und meist muß es ein anderer Mann halten. Nur sehr gut dressierte Tiere, mit denen ihr Herr bestens vertraut ist, fügen sich von selbst seinen Wünschen. Weil das Kamel nicht gleichzeitig mit allen vier Beinen aufstehen kann, wird der Reiter im Sattel zweimal heftig herumgeworfen. Wer da nicht sehr geschickt die Bewegungen mitmacht, fliegt in hohem Bogen hinunter, zur offensichtlichen Freude des Untiers.

Man lenkt sein Kamel durch Zurufe und den Druck der Füße, die beiderseits den Hals berühren. Dort ist das Tier empfindlich. Mit kantigen Stiefelsohlen will es nichts zu tun haben. Der Kamelreiter trägt weiche Schuhe, dünne Sandalen oder gar nichts. Mit dem Zügel oder gar mit einer Kandare wäre wenig zu machen, dafür ist das Maul des Kamels viel zu hart. Es muß ja imstande sein, Disteln und Dornengestrüpp zu fressen. Der Strick hat eigentlich nur den Zweck, das Tier festzuhalten, niederzuziehen und bei Fußmärschen zu führen. Er liegt um den Hals, kann auch an einem Nasenring befestigt sein. Man hält zwar das Halfter in der Hand, kann aber nicht viel damit tun. Ein Zug nach hinten unterstützt den Bremsvorgang, das Beklopfen mit dem Strick bedeutet flotteres Tempo. Aber wichtiger sind Zurufe. Falls das Kamel so freundlich ist, darauf zu reagieren. Man ist am besten auf seinem Rücken aufgehoben, wenn es inmitten anderer Tiere marschiert. Wohin diese gehen, dorthin geht es auch. Es bleibt mit der Kolonne stehen und setzt sich mit ihr in Bewegung. Alles kommt darauf an, daß ein kamelkundiger Mann die Spitze führt. Einmal auf dem Marsch, haben Reiter und Treiber kaum noch etwas zu tun. Fast immer wandert die Karawane im Schritt, etwa im Fünfkilometertempo pro Stunde. Schneller geht es nicht, wenn Lastkamele dabei sind, zumal die Treiber neben ihnen laufen. Deren Arbeit ist in der Hauptsache das Beladen und Entladen sowie die Aufsicht an den Wasserstellen und sorgsames Führen in schwierigem Gelände. Nur Reitkamele fallen in Trott und in eine Art von Galopp, wenn es der Reiter wünscht und versteht, sich Gehorsam zu verschaffen.

Die Kamele der Sahara sind Dromedare, das heißt, sie haben nur einen Höcker, während die asiatischen Kamele deren zwei besitzen und eigentlich den Namen Trampeltier führen. Von beiden Arten gibt es unzählig viele Varianten. Die Araber verwenden ungefähr siebzig Namen, um ihre Kamele nach Art und Alter, nach Geschlecht und Qualität zu bezeichnen. So ist zum Beispiel das dreijährige männliche Lastkamel ein *Akkanafud,* das weibliche Lastkamel von acht bis neun Jahren wird *Tahelat* genannt und ein erstklassiges Reitkamel, etwa halb so alt, *Aredjan*. Spricht man von Reitkamelen im allgemeinen, verwendet man den Ausdruck *Mehari*. Die Mehari sind höher, schlanker und schneller und meist von hellerer Färbung als die kräftigen, breitgebauten Lastkamele. Alle speichern Fett in ihren Höckern auf, solange sie gut genährt sind. Kommen dann hungrige Tage, wird der Vorrat allmählich abgebaut. Am Ende hängt der leere Höcker seitlich herab.

Die Karawane Mustafa-el-Tobibs gebrauchte die Sättel der Tuareg, wohl die beste Art von Kamelsätteln, die es gibt. Sie besitzen eine schmale Rückenlehne und tragen vorn ein solides, mit Lederstreifen umwickeltes Kreuz, woran man sich festhalten kann. Wer schon viele Jahre gewohnt ist, auf Kamelen zu reiten, hat bestimmt eine Hornhaut am Hintern. Er könnte sonst die unablässige Verschiebung seines Gesäßes nicht ohne schmerzvolles Wundreiben ertragen. Neulinge benutzen ein weiches Kissen und halten sich darauf möglichst ruhig. Ich bin selbst eine Woche lang mit drei Tuareg durch die rauhe Landschaft des Hoggar geritten, und es ging nach anfänglichen Schwierigkeiten recht gut, obwohl meine Begleiter mitunter ein sehr rasches Tempo anschlugen. Man sitzt auf einem Kamel viel höher als auf einem Pferd, um so tiefer ist auch der Fall. Die Bewegung da oben ist mit den Wellen des Meeres zu vergleichen. Man glaubt, in einem Boot zu sitzen, das über die Wogen eines aufgewühlten Meeres tanzt. Wer dazu neigt, bei Schiffsreisen krank zu werden, erleidet das gleiche Übel auf einem Kamel. Es schwankt auf und nieder, man wird gehoben und gesenkt, zehn bis zwölf Stunden am Tag. Wer sich nicht daran gewöhnen kann, für den ist das Schiff der Wüste kein geeignetes Verkehrsmittel.

Alle Kamele wurden von Tuareg geführt, gepflegt und versorgt. Die verschleierten Tuareg bestimmten den Weg, das Tempo und die Lagerplätze. Niemand sonst durfte dabei mitreden. Sie waren gegen hohen Lohn verpflichtet worden, die Karawane sicher nach Ghadames zu führen und wieder heimzubringen. Wie sie das taten, war allein ihre Sache.

Si-Otman war ihr Chef, aber nicht ihr Scheich. Wie er mit ihnen zusammenhing, konnte Mustafa nie ergründen. Es mußte wohl schon seit Generationen zwischen seinem Stamm der Foghar und diesem Stamm der Tuareg eine Art von Blutsbrüderschaft bestehen. Sie hörten auf seinen Befehl in den Oasen, aber er war auf der Reise von ihnen abhängig. Überhaupt unternahm Si-Otman alle seine Handelsreisen nur mit ihnen. Er war deshalb sicher, daß seine Karawanen niemals von den Tuareg überfallen wurden. Wahrscheinlich bekamen ihre Stammesführer einen Teil des Gewinnes von seinem Handel, als sogenanntes Schutzgeld, und dafür vertrieben sie auch andere Räuber.

Mustafa fühlte sich froh und glücklich auf dieser Wanderung. Er war frei von der Enge, dem Gedränge und den vielen Patienten, die sich in jeder Oase um ihn sammelten. Es ging wieder durch eine Gegend, die noch kein Rumi gesehen hatte. Jeder Schritt nach Osten führte ins Unbekannte. Jede Oase, jedes Wadi und jedes Gebirge war eine neue Entdeckung und bereicherte die bisher noch fast leere Karte dieser Landschaften. Es ging einem fernen Ziel entgegen, wo er hoffen durfte, sicheres Geleit an die Küste zu finden. Er spürte den Wind der Wüste an seinen Wangen, atmete die reine, trockene Luft und genoß die Herrlichkeit des Gottesgartens, der scheinbar ohne Grenze war.

Ruhig und gleichmäßig schaukelten die Kamele dahin, hier klapperte ein Kupferkessel, dort knisterte das Feuerholz. Alle Gepäckstücke zusammen verursachten ein rumpelndes und knirschendes Geräusch. Die Treiber und die Reiter redeten nicht, dafür war man auch vom anderen zu weit entfernt. Mit frommen Gebeten, laut hinausgerufen oder eintönig gesungen, gaben sich die Tuareg nicht ab. Sie waren keine glühenden Verehrer des Propheten, sie hatten vom Islam nur einige äußere Formen angenommen. Was die Männer mit dem blauen Gesichtsschleier wirklich glaubten oder dachten, hatte Mustafa noch nicht von ihnen erfahren.

Diese Reise durchs Wüstenmeer hatte vieles gemeinsam mit der Fahrt über ein wirkliches Meer. Ein Geleitzug von hundertzwanzig kleinen Schiffen, der von einer Insel zur nächsten schwankte. Nur der Himmel, der Horizont und der Sand. So begann der Tag, und so ging er zu Ende, um bei Morgengrauen auf gleiche Weise zu beginnen.

Der sandig weichen Landschaft des Erg folgte eine Ebene aus murmelgroßen, glatten Kieselsteinen, also ein Serir. Danach eine Hamadan mit dem spitzen, scharfkantigen Geröll, das bis zum Abend die Sandalen der Treiber zerriß. Sie hatten es vorausgesehen und besaßen genügend neue Nails, um täglich zu wechseln. Alles, was die Sahara an Abwechslung zu bieten hatte, wurde nach und nach vor der Karawane ausgebreitet. Ein, zwei Tage weit durch Sahel, mit dürrem Drinngras und den grauen Zweigen der Domrahbüsche, Futter für die Kamele, das sie mit Behagen verzehrten. Breite und schmale Wadis kreuzten den Weg, deren sandiges Bett seit Jahren kein Wasser mehr geführt hatte. Dann erhob sich im Süden eine Kette dunkler Berge, von denen Mustafa erfuhr, daß sie Djebel Idjeran genannt wurden. Man kam ihnen näher und näher und gelangte auf ein Hochplateau. Es bestand aus Fels und war so flach wie ein Tanzplatz.

Als man nach zwei Tagen das Ende der steinernen Tenne erreicht hatte, ging es hinab in eine Gegend aus grobem

Geröll und Gerümpel. Das Vorankommen verzögerte sich, dafür gab es zwischen dem Gestein relativ reichlichen Pflanzenwuchs und sogar feuchte Stellen. Man grub nach Wasser und tränkte die Kamele. Damit nicht genug, verlangten die Tuareg einen Tag völliger Ruhe für ihre Tiere. Besser als bisher wurde das Lager eingerichtet. Man spannte die Zelte aus Ziegenhaaren so straff wie möglich und hängte den großen Kupferkessel übers Feuer, um endlich wieder warme Mahlzeiten zu kochen. Bald hatten einige Leute entdeckt, daß nahe beim Lager viele tausend Heuschrecken auf den Domrahas saßen, eine höchst willkommene Delikatesse. Früh am Morgen waren die Insekten noch so steif, daß man sie einsammeln konnte wie reife Beeren. Kopf, Flügel und Beine wurden abgerissen, der Rest auf einem Stück Eisenblech geröstet. Tat man Pfeffer und Salz hinzu, schmeckten die Heuschrecken ganz vorzüglich. Mustafa-el-Tobib fand die Spur von Gazellen, ging ihnen stundenlang nach, konnte aber keine erlegen. Die Scheu der schönen Tiere war zu groß, sie hatten die Gefahr schon längst geahnt.

In dieser Nacht fiel das Thermometer auf zwei Grad unter den Gefrierpunkt. Da prasselten die Feuer noch höher, und immer waren ein paar Leute damit beschäftigt, Zweige und Gestrüpp herbeizuschaffen. Si-Otman lud seine Freunde zu einem Festschmaus, Heuschrecken in Kamelfett war dabei das Hauptgericht.

„Besser als in Paris“, sagte er zu Mustafa, „man müßte es bei Chevet einführen.“

Dieses Lokal hatte damals den Ruf, von den besten das allerbeste zu sein, natürlich auch das teuerste.

„Haben die Christenhunde dich dorthin eingeladen“, erkundigte sich Mustafa, ohne den Spott deutlich zu machen.

„Ja, sie haben alles getan, um mich zu verführen... möge Allah ihr verfluchtes Hirn zertrümmern!“

„La ilah il Allah, Mohammed ressul ul Lah", erwiderte Mustafa und tauchte seine Hand tief in die Schüssel.

Es herrschte kein Wassermangel auf dieser Reise. Bevor die Girbas leer wurden, konnte man sie wieder füllen. Nur schmeckte leider das Wasser von Hassi Messegem scheußlich bitter und hatte eine stark abführende Wirkung. Am folgenden Tage mußten die Reiter immer wieder von ihren Kamelen absitzen, um sich zu erleichtern. Bald saßen mehr Leute am Wege als in Bewegung waren. Es muß ein recht komischer Anblick gewesen sein, aber nicht gerade angenehm für die Betroffenen.

Die Wasserstelle von El Merat lag trocken, als man sie am 9. November erreichte, doch die tüchtigen Tuareg fanden einen feuchten Fleck im nächsten Wadi, wo man bald an Wasser gelangte. Während man die Girbas füllte, wanderte Mustafa zu Fuß durchs Gelände. Er kam in ein schattiges Felsental, wo er zu seiner Überraschung wildwachsende Dattelpalmen entdeckte. Ihre Früchte waren klein, aber wunderbar süß, auch hatten die meisten keinen Kern. Hübsche schwarze Vögel mit schneeweißem Schwanz flatterten durch die Zweige. Mustafa hatte diese Art noch nie gesehen, wahrscheinlich auch noch kein anderer Europäer. So waren auch diese Vögel eine Entdeckung.

Drei Tage später überquerte die Karawane eines der größten Wadis in der Sahara mit Namen Irharhar. Es war ungefähr zwanzig Kilometer breit, und später wurde seine Länge auf 500 Kilometer geschätzt. Wenn sich das riesige Wadi auch nur ganz selten, vielleicht einmal in zehn Jahren, mit Wasser füllte, mußte es zu einem gewaltigen Strom werden, ähnlich dem Kongo oder dem Sambesi an seiner breitesten Stelle. Aber keiner von den Tuareg hatte das gesehen oder wußte einen zu nennen, der davon berichten konnte. Doch es gibt so starke Regenfälle, sogar Wolkenbrüche in der Sahara, die alle Wadis der

Gegend binnen wenigen Minuten in reißende Ströme verwandeln. Deshalb wird kein vernünftiger Mensch jemals in einem Wadi kampieren, obwohl man dort so gut vor Wind geschützt ist und gelegentlich auch Schatten findet. Aber niemand kann wissen, ob nicht irgendwo am Oberlauf des Sandbetts rauschender Regen fällt. Dann braust über Nacht eine reißende Flut so plötzlich heran, daß es keine Rettung mehr gibt. Man sagt daher, wenn auch sicher mit starker Übertreibung, es seien in der Sahara mehr Menschen ertrunken als verdurstet[1].

Jedesmal wenn ein Brunnen trocken war, erklärte der Karawanenführer, daß nun alle Girbas gemeinsames Eigentum seien. Jeder durfte nur trinken, was ihm zugeteilt wurde. In keinem Fall erhob sich Widerspruch, niemand schlürfte heimlich aus seinem Wasserschlauch. Ein solches Gesetz der Wüste zu brechen, galt für schlimmer als Meuchelmord. Zum Glück konnte man jedesmal die Rationierung bald wieder aufheben.

Am 14. November kampierte die Karawane bei der winzigen Oase Temassin, deren hundert Dattelpalmen nur von einem Mann betreut wurden. Sonst gab es dort keine Bewohner. Der Einsiedler stammte aus Tuat und hatte hier für einen Palmenbesitzer zu arbeiten, der nur zweimal im Jahr aus In-Salah kam, um die Ernte abzuholen. Den vierten Teil durfte der Mann als Arbeitslohn für sich behalten. Abgesehen von der Milch seiner Ziegen hatte er nichts anderes, um davon zu leben. Er bat flehentlich, ihm eine Frau zu besorgen, weil er die Einsamkeit nicht länger aushielt. Si-Otman versprach, seinen Wunsch zu erfüllen, auf dem Rückweg wollte er ihm eine hübsche,

[1] Es sind auch Menschen ertrunken, die von Durst gepeinigt an einen Brunnen gelangten, aber das Wasser in seiner Tiefe nicht erreichen konnten, weil ihnen der notwendige Strick dazu fehlte. Halb wahnsinnig geworden, sprangen sie hinunter, kamen an den glatten Wänden aber nicht mehr nach oben zurück.

junge Sklavin aus Ghadames mitbringen, und zwar als Geschenk, weil sie der arme Teufel doch nicht bezahlen konnte. Sein Wort hat Si-Otman dann auch gehalten. Mustafa war dabei, als er das Mädchen für sechsunddreißig Mariatheresien-Taler kaufte. Der jungen Sklavin konnte nichts Besseres geschehen, sie wäre sonst im Harem eines wohlhabenden Mannes für immer verschwunden.

So unerwartete Beweise von Großmut erlebte Mustafa des öfteren, auch bei solchen Leuten, die sonst den Eindruck des krassen Egoismus machten. Vollkommen gleichgültig gegenüber den Leiden ihrer Mitmenschen, konnten sie ganz überraschend auch gutmütig sein. Schon bald nach In-Salah hatten sich der Karawane zwei Mekkapilger aus Mogador in Marokko angeschlossen, ein älterer Mann und sein Sohn. Die beiden waren bettelarm, sie hatten keine Verpflegung, keine Girba und keinen warmen Burnus. Dennoch schickte sie niemand fort, sondern man gab ihnen alles, was sie brauchten. Bei jeder Rast wurden ihre Eßnäpfe und ihre Becher gefüllt, bald hatten sie auch wollene Kleider, und wenn dem Alten das Gehen zu beschwerlich wurde, hob man ihn auf ein Kamel. So waren sie von Mogador nach In-Salah gekommen, und so würden sie eines Tages die heiligen Stätten des Islam erreichen.

Das gefährliche Mißtrauen gegen den Rumi in der Karawane erhielt neue Nahrung, konnte er doch nicht leugnen, daß er ein Christ gewesen war, bevor Allah die Finsternis aus seiner Seele vertrieb. Alles, was Mustafa tat, wurde argwöhnisch beobachtet. Man mußte doch wissen, ob nicht ein Rest des verfluchten Christenglaubens in ihm geblieben war. Die Karawane hatte während der letzten Tage nicht die gleiche Wegstrecke zurückgelegt wie zuvor, an sich aus ganz natürlichen Gründen. Die Kamele waren nicht mehr so kräftig und gut genährt wie zu Anfang, auch das Beladen und Abladen beanspruchte mehr Zeit als früher.

War aber nicht Mustafa daran schuld, weil er die Ankunft der beiden Pilger in Mekka verzögern wollte?

„Warum bist du gestern und heute ein paar Stunden zu Fuß gegangen?“ fragte Si-Otman.

„Weil meine Beine steif wurden, ich wollte sie mal tüchtig bewegen.“

„Warum hast du einen Ast abgeschnitten, den du in der Hand trägst, und damit berührst du immer den Boden?“

„Man läuft doch besser mit einem Wanderstab, hast du etwas dagegen?“

„Nur Alte und Kranke gehen am Stock, Mustafa, du aber bist noch jung und kräftig. Den Tuareg ist das nicht aufgefallen, aber meine Leute aus In-Salah glauben, du willst bei jedem Schritt die Karawane am Boden festnageln. Deswegen kommen wir nicht mehr so rasch voran. Wirf den Stock weg, Mustafa, ich meine es doch gut mit dir. Gehe nicht zu Fuß, bleibe auf deinem Kamel. Du weißt, ich habe versprochen, dich wohlbehalten nach Ghadames zu bringen!“

Mustafa hatte zu gehorchen, er zerbrach den „Nagel des Teufels“ und stieg wieder auf sein Reittier.

Die Karawane überquerte auf dreitägigem Marsch die Hamada von Tinhrehot und kam dann zu jener großen Handelsstraße, die, von Tripolis ausgehend, über Ghadames, Ghat und das Tibesti-Gebirge zum Tschad-See und in das Innere Afrikas führt. Es war ein uralter Karawanenweg, gezeichnet von den Skeletten der Sklaven und Kamele, die an ihrem Rand verdurstet waren. Bis zum Tschad-See und noch weit darüber hinaus war schon Heinrich Barth mit seinen Gefährten gelangt, aber von den fünf Teilnehmern hatte nur er selbst die große Expedition überlebt. Mustafa-el-Tobib befand sich jetzt auf einem Weg, den vor ihm schon andere Entdecker gegangen waren. Aber was hinter ihm lag, die Wanderung von Uessan über Tafilet, Tuat und In-Salah bis zu diesem Karawanenweg, hatte noch kein anderer Forscher zurückgelegt.

An einem Brunnen lagerten etwa dreißig Tuareg mit ihren Kamelen. Es waren Freunde Si-Otmans, und das Wiedersehen wurde mit einem Festmahl gefeiert. Nach dem Essen, als Mustafa sich niederlegen wollte, trat einer dieser Männer zu ihm.

„Ich weiß, wer du bist, ich habe dich vor anderthalb Jahren in Algier mit deinem Bruder gesehen ..."

„Warum sollte ich keinen Bruder haben?"

„Er ist ein Christ, und das bist du auch. Einer von den deutschen Kaufleuten hat es mir gesagt. Aber mir macht das nichts, ich hege keinen Haß gegen euch im Herzen."

Mustafa hielt es für besser, zu schweigen.

„Ich bin mit Si-Otman in Paris gewesen, wir haben dort viel Gutes erfahren, und daran denke ich noch. Er hat es vergessen und haßt die Ungläubigen mehr denn je. Aber ich empfinde nur Mitleid für die Christen. Sie leben zwar auf Erden im Paradies mit ihren schönen Städten und den vielen grünen Feldern und dem frischen Wasser überall, aber nach ihrem Tode werden sie mit ewiger Verdammnis bestraft."

„Weißt du das so bestimmt?" fragte Mustafa.

„Es steht geschrieben, kein Ungläubiger kann dem Scheitan entgehen, so leid es mir tut. Sei vorsichtig, Mustafa, wenn du nach Ghadames kommst. Du hast wieder einen blonden Bart wie damals in Algier, rasiere ihn ab und senke deine hellen Augen, es wird besser sein."

„Ich danke für deinen Rat, ich werde es tun."

„Du kannst Si-Otman völlig vertrauen, solange du ihn nicht merken läßt, was du wirklich von Allah und dem Propheten denkst. Er glaubt jetzt, du seiest ein echter Moslem ..., ich meine, das will er glauben. Gib ihm keinen Anlaß, wieder daran zu zweifeln."

„Es ist gut, ich gebe mir die größte Mühe."

Am 29. November, nach einer Wanderung von dreißig Tagen, sah man in der Ferne die ersten Palmen von Ghadames. Doch gleich hielt man an, um das letzte Lager aufzuschlagen, obwohl es noch lange nicht Abend war. Es entsprach nämlich der guten Sitte, daß man sich erst reinigte und die besten Kleider anlegte, bevor man eine fremde Stadt betrat. Am folgenden Morgen zog die Karawane vor die Tore von Ghadames, und die Lasten wurden abgeladen. Viel Volk strömte heraus. Freudenschüsse wurden abgefeuert, und es begann eine umständliche Begrüßung.

Ghadames war keine große Oase, sondern eine Stadt hinter hohen Mauern. Sie lag inmitten der Wüste, wie eine kleine Insel von Menschen gebaut. Wären die Mauern nicht gewesen, der Sand hätte Ghadames bald verschüttet. Draußen gab es keinen Strauch und keinen Grashalm. Wer die Tore verließ, betrat sogleich die Sahara. Ghadames konnte nur dank einer Quelle bestehen, die inmitten der Ortschaft aus dem Boden sprudelte. Der Sage nach hatte die schneeweiße Stute eines Heiligen, der nahe dem Verdursten war, diese segensreiche Wasserstelle durch einen Hufschlag geöffnet, daher ihr Name *Ain-el-Fras*, die Quelle der Stute.

Sie bewässerte die ganze Stadt und ihre blühenden Gärten. Durch schmale Kanäle, die teilweise unterirdisch verliefen, wurde das kostbare Wasser in jeden Winkel der Ortschaft geleitet. Alle Palmen von Ghadames standen innerhalb der Mauern, weil draußen der wehende Sand jedes Pflänzchen bald bedeckte. Jede Familie besaß ihren sorgsam gepflegten Gemüsegarten und einige Dattelpalmen, wenn auch die meisten der grünen Flecken nicht größer waren als die Wohnfläche im dazugehörigen Haus. Aber die Wärme, das Wasser und der Windschutz ließen alles sehr üppig gedeihen. Die Bewohner der Stadt, etwa sechstausend Menschen, lebten in drangvoller Enge. Der Raum für ihre fruchtbaren Gärten und reichtragenden Palmen mußte ihnen wichtiger sein als breite Gassen. Die Häuser berührten einander, die Wohnungen erhielten ihr Licht von oben durch vergitterte Fenster in den flachen Dächern. Man bewegte sich in Ghadames auf zwei Ebenen, nämlich durch dunkle Tunnels anstelle von Gassen und andererseits über die Dächer hinweg, die alle miteinander in Verbindung standen. Droben liefen die Frauen, drunten bewegten sich die Männer. Wer in den winkligen Gängen kein Licht bei sich trug, warnte andere Passanten durch Zurufe. Sonst wäre man alle paar Schritt zusammengestoßen. Fremde konnten sich in dem finsteren Labyrinth nicht zurechtfinden, sondern mußten sich einen Führer nehmen.

Ein Teil der Altstadt ist noch heute erhalten. Viele Einzelheiten, die Gerhard Rohlfs von damals berichtete, habe ich noch selbst gesehen. So zum Beispiel jene „Wasseruhr“ am Rande des Marktplatzes, von den Bewohnern *el Gaddu* genannt. Daneben saß ein alter, blinder Mann, dessen Aufgabe es war, die täglichen Wassermengen an die Gärten, Brunnen und Bäder zu verteilen. Seine Uhr war eine Tonschale mit kleinem Loch im Boden. Sie schwamm auf dem Wasser, und jedesmal, wenn sie vollief, war eine „Dermissa“ vergangen, nach unserer Zeitrechnung etwa zwanzig Minuten. Wie viele Dermissen den angeschlossenen Verbrauchern zustanden, das fühlte der Blinde an dem Knoten in einem Strick, der durch seine Hände lief. Er öffnete ein Kanälchen für die entsprechende Zeit, um es hernach mit einem kleinen Holzbrett wieder zu schließen. Ein solcher Mann sitzt auch heute noch an derselben Stelle und tut das gleiche. An den Mauern eines engen Hofes hängen noch die eisernen Ringe, an die man früher Sklaven gefesselt hat, damit sie

Kaufinteressenten in aller Ruhe prüfen konnten. Die „Quelle der Stute“ strömt nach wie vor in einen grünbemoosten, in Stein gefaßten Teich, genauso wie es Rohlfs beschrieben hat.

Ghadames war eine reiche Stadt. Durch ihren Handel noch reicher und lebhafter als das In-Salah damaliger Zeit. Hier begegneten sich die Handelswege aus dem Westen, Osten, Süden und Norden. Hier trafen Karawanen ein, die Reisen von hundert und noch mehr Tagen hinter sich hatten. In Ghadames wurden die Waren neu verteilt und wanderten dann weiter nach Tripolis, zu den Kufra-Oasen und nach Ägypten. Von der Küste her über Tripolis eingeführt, kamen die Güter aus Europa, vor allem Kattun, Farbstoffe, billiger Schmuck, einfache Stahlmesser und Glasperlen zum Tauschhandel mit den schwarzen Völkern im Sudan. Natürlich auch Pulver, Blei und Waffen der verschiedensten Art. Jede Familie in Ghadames war direkt oder indirekt an dem schwunghaften Handel beteiligt. Groß war das Mißtrauen gegen die Christenhunde, weil man schon zu jener Zeit befürchtete, sie seien bestrebt, unmittelbar in den Handel einzugreifen. Das aber durfte nicht sein. Das mußte man auf jeden Fall verhindern. Der Gewinn sollte allein den rechtgläubigen Moslem gehören, denn sie hatten das ganze System geschäftlicher Verbindung so gut organisiert. So kam zum Fanatismus des Glaubens auch noch die Furcht vor der Konkurrenz.

Es gab in der Stadt zwei Vertreter des Groß-Scherif Abd-el-Ssalams. Mustafa zeigte ihnen seinen Empfehlungsbrief. Er wurde sehr freundlich aufgenommen und sollte im Haus des Emkadens wohnen. Doch er bat um ein Quartier neben der Moschee, um den Eifer seines rechten Glaubens zu beweisen. Ein Raum für vornehme Pilger, wo er allein sein konnte, hatte noch den Vorteil, daß er ungestört schreiben konnte. Zu den Stunden des Gebets ging er hinüber in die Moschee, wo sich die besonders frommen Leute versammelten, um vor ihren Augen alle religiösen Übungen mitzumachen. So gab es wirklich keinen Grund, daran zu zweifeln, daß sich der Rumi mit dem blonden Haar und den hellen Augen zum rechten Glauben bekehrt hatte.

Einst war die Moschee ein römischer Tempel gewesen, so unglaublich das klingt. Zumindest hatten Römer, vielleicht sogar die Griechen jene Säulen hergebracht, die Mustafa staunend betrachtete. Sie trugen dorische, jonische und korinthische Kapitäle. Auch vor den Mauern von Ghadames erhoben sich noch die Reste römischer Bauten. Es waren Türme gewesen, mit drei oder vier Stockwerken, zu denen enge Steintreppen hinaufführten. Von den Bewohnern Ghadames wurden sie *Esmanen* genannt, doch wußte niemand, wer sie gebaut hatte. Man hielt diese Räume für Werke des Teufels oder heidnischer Völker, und es hieß, böse Geister würden darin hausen.

Ghadames hieß zu Zeiten der Römer Cydamus und war die Hauptstadt der Gavamante, eines längst verschwundenen Volkes. Allem Anschein nach war damals dieser Teil der Sahara noch nicht so versandet wie heute, sondern es gab Wälder und Felder in der Gegend. Der römische Konsul Cornelius Balbo hatte im Jahre 19 vor Christi die Stadt und das Land der Gavamante erobert. Sie wurde zu einem vorgeschobenen Posten des Römischen Reichs, fünfhundert Kilometer von der Küste des Mittelmeers entfernt. Man weiß, daß Cydamus noch zur Regierungszeit des Kaisers Alexander Severus, also im dritten Jahrhundert nach Christi, zur römischen Provinz Numida gehörte, aber was danach geschah, ist nicht überliefert. Es ist anzunehmen, daß Cydamus zerstört und vom Sand verweht wurde, um erst durch die Araber als Ghadames wieder zu erstehen.

Seit zwanzig Jahren residierte nun ein türkischer Pascha in Ghadames als Vertreter des Sultans von Konstantinopel. Ghadames gehörte zur Provinz Tripolitanien, und diese war ein Teil des Reichs der Osmanen. Die Ghadamesen hatten sich damit abgefunden, weil die anfangs so lästige Türkenherrschaft immerhin den früheren verheerenden Stammeskriegen ein Ende gemacht hatte. Dafür zahlten sie dem Pascha 175 000 Goldfranken im Jahr, eine enorme Summe für die damalige Zeit. Der Handel machte es möglich, und der türkische Schutz schien das wert zu sein.

Was in Ghadames geschah, nämlich der besonders rege Handel mit „schwarzem Elfenbein", war eine Schande sondergleichen. In feierlichen Verträgen hatte die Türkei versichert, daß in all ihren Provinzen der Sklavenhandel aufs strengste verboten sei. Der Sultan des osmanischen Reiches war dem Anti-Sklaverei-Pakt der Großmächte beigetreten und hatte sich verpflichtet, den Kauf und Verkauf von Menschen mit dem Tode zu bestrafen. Den fremden Botschaftern in Konstantinopel wurde immer wieder versichert, die türkische Regierung kenne gegenüber Sklavenhändlern keine Gnade. Aber in Ghadames waren sie die angesehensten Leute. Schwarze Sklaven wurden öffentlich ausgestellt und versteigert. Woche für Woche trieb man neue Scharen halbverhungerter Neger auf den Markt von Ghadames, nach einem entsetzlichen Marsch durch die Wüste. Ihre Hände waren gefesselt, und ihre Hälse steckten in einer doppelten Astgabel, der sogenannten Scherba, die den Vordermann mit seinem Hintermann verband. Auf dem „Weg der hundert Tage" gingen zahllose Opfer zugrunde, vielleicht doppelt so viele, wie schließlich auf den Markt gelangten. Aber mochten die Verluste noch so groß sein, die Grausamkeit machte sich bezahlt, denn im Norden lagen die Preise für lebende Ware zehnmal so hoch wie im Süden. In Ghadames warteten die Aufkäufer und trieben ihre Opfer zu anderen Händlern in Tunis, Marokko, Tripolis, Arabien und Ägypten. Ein Verbrechen gegen die Menschheit, das angeblich mit dem Tode bestraft wurde, konnte sich nach wie vor frei entfalten. Der türkische Pascha in Ghadames drückte nicht nur beide Augen zu, sondern wußte über alle Einzelheiten genauestens Bescheid. Er bekam für jeden Sklaven, der hier verkauft wurde, seine Prozente. Davon ließ er einen kleinen Teil in die Staatskasse fließen, das übrige jedoch in die eigene Tasche. In Ghadames wurde der Statthalter des Sultans schon nach wenigen Jahren ein reicher Mann. Wenn Gerüchte von dem blühenden Menschenhandel nach Europa drangen und sich die anderen Staaten darüber in Konstantinopel beschwerten, wurde alles abgestritten.

Mustafa machte dem Pascha seine Aufwartung, wobei er natürlich den Sklavenhandel mit keinem Wort erwähnte. Er hätte sonst den kommenden Tag nicht mehr erlebt. Hakem-Hamed-Effendi empfing ihn sehr liebenswürdig, hörte mit Interesse von seiner Bekehrung zum wahren Glauben und versprach ihm jede mögliche Unterstützung. Das konnte ehrlich gemeint sein oder auch nicht. Worauf es Mustafa ankam, war sicheres Geleit nach Tripolis. Wenn er sich wieder einer Karawane anschloß, bestand die Gefahr, daß man ihn unterwegs verschwinden ließ. Er hatte in Ghadames zuviel gesehen, nicht nur den Sklavenhandel, sondern den blühenden Handel überhaupt, er kannte die wichtigsten Karawanenwege zwischen Marokko und Tripolis und kannte auch das System und den Gewinn des Handels. Er war ein Rumi, und wenn er sich auch zum Islam bekehrt hatte, war er doch ein Christ gewesen. Ein solcher Mann, von dem man nicht recht wußte, was ihn jahrelang durch die Sahara trieb, war eine Gefahr für die Händler. Kam er nach Tripolis, so kam er auch nach Europa und konnte dort alles berichten. Mußte das nicht die geldgierigen Christenmenschen reizen, selbst mit ihren Waren in den Oasen der Sahara zu erscheinen? Wenn die fremden Kaufleute den türkischen Beamten genügend Bestechungsgeld zahlten, bekamen sie auch die Erlaubnis, hier im Lande Geschäfte zu machen. Also war es wohl am besten, den Mustafa-el-Tobib bei passender Gelegenheit zu beseitigen.

Er wußte das oder konnte es sich denken. Eine Karawane kam zur Reise an die Küste daher nicht in Frage. Ebenso gefährlich würde es sein, wenn er die Wanderung nur mit seinem Diener Hamed unternahm. Es gab nur eine Möglichkeit, die sichere Ankunft in Tripolis erhoffen ließ, und das war eine Reise in Begleitung des kaiserlichen Kuriers. Er plante, sich diesem anzuschließen.

Einmal im Monat erschien dieser türkische Feldwebel mit der amtlichen Post in Ghadames und kehrte bald darauf nach Tripolis zurück. Seine kleine, schnelle Karawane zu überfallen, wäre ein schweres Verbrechen gewesen, fast so schlimm wie ein Angriff auf den Sultan selbst, denn auf den Postsäcken prangte das kaiserliche Wappen. Mit allen zur Verfügung stehenden Mitteln hätte man die Wegelagerer verfolgt. Der Feldwebel und seine Begleiter hatten daher nichts zu befürchten. Aber nur in besonderen Ausnahmefällen wurde ihm erlaubt, einen Fremden mitzunehmen.

Wie es Mustafa-el-Tobib fertigbrachte, von dem Pascha diese Erlaubnis zu erhalten, hat er nie berichtet. Vielleicht aufgrund einer „Wunderkur“, die ihm bei Hakem Hamed-Effendi gelang, vielleicht auch nur durch Überredung.

Am 14. Dezember erfolgte die Abreise. Immer noch war der brave Hamed dabei, der seinen Herrn nun schon seit dem Aufbruch von Tanger treu und gutmütig begleitete. Mustafa hatte ihn gern, obwohl er keine Leuchte der Klugheit war und nicht gerade viel von Sauberkeit hielt. Mustafa versprach dem Kurier dreißig Mariatheresien-Taler, wenn die Reise gut verlief. Zwar hatte er nicht mehr soviel Geld, konnte es aber in Tripolis auftreiben. Der Mann gab sich denn auch alle Mühe, den Sonderlohn zu verdienen. Er sorgte für die Sicherheit des Rumi mit dem gleichen Pflichteifer wie für die Sicherheit der amtlichen Post. Dennoch fehlte es nicht an aufregenden Erlebnissen. Auf halbem Wege geriet die Karawane in einen der schlimmsten Sandstürme seit Jahren. Die Kamele legten sich nieder, das Hinterteil dem sausenden Wind zugewandt. Die Menschen preßten sich dicht an ihre Leiber und hüllten sich vollständig ein. Danach verschwand alles im Sturm des wirbelnden Sandes. Es war nicht möglich, aufrecht zu stehen oder einen Schritt weit zu sehen. Die zischenden Körner drangen trotz der Tücher in Augen, Ohren und Nasen. Es war ein Trommelfeuer von Billionen winziger Geschosse, ein Massenangriff der Wüste gegen wehrlose Menschen und Tiere. Drei Stunden lang dauerte der Sturm. Mit einem Schlag war dann alles vorüber. Die Luft beruhigte sich, und der Sand lag so ruhig, als sei nichts geschehen. Die Männer und die Kamele schüttelten sich frei von den Verwehungen und standen auf.

„Es kann nicht wahr sein", schrieb Gerhard Rohlfs an diesem Abend in ein Tagebuch, „daß ganze Karawanen vom Sandsturm verschüttet werden und dabei zugrunde gehen. Ich halte das für eines der vielen Märchen, die seit alters her über die Sahara verbreitet werden. Ich habe nun einen der schlimmsten Sandstürme erlebt, auch der Kurier hat es schlimmer noch nie erfahren, doch haben wir alles gut überstanden. Nicht mehr als eine Handbreit Sand wurde über uns geweht. Nie waren wir in Gefahr zu ersticken. Ich glaube, daß noch kein Samum einen gesunden Menschen getötet hat. Wenn er dabei seine Girba oder seinen Proviant verliert, ist das natürlich etwas anderes."

Auch später ist Gerhard Rohlfs immer bei seiner Ansicht geblieben, daß in der weiten Wüste die Gefahr durch Menschen weit größer ist als durch Naturgewalten. Eine gut geführte und gut ausgerüstete Karawane braucht weder Hunger noch Durst zu leiden. Sie kann trotz glühender Hitze und heftiger Sandstürme ihr Ziel so gut wie immer erreichen. Was man zu befürchten hat, sind vor allem die Überfälle durch Wegelagerer und Raubkarawanen, auch die Gefahr, unversehens zwischen kriegführende Parteien zu geraten. In dieser Hinsicht war der Weg nach Tripolis relativ sicher. Zwar hatten die Türken nicht die ganze Provinz fest in der Hand, aber bis etwa vierzehn Tage weit landeinwärts kontrollierten Kamelreiter des Sultans die großen Karawanenstraßen.

Am 24. Dezember, dem Weihnachtsabend, erreichte man den Nordrand der Wüste und verbrachte die Nacht in einem Dorf besonderer Art. Es lag unter der Erde. Man konnte die seltsame Siedlung erst erkennen, wenn man schon dicht davor stand. Da öffnete sich ein tiefes, breites, rundes Loch. In seine Wände hatten die Menschen Höhlen gegraben, und darin wohnten sie, in drei bis vier Stockwerken übereinander. Nur auf Leitern gelangte man zu den Eingängen der an sich bequemen Wohnungen. Diese Art der Behausung war früher die einzige Möglichkeit gewesen, sich vor Feinden und Räuberbanden zu schützen. Mustafa wurde von der Familie des Scheichs aufgenommen, erhielt eine Höhle für sich allein und feierte den Heiligen Abend mit der letzten Tasse Kaffee, für die er ein paar Bohnen gespart hatte. Danach überfiel ihn eine so zahlreiche Schar blutgieriger Flöhe, daß an Schlaf nicht zu denken war.

Am folgenden Tag gelangten sie ans Ende der Wüste. Die Karawane zog erst durch Sahel, dann durch Steppe, und danach begannen die Felder. Dörfer mehrten sich, und viel Volk war unterwegs. Am 28. Dezember gegen drei Uhr nachmittags, als Mustafa-el-Tobib einen Hügel hinaufritt, sah er das Mittelmeer.

Er war am nächsten Tag in Tripolis. Ein Hotel gab es damals noch nicht, aber im Hause des österreich-ungarischen Konsuls, Luigi Rossi mit Namen, bereitete man ihm einen herzlichen Empfang. Dorthin hatte Rohlfs seine Post bestellt. Er fand unter alten Briefen auch eine Geldsendung, die ihn aller finanzieller Sorgen enthob.

„Offen gesagt haben wir Sie auch nicht mehr erwartet", meinte der Konsul, „weil keine Nachricht von Ihnen zur Küste gelangte, hielt man Sie für verschollen. Ihre Familie dürfte in größter Sorge sein."

„Und wie lange ist schätzungsweise ein Brief von hier nach Bremen unterwegs?"

„Immer noch sehr lange, aber seit kurzem besteht eine telegrafische Verbindung nach drüben."

So erfuhr man in Vegesack bei Bremen noch am gleichen Tag von seiner glücklichen Ankunft in Tripolis.

Gerhard Rohlfs hatte auf seiner zweiten Entdeckungsreise fast fünftausend Kilometer zurückgelegt und als erster Europäer die westliche Sahara in ganzer Breite durchquert. Wo auf der Landkarte so gut wie niehts gewesen war, füllte sich jetzt die weiße Fläche mit den geographischen Ergebnissen seiner Reise. Aus dem Abenteurer war ein Erforscher Afrikas geworden, dessen Name schnell bekannt wurde. Der Kameltreiber Mustafa war auf dem Wege, weltberühmt zu werden.

Er hatte seit zehn Jahren die Heimat nicht mehr gesehen. Nun rief man ihn zurück. Ein Telegramm nach dem anderen verlangte seine sofortige Reise nach Europa. Die Eltern wollten ihn natürlich wiedersehen, auch Professor Petermann in Gotha sowie die Geographische Gesellschaft in Berlin und Paris. Er sollte persönlich berichten, man wollte neue Pläne mit ihm besprechen.

Es stand jedoch mit seiner Gesundheit nicht zum besten. Die Wunde am linken Arm hatte sich wieder geöffnet, und Rohlfs fürchtete den Winter in Europa. Nach zehn Jahren Afrika ist die Umstellung nicht so einfach, zumal die Umstellung von trockenem Wüstenklima auf feuchtkalte Luft. Aber er mußte nach Hause, er konnte sich nicht auf Briefe und schriftliche Berichte beschränken. Doch es sollte nichts mehr sein als ein Besuch in der Heimat. Die Rückkehr nach Afrika, so bald wie nur möglich, stand für Rohlfs absolut fest. Er bat Hamed, in seinem Dienst zu bleiben und in Tripolis auf ihn zu warten. Bei dem französischen Generalkonsul konnte Hamed so lange den Garten betreuen. Da war er gut aufgehoben.

Ende Januar bestieg Rohlfs ein Schiff, das nach Malta abging.

Tripolis–Berlin–Paris–Tripolis

In Tripolis hatte er noch arabische Kleidung und seinen arabischen Namen getragen. Erst auf der Seereise nach Malta verwandelte sich Mustafa-el-Tobib in Gerhard Rohlfs. Die Umstellung fiel ihm nicht leicht, denn neben den Äußerlichkeiten mußte er wieder Gewohnheiten annehmen, die er vergessen hatte. Dazu gehörte es auch, wie ein Deutscher oder, allgemeiner gesagt, wie ein Europäer zu empfinden und zu reagieren. Man weiß ja, daß ein längerer Aufenthalt im Orient den Menschen verändert, damals noch mehr als heute. Sogar seine europäischen Freunde in Tripolis waren bis zu einem gewissen Grade „orientalisiert", ohne daß sie es selbst bemerkten. Erst recht verfällt ein Mann dem kaum bewußten Wechsel seiner inneren Einstellung, wenn er jahrelang die Wüste durchzieht und sich als Beduine tarnen muß. Was als Täuschung gedacht war, kann da leicht in Wirklichkeit übergehen.

Das betraf bei Rohlfs nicht den Islam, den er zum Schein angenommen hatte. Dessen Glaubenssätze und praktische Anwendung mißfielen ihm aus tiefster Überzeugung, weil sie den Willen lähmten und den Moslem in zu vielen Fällen die eigene Entscheidung abnahmen. Aber die Lebensart der Menschen, denen er sich so gut angepaßt hatte, war weitgehend zu seiner Art geworden. Er fühlte sich als Fremder unter den Leuten, die ihn jetzt umgaben. Sie ließen zu deutlich erkennen, wer sie waren und was sie wollten. Sie fielen immer gleich mit der Tür ins Haus, ohne Umschweife kamen sie zum Kern der Sache. Man stellte ihm direkte Fragen, woher des Weges er komme und was er zu tun gedenke, statt erst über belanglose Dinge zu reden. Seine persönlichen Angelegenheiten gingen doch niemanden etwas an. Doch gerade dafür interessierten sich seine Reisegefährten an Bord, weil er, ohne es zu wünschen, einen geheimnisvollen Eindruck machte. Rohlfs schien auch nicht zu bemerken, daß er den Frauen gefiel. Sie suchten seine Bekanntschaft und schenkten ihm ganz offen bewundernde Blicke.

Ebenso war es in Malta, wo er eine Woche warten mußte, und so war es auch auf dem Dampfboot, das ihn nach Marseille brachte. Dort bestieg er den Zug und fuhr nach Paris, denn es gab damals noch keine Bahnlinie über die Alpen. Die beste Verbindung nach Bremen führte durch Frankreich. Doch vergingen sechs Tage, bis er dort eintraf.

Rohlfs war so lange nicht mehr daheim gewesen, daß er empfangen wurde wie der verlorene Sohn. Erst im Elternhaus fühlte er sich wieder unter seinesgleichen. Hier war Geborgenheit, und hier umfing ihn menschliche Wärme. Hier konnte er von seinen Erlebnissen reden. Die Geschwister verwöhnten ihn, und die Mutter bedauerte, was er alles hatte durchmachen müssen. Der Vater behandelte ihn mit Hochachtung, denn er konnte nun stolz sein auf diesen Sohn, von dem er früher so manches Mal geglaubt hatte, es könne wohl nicht viel aus ihm werden. Alle Freunde des Hauses kamen, um den Weitgereisten herzlich zu begrüßen.

Nur die Gesundheit des Heimgekehrten ließ zu wünschen übrig. Die feuchte Kälte des Nordens setzte ihm zu, die alten Wunden an seinem Arm wollten nicht heilen, und er litt unter quälendem Husten.

„Ich wäre gern ein paar Monate bei euch geblieben“, sagte er eines Tages dem Vater, „aber du siehst ja selbst, es geht nicht. Du bist mein bester Arzt, was würdest du mir raten?“

„Das weißt du doch selbst, mein Junge, du brauchst warmes Klima und trockene Luft. Außerdem läßt dich Afrika nie mehr los ...“

Gerhard mußte es zugeben. Er wartete ja nur darauf, was der Professor Petermann in Gotha zu all den Aufzeichnungen und Karten sagen würde, die er ihm geschickt hatte. Wenn Petermann zufrieden war, konnte wohl ein neuer Auftrag nicht ausbleiben. Er hatte auch selbst Vorschläge zu machen.

Aus Gotha kam die Nachricht, daß man ihn dort erwarte, und zwar so bald wie möglich. Der ältere Bruder, Dr. Hermann Rohlfs, ließ ihn nicht allein durch Europa reisen. Die eiternde Wunde mußte Tag für Tag behandelt werden. Gerhard selbst konnte das nicht machen, und ein guter Arzt war nicht überall zu finden.

Der Empfang in Gotha war nicht nur freundschaftlich, sondern ehrenvoll. Petermann sagte gleich, daß er bei weitem nicht so viel erwartet hatte, wie die Aufzeichnungen Rohlfs' enthielten.

„Sie haben eine großartige Leistung vollbracht, lieber Freund, Sie können sehr stolz darauf sein ..."

„Aber es gibt noch viel mehr zu tun, Herr Professor."

„Sie gehören schon jetzt zu den Afrikaforschern ersten Ranges. Wir haben durch Sie ein vollkommen neues Bild weiter Teile der Sahara ... nicht nur ein kartografisches Bild, auch Botanik und Völkerkunde kamen nicht zu kurz. Und noch anderen Sparten der Wissenschaft haben Sie einen Dienst geleistet. Da staunt der Fachmann, und der Laie wundert sich, falls Sie mir diese abgedroschene Redensart gestatten."

„Aber was ich eigentlich tun sollte, ist mir nicht gelungen, nämlich das Schicksal von Beurmann und Vogel zu klären. Der Vorstoß bis hinunter zum Tschad-See und nach Wadai ist leider unmöglich gewesen."

„Gewiß, es liegt mir sehr daran, festzustellen, wo und auf welche Weise sie umkamen", meinte Petermann, „aber da man ihnen wohl doch nicht mehr helfen kann, dürfen wir kein anderes Leben mehr riskieren, nur um ihr Schicksal aufzuklären. Wissenschaftliche Aufgaben allerdings, die berechtigen zu einer neuen Expedition bis tief in den Süden, vielleicht bis zum Niger. Heinrich Barth war am Tschad-See, wie Sie wissen, er hat jenseits der großen Wüste eine für uns Europäer ganz neue Welt entdeckt. Aber dennoch ... viele Fragen blieben noch offen, es beginnen dort sehr dichtbevölkerte Territorien, von denen Nachrichten fast völlig fehlen."

Es läßt sich nicht mehr feststellen, wer den Plan für die nächste Reise entwarf, ob er von Rohlfs stammte oder von Petermann. Vermutlich ergab es sich aus dem Verlauf der Gespräche, und danach haben beide gemeinsam den Plan ausgearbeitet. Gegenüber der Öffentlichkeit war das weitreichende Unternehmen ein Auftrag Professor Petermanns, den Rohlfs bereitwillig übernahm. Er sollte von Tripolis über Ghadames das Hoggar-Gebirge inmitten der Sahara erreichen und von dort an den Tschad-See und schließlich bis zum Niger vorstoßen. Es war wichtig, über die großen Negervölker, die südlich und westlich des Tschad-Sees lebten, Klarheit zu gewinnen. Dort herrschten schwarze Sultane, über deren Macht und Einfluß man in Europa nur wenig wußte. Es schien auch in diesen Ländern ein lebhafter Handel zu bestehen, und gern hätten sich europäische Staaten daran beteiligt. Dann ging es noch um ein anderes Problem, denn von dort aus wurden die Sklaven zu den Märkten in Nordafrika getrieben. Aber wie man sie einfing und auf welchen Wegen man sie den arabischen Menschenhändlern zuführte, war nur so ungefähr bekannt. Die zivilisierten Staaten in aller Welt hatten sich verpflichtet, den Sklavenhandel zu bekämpfen, wo immer sich dazu eine Möglichkeit ergab. Je näher man den Quellen kam, aus denen die Händler ihre lebende Ware bezogen, desto bessere Aussichten bestanden, diese barbarischen Verhältnisse eines Tages zu beenden. Und vielleicht, so hoffte Petermann, war es bei dieser Reise auch möglich zu erfahren, wie Vogel und Beurmann ihr Ende gefunden hatten.

„Über das Risiko besteht wohl kein Zweifel", meinte der Professor.

Der Schotte Richardson, zunächst Leiter der Expedition, und der Deutsche Overweg waren den Strapazen erlegen, Eduard Vogel und Moritz von Beurmann spurlos verschwunden. Nur Barth allein hatte die Reise überlebt, war aber seitdem ein kranker Mann. Er hatte in arabischer Verkleidung die Sultanate Kanem, Bagirmi, Adamaua und Bornu besucht und schließlich den Niger erreicht. Er war zur sagenhaften Stadt Timbuktu gelangt, er hatte Kano, Katsema und Sakoto gesehen. Aber unter welchen Schwierigkeiten, Strapazen und Gefahren! Man hielt auch Heinrich Barth für verschollen, als er nach sechs Jahren in Marseille wieder europäischen Boden betrat.

„Ich weiß es, ich habe seine Berichte mehrmals gelesen", sagte Rohlfs, „die geographische Forschung verlangt ihre Opfer, das ist mir ebenso klar wie Ihnen, Herr Professor. Ich bin auf alles gefaßt."

„Nun gut, lieber Rohlfs, aber ich hoffe von Herzen, Sie bei bester Gesundheit wiederzusehen. Nun muß ich versuchen, die notwendigen Gelder aufzutreiben."

Heinrich Barth war schon vor seiner großen Reise Privatdozent an der Berliner Universität gewesen, also ein anerkannter Gelehrter, desgleichen Adolf Overweg, ein Naturwissenschaftler von Rang und dazu noch Kartograph. Der Leiter ihrer Expedition war bis zu seinem Tode am Tschad-See der schottische Missionar James Richardson gewesen, den die britische Regierung förderte. Das Unternehmen war deshalb sehr großzügig finanziert worden. Mehr als 100 000 Taler hatte man Barth und den anderen Teilnehmern zur Verfügung gestellt. Aber für Rohlfs, der keinen akademischen Grad besaß und der nur Bürger eines Kleinstaates war, kamen nur 2500 Taler zusammen. Er war auf freiwillige Spenden angewiesen, die Petermann für ihn sammelte. Der

Bremer Senat bewilligte 300 Taler, ebensoviel die Preußische und die Englische Geographische Gesellschaft. Aus seiner Privatschatulle stiftete König Wilhelm von Preußen 800 Taler, den Rest gaben Dr. Hermann Rohlfs und Privatleute in Bremen. Dieser Betrag mußte ausreichen, mehr war nicht zu bekommen. Aber Rohlfs meinte, soviel habe er kaum erwartet. Für seine erste Reise hatte er so gut wie nichts gehabt. Auf seiner zweiten Reise war er mit der Hälfte dessen ausgekommen, was ihm nun bewilligt wurde. Die Zeiten waren vorbei, da er sich als Kameltreiber verdingen mußte.

Er reiste sogleich nach Berlin, um seine Pläne mit Heinrich Barth zu besprechen, dem damals größten und bekanntesten Afrikaforscher. Er wurde recht kühl empfangen. Barth schien gekränkt, daß man ihn nicht vorher zu Rate gezogen hatte. Es waren ja „seine Gebiete", die Rohlfs durchqueren sollte, um dann noch weiter zu gehen. Barth warnte vor den Gefahren in diesen fremden feindlichen Ländern, er war ja selbst nur knapp mit dem Leben davongekommen, als der einzige Überlebende der Expedition. Barth schlug statt dessen eine andere Route vor, die aber nach Ansicht Rohlfs' noch unsicherer war. Persönlich besserte sich ihr Verhältnis nach der zweiten und dritten Begegnung, weil sie eben doch so vieles gemeinsam hatten. Rohlfs und sein Bruder wurden zu Tisch gebeten. Sie verbrachten mehrere Abende im gastfreien Hause Heinrich Barths und schieden zum Schluß als gute Freunde.

„Meine besten Wünsche begleiten Sie bei dem Wagnis", sagte Barth zum Abschied, „trotz aller Bedenken hoffe ich, Sie wieder gesund und wohlbehalten bei mir zu sehen."

Seine Hoffnung ging nicht in Erfüllung, Heinrich Barth starb wenige Monate später, erst vierundvierzig Jahre alt. Wahrscheinlich infolge der Überanstrengung bei seinen Reisen.

Rohlfs kehrte noch einmal nach Bremen zurück, um sich

von seinen Eltern zu verabschieden. Am 23. Februar 1865 fuhr er mit seinem Bruder nach Paris. Dort besorgte er sich seine wissenschaftliche Ausrüstung, seine Waffen und Geschenkartikel. Damals konnte man sich in Paris am besten für eine Expedition in das Innere Nordafrikas ausrüsten. Schon seit fünfunddreißig Jahren hatten sich die Franzosen in Algerien festgesetzt, und deshalb wurde in Frankreich alles auf zweckmäßigste Weise hergestellt, was man dort brauchte. Rohlfs hatte es nicht mehr nötig, sich mit den billigsten Sachen zu begnügen, sondern konnte auf der besten Qualität bestehen. Es war immer günstiger, in Europa einzukaufen als drüben in Afrika, selbst solche Sachen, die aus Afrika stammten. Dort wurde der Käufer gefragt, was er zahlen wolle, und danach begann ein zeitraubendes, nervenzermürbendes Feilschen. Wer da in Eile war oder irgend etwas dringend brauchte, wurde bestimmt übervorteilt. In Frankreich hatte jede Sache ihren festen Preis, es gab eine größere Auswahl, und binnen weniger Tage war alles erledigt.

Rohlfs hatte noch Zeit für viele interessante Besuche. Er sprach mit den französischen Kennern der Sahara, mit Malte-Brun, Vivien de Saint-Martin, Maunoir und vor allem mit Henri Duveyrier, der lange Zeit bei den Tuareg im Hoggar verbracht hatte. Die Herren waren alle sehr liebenswürdig, ohne eine Spur von Mißgunst dem Konkurrenten gegenüber. Sie breiteten ihre Karten aus, gaben wertvolle Hinweise und erklärten Rohlfs, wie er sich bei diesen oder jenen Stämmen verhalten sollte. Von dem Charme und der Hilfsbereitschaft des eleganten Duveyrier war Rohlfs besonders beeindruckt. Wer nicht wußte, was dieser Mann für die Forschung und Wissenschaft geleistet hatte, mußte ihn für einen leichtfertigen Lebensgenießer halten und für einen Liebling der Frauen. Den kühnen Durchquerer der Wüste, den besten Kenner der raubgierigen Tuareg sah man ihm nicht an.

„Grüßen Sie mir die reizenden Frauen von Ghadames“,

bat er lachend seinen Besucher, „ich bewahre an sie die besten Erinnerungen."

„Aber die bekommt man doch kaum zu sehen", staunte Rohlfs.

„Sagen Sie das nicht, cher ami, die verschleierten Damen finden schon Mittel und Wege, sich zu zeigen. Nur darf man sich nicht erwischen lassen . . ."

Anfang März reiste Rohlfs nach Marseille, bis dahin noch von seinem Bruder begleitet. Endlich war nun die Wunde verheilt, und in dem warmen Klima am Mittelmeer fühlte er sich wieder wohl. Die Trennung von seinem treubesorgten Bruder war schmerzlich, aber nun mußte es sein. Hermann winkte so lange, bis das Schiff am Horizont verschwand. Gerhard Rohlfs hatte in Malta gleich Gelegenheit zur Weiterfahrt. Am 19. März traf er wieder in Tripolis ein. Der gute Hamed stand am Hafen und nahm freudestrahlend seinen Herrn in Empfang.

Rohlfs mietete ein Haus am Rande der Stadt, um nicht zu sehr von Neugierigen belästigt zu werden. Er verwandelte sich wieder in Mustafa, fügte aber nicht mehr „el Tobib" hinzu, weil er vermeiden wollte, daß ihn zu viele Kranke bedrängten. Er durfte sie doch nicht nach europäischen Methoden behandeln. Auf die Dauer hätten seine Medikamente auch dafür nicht ausgereicht. Einigen Leuten in der Heimat schien es nicht zu gefallen, daß er auf seinen Forschungsreisen den Aberglauben der Einheimischen ausnutzte und als Wundertäter auftrat. Diesem an den Haaren herbeigezogenen Vorwurf wollte sich Rohlfs nicht länger aussetzen. Er nannte sich *Mustafa-el-Nemsi,* Mustafa der Deutsche, blieb jedoch bei der Behauptung, ein rechtgläubiger Moslem zu sein. Sonst wäre er nicht weit gekommen.

Es gab in Tripolis noch immer keinen Vertreter deutscher Interessen, obwohl als Vorläufer des Deutschen Reiches der „Deutsche Bund" entstanden war. Aber Rohlfs fand im fran-

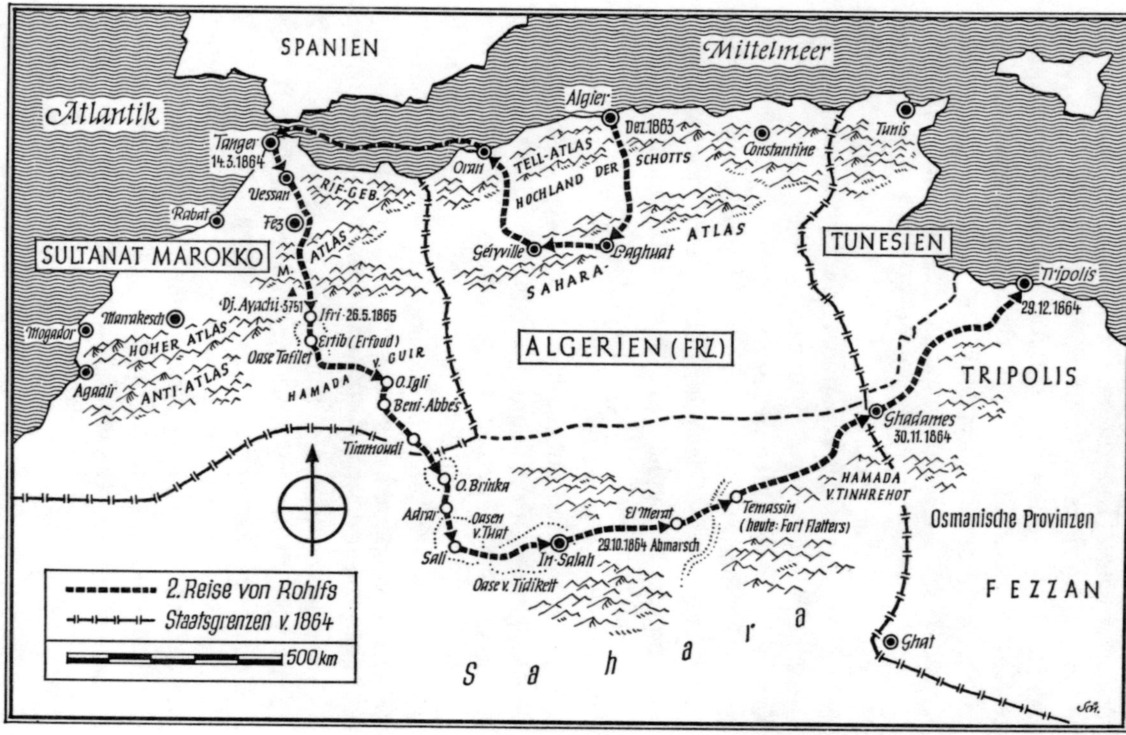
SPANIEN
Mittelmeer
Atlantik
Algier
Dez. 1863
Tunis
Tanger
14.3.1864
Oran
TELL-ATLAS
HOCHLAND DER SCHOTTS
Constantine
Uessan
RIF-GEB.
Rabat
Fez
M. ATLAS
Géryville
Laghuat
SAHARA-ATLAS
TUNESIEN
SULTANAT MAROKKO
Tripolis
29.12.1864
Dj. Ayachi 3751
Ifri 26.5.1865
Marrakesch
Mogador
HOHER ATLAS
Ertib (Erfoud)
Oase Tafilet
ALGERIEN (FRZ.)
V. GUIR
HAMADA
O. Igli
Beni-Abbès
Agadir
ANTI-ATLAS
TRIPOLIS
Ghadames
30.11.1864
Timmoudi
O. Brinka
HAMADA V. TINHREHOT
Adrar
Oasen v. Tuat
El Merat
Temassin
(heute: Fort Flatters)
Osmanische Provinzen
Sali
In-Salah
29.10.1864 Abmarsch
Oase v. Tidikelt
2. Reise von Rohlfs
Staatsgrenzen v. 1864
500 km
FEZZAN
Ghat
Sahara
Sch.

zösischen Generalkonsul Botta einen sehr hilfsbereiten Befürworter seiner Expedition. Botta war ein weitgereister Mann und Gelehrter von Ruf. Er hatte die assyrischen Keilschriften in Mesopotamien entziffert und die „Monuments de Ninive“ geschrieben, ein sehr geistvollen Werk über die frühen Kulturen an Euphrat und Tigris. Kanzler des Konsulats war Monsieur Lequeux, auch ein hochgebildeter Orientalist. In der anregenden Gesellschaft dieser beiden Männer verlebte Rohlfs seine schönsten Stunden. Es herrschte im Kreis der Konsulate eine rege und kultivierte Geselligkeit. Gerade weil es nur ein kleiner, internationaler Kreis war, der inmitten der islamischen Welt wie auf einer Insel lebte, fühlte man sich zueinander hingezogen. Der britische Konsul hieß Hermann, der österreichische Konsul Rossi und der Holländer Testa. Auch Bottas Familie stammte nicht aus dem Land, das er vertrat. Doch sie waren alle Berufskonsuln und nun auch Angehörige der Staaten, die sie entsandt hatten. Sie amtierten in Tripolis wegen ihrer besonderen Eignung für das Land und seine Verhältnisse. Sie beherrschten dessen Sprache, kannten die Geschichte und vertieften sich ins Studium der antiken Vergangenheit Tripolitaniens. Es war für Rohlfs ein Genuß, mit diesen kultivierten Leuten zu verkehren. Sie waren gastfrei und liebenswürdig und hielten es für selbstverständlich, dem deutschen Afrikaforscher in jeder nur möglichen Weise zu helfen. Dabei war keiner der Konsuln von Amts wegen dazu verpflichtet.

Der französische Generalkonsul verschaffte Rohlfs den Bu-Djeruldi, einen Reisepaß des türkischen Gouverneurs, weil er meinte, dies Papier könne praktisch mehr bedeuten als der Firman-ali des Sultans[1]. Den hatte Professor Petermann

[1] Der Firman des Sultans Abdul Asis hatte folgenden Wortlaut:
„Die Gesandtschaft Seiner Majestät des Königs von Preußen bei Unserer Pforte der Glückseligkeit hat mittels amtlicher Note Uns benachrichtigt, daß Mustafa-Bey, ein hochangesehener deutscher Untertan, eine Reise durch Afrika anzutreten gedenkt,

über den preußischen Gesandten in Konstantinopel für Rohlfs besorgt, aber der Sultan war weit weg und der Himmel sehr hoch, wie man sagte. Der Pascha von Tripolitanien aber war in der Nähe und wurde deshalb weit mehr gefürchtet. Als Generalgouverneur war er Chef aller türkischen Beamten und Offiziere in der Provinz.

„Nur in einer Hinsicht hat der Firman des Sultans für Sie gewisse Bedeutung", meinte Botta, „er wurde auf den Namen Rohlfs, genannt *Mustafa-Bey,* ausgestellt. Sie sind damit bei den Türken so etwas Ähnliches wie Baron in Ihrer Heimat oder ein Sir bei den Briten."

„Nur ein Versehen oder ein Schreibfehler, dieser Rang wurde mir nie verliehen ..."

„Spielt keine Rolle, mein lieber Mustafa-Bey, so steht's auf dem Papier, und darunter befindet sich das Handsiegel des Sultans. Was wollen die Leute noch mehr?"

und hat Uns gebeten, ihm einen Kaiserlichen Firman auszustellen. Wir fordern Dich daher auf, Generalgouverneur von Tripolitanien, diesen Mustafa-Bay, der in seiner Heimat Gerhard Rohlfs genannt wird, gastfreundlich aufzunehmen und ihm die gehörige Ehre zu erweisen. Du sollst ihn speisen und Quartier beschaffen. Du sollst ihm gegen Entgelt die notwendigen Treiber und Kamele beschaffen. Du sollst achtgeben, daß er wohlbehalten reist und daß ihm kein Leid geschieht. Zu diesem Zweck haben wir vorstehenden Kaiserlichen Firman erlassen. Gehorche gemäß seinem erhabenen Inhalt, und ebenso all jene, denen Du gebietest. Geschrieben am achten Tag des Monats Silkade im Jahr 1270

Abdul-Asis
Beherrscher der Gläubigen

(Die Moslems zählen die Jahre nach der *Hidschra,* das heißt nach dem Zeitpunkt der Auswanderung des Propheten Mohammed von Mekka nach Medina. Das war nach unserer Zeitrechnung am 16. Juli 622. Der arabische Kalender zählt aber nach Mondjahren, weshalb es leider nicht genügt, einfach 622 Jahre von unserer Zeitrechnung abzuziehen, um das entsprechende Jahr der Moslem zu wissen. Der Firman Rohlfs' wurde nach unserer Zeitrechnung am 3. November 1863 vom Sultan unterschrieben).

Man konnte sich nicht immer darauf verlassen, daß ein Firman des Sultans eine große Hilfe war. Das Papier trug geheime, nur für Eingeweihte sichtbare Zeichen, die mitunter das Gegenteil von dem bedeuteten, was in dem Dokument geschrieben stand, zum Beispiel: „Lasse diesen Mann spurlos verschwinden", oder „er steht im Verdacht, ein Spion zu sein". Auch der Grad der Behandlung wurde durch Geheimzeichen angegeben und nach verschiedenen Klassen eingeteilt. Es scheint, daß Rohlfs die zweite, vielleicht auch nur die dritte Klasse erhielt.

Botta schenkte ihm einen hübschen und intelligenten Hund, einen Spitz mit schneeweißem Fell. „Mursuk" hieß das Tier, ebenso wie die Hauptstadt der Fezzan im Süden von Tripolitanien. Er sollte sehr wachsam sein und würde bestimmt jeden Dieb durch Gebell vertreiben. Also ein nützlicher Begleiter auf der weiten Reise, falls er die Strapazen ertrug. Rohlfs schloß das Tier gleich in sein Herz. Er nahm Mursuk überall mit, wohin er ging, sogar zu den Hauskonzerten seiner Freunde. Der Hund hatte schnell begriffen, zu wem er gehörte, und hing an seinem Herrn.

Es war nun am wichtigsten für Rohlfs, daß er zuverlässige Begleiter fand. Auf die Treue Hamed Tadjanis konnte er sich verlassen, aber mit seiner Intelligenz war es nicht so weit her. Hamed ließ sich von gerissenen Leuten betrügen und verstand es nicht, sparsam mit den Vorräten umzugehen. Rohlfs brauchte noch einen Mann, der wirtschaften konnte, der sich mit geldgierigen Händlern herumschlug und ständig aufpaßte, daß nichts verlorenging. Bisher hatte er all das selbst gemacht, doch blieb ihm dann zuwenig Zeit für seine wichtigeren Aufgaben, vor allem zur Führung seines Tagebuchs und zum Zeichnen der Karten.

„Wissen Sie solch einen Mann?" fragte er jeden seiner Freunde. „Er muß seine Interessen zu meinen machen. Er muß so geizig sein, daß er jeden meiner Pfennige dreimal umdreht, bevor er ihn ausgibt."

Für gewöhnlich schob der arabische Diener erstmal einen Mariatheresien-Taler in die eigene Tasche, bevor er einen anderen Taler für seinen Herrn ausgab. Dann bekam er noch von den Händlern einen Backschisch, weil er sie so gut verdienen ließ.

„Vielleicht wüßte ich jemand, der genau Ihren Wünschen entspricht", sagte eines Tages der österreichische Konsul, „aber leider ist der Mann wegen Mordes vorbestraft."

„Es kommt darauf an, warum er den Mord beging."

Franz. Afrikareisender 1799–1838.

„Er hatte einen Korb Datteln gekauft, aber drunten im Korb lagen ein paar Steine, um das Gewicht zu erhöhen und damit natürlich den Preis. Diese Steine wickelte Mohammed Schtaui in ein Tuch, lauerte dem Betrüger auf und schlug ihm den Schädel ein. Weil der Kadi für den Zorn des Mörders gewisses Verständnis hatte, ließ er mildernde Umstände gelten. Schtaui wurde nur dazu verurteilt, einige Jahre in Amerika zu verbringen ..."

„Wie bitte?"

„Ja, die Verbannung über den Ozean, in ein Land der Christenhunde, das hält man hier für eine ausreichende Strafe, selbst in Fällen von Mord und Totschlag. Schtaui war Hafenarbeiter in New York, wo es ihm aber gar nicht gefiel. Er kam wieder zurück, erschien abermals vor dem Kadi und wurde begnadigt. Wollen Sie es mit ihm versuchen?"

„Aber gewiß, der Mann paßt mir ausgezeichnet, der wird nie mehr Steine statt Datteln kaufen."

So kam Mohammed Schtaui zu Mustafa-el-Nemsi. Er verjagte sogleich alle Bettler von der Schwelle des Hauses, schloß die Vorräte ein und bewilligte für Gäste nur noch halbe Portionen. Deshalb kamen weniger, und das ersparte Mustafa so manche unnötige Ausgabe.

Mit Schtauis Hilfe bestellte Rohlfs zehn Girbas. Sie mußten aus dem Leder sudanesischer Ziegen hergestellt sein, weil das besonders dauerhaft war und die Ziegen am größten. So eine Girba faßte ungefähr sechsunddreißig Liter. Damit das Wasser nicht faulte oder zu schnell verdunstete, wurden die Girbas mit Teer ausgestrichen. Das Fell ließ man daran, natürlich an der Außenseite. Es schützte vor Beschädigungen und vor allem beim Scheuern. Als Geschenkartikel beschaffte der schlaue Schtaui zu relativ günstigem Preis noch rote Mützen, gelbe Turbane, echte wie unechte Korallen sowie zwei Zentner Glasperlen der verschiedensten Art. Schon in Paris hatte Rohlfs fünfzigtausend Nähnadeln gekauft, natürlich von der einfachsten und gröbsten Sorte, dazu dreihundert Messer sowie Äxte, Kochtöpfe und Taschenspiegel, alles begehrte Tauschwaren in der Sahara und noch begehrter jenseits der großen Wüste. Für seine eigenen Zwecke besaß Mustafa-el-Nemsi wollene Decken, Teppiche, Moskitonetze, das notwendige Geschirr, sehr viel Schreibpapier, Gewehre, Pistolen und reichlich Munition sowie eine Kiste mit Medikamenten und Verbandzeug. Er war mit Instrumenten besser ausgerüstet als je zuvor. Für jedes Stück hatte er ein anderes als Ersatz vorgesehen. Heute würde jeder Europäer auf einer Safari noch Feldbett, Klapptisch und Faltstühle mitnehmen, auch viele andere scheinbar unentbehrliche Bequemlichkeiten. Aber Rohlfs hatte sich daran gewöhnt, wie ein Beduine zu leben, also brauchte er nichts dergleichen. Es gehört bekanntlich zur hohen Kunst des Reisens, sich sowenig wie möglich zu belasten. In diesem Sinne waren Geschenkartikel und Tauschwaren keine Belastung, denn sie erleichterten das Durchkommen in Gegenden, wo mit Geld nicht mehr viel zu machen war. Aber das persönliche Gepäck muß man beschränken. Je weniger ein Reisender davon abhängig ist, desto weiter wird er kommen.

„Wenn man die Kamele als Schiffe der Wüste bezeichnet", schreibt Rohlfs in einem seiner Briefe, „so halte ich das für sehr zutreffend. Überhaupt ist eine Reise durch die Sahara sehr wohl mit einer Schiffsreise zu vergleichen, und zwar mit der Reise eines Segelschiffs. Der Kapitän muß im vorhinein alles bedenken, was unterwegs gebraucht wird, denn er kann das Fehlende während der Fahrt nicht ergänzen. Wasser und Proviant sind am wichtigsten, wobei man immer zu bedenken hat, daß mitunter die Reise viel länger dauern kann, als vorausgesehen war. Ebenso wie die Segelschiffe müssen auch Kamele in bestem Zustand die Reise antreten und dürfen nur soviel tragen, wie auf die Dauer ihrer Tragfähigkeit entspricht. Man braucht eine erfahrene Mannschaft, die an

Wind und Wetter gewöhnt ist. Es erinnert an die Zeit der Seeräuber, wenn ich sage, daß man auch gute Waffen braucht, um sich der Räuber auf einer Reise durch die Wüste zu erwehren. Wir richten uns nach dem Kompaß und den Gestirnen, um den Weg zu finden, ebenso wie ein Seefahrer. Die Wasserstellen sind Inseln, die wir anlaufen müssen, um die Girbas wieder zu füllen. Das müssen von Zeit zu Zeit auch die Segler, es ist fast das gleiche. Wann wir unser Ziel erreichen und ob wir es überhaupt erreichen, steht in Gottes Hand. Sandstürme können unseren Marsch verzögern, unvorhergesehene Ereignisse können uns zwingen, eine andere Route einzuschlagen. Damit hat auch der Kapitän eines Seglers zu rechnen. Es gibt da viele Gemeinsamkeiten."

Von allen Kenntnissen, die ein Afrikaforscher besitzen müsse, erklärt Rohlfs an einer anderen Stelle, sei die Kenntnis der eigenen Person am wichtigsten. Aber nur wenige Leute sind imstande, sich selbst objektiv zu beurteilen. Nicht was man gern leisten möchte ist wesentlich für den Erfolg, sondern was man tatsächlich leisten kann. Wo aber liegen die Grenzen der körperlichen Kräfte? Bis zu welchem Grad der Schwierigkeit reicht der Wille, durchzuhalten? Welche Strapazen darf man sich zumuten, wieviel Geduld kann man aufbringen, mit welcher Menge an Nahrung und Wasser kann man zur Not gerade noch auskommen? Und Rohlfs weist darauf hin, daß es für den Stolz eines rechtschaffenen Mannes außerordentlich schwer sei, die Flüche, Kränkungen und Beschimpfungen schweigend hinzunehmen, mit denen die einheimische Bevölkerung so oft den Fremden schmäht. Haß und Mißtrauen gegen jeden, der anders ist als man selbst, gehört zu den besonderen Eigenschaften der geistig Zurückgebliebenen. Man reizt sie nur durch Erwiderungen oder gar durch den nutzlosen Versuch, sie eines Besseren zu belehren.

Rohlfs konnte alles ertragen, er ließ sich nicht zu unbedachtem Ärger hinreißen. Aber wenn man versuchte, sich an ihm zu vergreifen, hatte er blitzschnell die Waffe in der Hand. Doch es durfte keinen Augenblick zu früh geschehen und natürlich auch keinen zu spät. Selbstbeherrschung bis zur äußersten Grenze der Möglichkeit schien ihm jedenfalls besser zu sein als die Schüsse aus einer Pistole.

„Andere Menschen richtig einzuschätzen, das ist nirgends so unentbehrlich wie bei Reisen in Afrika", schreibt Rohlfs in seinem Bericht, „weil es täglich darauf ankommt, sich auf ihre Mentalität einzustellen. Gefahren drohen ja nur von einer Seite, von den Menschen. Aber wie schwer ist es bei so vielen Gelegenheiten, den Freund vom Feind zu unterscheiden."

Als seine Vorbereitungen beendet waren, brach er nicht sogleich zur großen Reise auf, sondern unternahm erst einen Probemarsch zu den Ruinen der römischen Stadt Leptis Magna, zwei Tage weit von Tripolis entfernt. Er hatte sechs Kamele gemietet und dazu drei Kameltreiber. Dorthin nahm er schon alles mit, was zu seiner Expedition gehörte, natürlich auch den Hund. Für sich hatte Mustafa-el-Nemsi ein Reitkamel, Hamed und Schtaui zogen es vor zu laufen. Da sie nichts zu tragen hatten, war ihnen der feste Boden lieber als das Geschaukel im hohen Sattel. Mit den Kamelen und Treibern war Mustafa zufrieden, auch das übliche Umpacken, das neue Verschnüren und das Ausbalancieren der Lasten ging recht gut. Die Kamele liefen ihren Trott, die Gurte blieben fest, und die Girbas verloren keinen Tropfen.

Heute ist die alte Römerstadt vom Sand befreit und ein beliebtes Ziel für Touristen, zumal die Reste der Tempel, der Wohnhäuser, der Bäder und Paläste noch gut erhalten sind. Damals schauten nur wenige Säulen aus dem Sand, man konnte nicht ahnen, was noch alles darunter lag. Rohlfs war dennoch tief beeindruckt und staunte vor allem über die Bewässerungsanlagen der römischen Baumeister. Wo jetzt nur

Steppe und Wüste war, hatten sich im Altertum Weizenfelder und Olivenhaine ausgedehnt. Leptis Magna war eine blühende Stadt gewesen, eine Metropole des Handels, der Gelehrsamkeit und des kultivierten Lebens. Nur der gemeißelte Marmor, nur geborstene Säulen ließen noch ahnen, welch hohe Zivilisation einst in Leptis Magna geblüht hatte. Die wenigen Bewohner der Gegend wußten nicht, woher die Steine stammten.

„Der Scheitan hat hier gehaust, bevor ihn Allah vertrieb", erklärten sie dem Rumi, „vielleicht haben auch verdammte Christenhunde diese heidnischen Steine hergebracht."

Neben den Ruinen wurde das Nachtlager aufgestellt, und zum erstenmal wohnte Mustafa-el-Nemsi in dem schönen, geräumigen Zelt, das er sich in Paris gekauft hatte. Dort war es für einen türkischen Pascha hergestellt worden, der aber nichts mehr von sich hören ließ. So konnte es Rohlfs billig erwerben. Als er bei Mondlicht, nur von seinem Hund begleitet, durch die verfallenen Tempel ging, schlichen Diebe ins Zelt. Sie stahlen einen Revolver, den er Hamed geschenkt hatte, und holten den Säbel Mohammed Schtauis. Das durfte Mustafa nicht so ohne weiteres hinnehmen, sonst war es um seinen Ruf geschehen. Früh am Morgen ging er zum *Kaimakan,* dem türkischen Ortsvorsteher, zeigte ihm seine Papiere und verlangte die sofortige Herausgabe der gestohlenen Sachen. Der Beamte zitterte am ganzen Leib, als er das Siegel des Sultans sah und dazu noch den Bu-Djeruldi des Paschas von Tripolis. Aber den Revolver und den Säbel konnte er nicht herbeischaffen, hatte auch keine Ahnung, wer der Dieb sein mochte.

„Dann sperre alle Männer der Ortschaft so lange in ein gutbewachtes Haus, bis sie uns den Schurken verraten."

„Und wenn sie's nicht wissen ...?"

„Dann sollen sie hundertfünfzig Franken Strafe zahlen, der Dieb gehört ja zu ihrem Dorf."

Ein sehr ungerechtes Verfahren für unsere Begriffe, aber so war es üblich im ganzen Orient. Die Gemeinschaft mußte für einen Täter aus ihrer Mitte einstehen, wenn er nicht zu fassen war. Blieb hier der Diebstahl ohne Bestrafung, wo noch eine türkische Verwaltung bestand, würde man überall versuchen, die Karawane auszuplündern.

Bis zum späten Abend saßen die Familienväter hinter Schloß und Riegel, dann ließ der Kaimakan bitten, Mustafa-Bey möge sich mit fünfzig Franken und einem fetten Hammel begnügen, mehr könne das Dorf nicht aufbringen. Er war nach absichtlich langem Zögern damit einverstanden, zumal er sicher sein konnte, daß der Dieb hernach eine tüchtige Tracht Prügel bezog. Das Geld stiftete Mustafa der Moschee und überließ den Hammel seiner Gefolgschaft. Er hatte sein Gesicht gewahrt und großen Eindruck gemacht. So schnell wie der Wind würde sich die Kunde verbreiten, daß es sehr schädliche Folgen hatte, wenn man ihn beraubte. Als er nach Tripolis zurückkam, wußten auch schon seine Freunde von der Geschichte. Man erzählte sich auf dem Markt, der Mustafa-Bey habe einen ganzen Stamm einsperren lassen und als Schadenersatz tausend Franken verlangt. Das konnte nur gut sein, je weiter sich die Nachrichten verbreiteten, desto mehr wurden sie ausgeschmückt.

Am Tage vor der endgültigen Abreise gaben die Konsuln für Gerhard Rohlfs noch ein großes Fest. Alle wichtigen Persönlichkeiten der Stadt erschienen, auch Mahmud-Pascha, der Gouverneur von Tripolitanien. Eine der Damen spielte „Adelaide" von Beethoven, weißgekleidete Mädchen sangen ein Abschiedslied, und der Statthalter des Sultans hielt eine Rede. Zu dem ausgezeichneten Diner wurde Champagner serviert, ein unerhörter Luxus für die damalige Zeit in Tripolis.

Indessen nahm auch Hamed Tadjani Abschied von seinen Freunden. Wenn sie als bescheidene Leute auch nur Araki genossen, so war das doch ein sehr scharfer Schnaps und wirkte stärker als Champagner. Man mußte Hamed nach Hause bringen und völlig entkleiden, da er sich in seiner Trunkenheit besudelt hatte. Wenig später wachte er wieder auf, und weil ihm Mustafa eingeschärft hatte, sich gleich frühmorgens zu melden, machte sich Hamed auf die Suche nach seinem Herrn. Dabei schien er nicht zu merken, daß es noch vollkommen dunkel war. Irgend jemand sagte ihm, wo Mustafa-el-Nemsi zu finden sei. Und so kam es, daß der schwankende Hamed ohne einen Fetzen am Leib plötzlich inmitten der vornehmen Gesellschaft erschien.

„Ich soll ganz früh kommen, hast du gesagt", rief er mit lallender Stimme, „hier bin ich . . . was soll ich tun?"

Die Damen hielten ihre Fächer vors Gesicht, die Herren brachen in dröhnendes Gelächter aus, während Rohlfs seinen splitternackten Diener schnell in ein Tischtuch hüllte.

Es war der Höhepunkt des Festes, noch viele Jahre später wurde jedem Fremden, der nach Tripolis kam, davon erzählt.

Geheimnisse in Ghadames

„E-hoha ... E-hoha!“ schrien die Kameltreiber, und nach anfänglichem Zögern setzten sich die Tragtiere in Bewegung.

„Juh ... juh ... juh“, riefen die Weiber, rangen die Hände und beklagten schluchzend den Abzug ihrer Männer. So herzzerreißend, wie es klang, war es wohl nicht gemeint, aber es gehörte sich so vor den Leuten.

Am 20. Mai 1865, morgens gegen acht Uhr, begann die dritte und größte Reise Gerhard Rohlfs'. Wie lange sie dauern würde und wo sie eines Tages enden mochte, war völlig ungewiß. Wenn es dieser Expedition ähnlich erging wie anderen mit ebenso weit gestecktem Ziel, war kaum damit zu rechnen, daß alle Teilnehmer zurückkamen. Rohlfs wußte es, und seine Freunde dachten daran. Bis zu dem Brunnen von Bu-Meliana, am Rande der Dünen, begleiteten sie die Karawane. Dort wurde haltgemacht, der französische Generalkonsul entkorkte ein paar Flaschen, und man trank auf das Gelingen des Unternehmens. Je ernster hierbei die Gedanken waren, desto größere Mühe gaben sich die Herren, Heiterkeit vorzutäuschen. Man lachte und scherzte, Rohlfs ließ die Damen grüßen, bedankte sich für die Gastfreundschaft und versprach, auf dem Rücken von Elefanten wiederzukommen. Endlich war es soweit, zum letztenmal schüttelte man sich die Hände. Danach stiegen die Herren aus Tripolis zu Pferde und ritten nach Hause.

„E-hoha“, riefen die Kameltreiber, und nach Süden wanderte die Karawane.

Dem Sand folgte Schotter und dem Schotter eine Serir. Danach kam wieder Steppe und bald eine Niederung mit fruchtbarem Boden. Es gab Felder, Gärten und zahlreiche Dattelpalmen. Aber die Menschen lebten in ärmlichsten Verhältnissen, obwohl sie offenbar mehr Lebensmittel erzeugten, als sie für ihren Unterhalt brauchten. Sie gingen in Fetzen und lebten in zerrissenen Zelten. Nach Ansicht Mustafa-el-Nemsis war ihr Elend eine Folge der türkischen Mißwirtschaft. Man preßte soviel Steuern und Abgaben aus den Leuten heraus, nahm ihnen auch den größten Teil der Ernte weg, so daß sie kaum noch imstande waren, ihr Leben zu fristen.

Am nächsten Tag, als sich die Expedition dem ersten Vorgebirge näherte, kam ihr eine Sklavenkarawane aus Mursuk entgegen. Abgemagerte Männer, Weiber und halbwüchsige Kinder, alle mit gefesselten Händen und durch Astgabeln miteinander verbunden, schritten schwankend und schweigend vorüber. Wenn eine der Gestalten strauchelte, knallten die Menschentreiber mit der Peitsche. So war es in ganz Nordafrika, und so konnte man das auch dicht bei Tripolis sehen, obwohl die türkische Regierung immer wieder hoch und heilig versicherte, der Sklavenhandel sei in all ihren Provinzen aufs strengste verboten. Dabei wußten selbst die Konsuln in der Stadt, daß Mahmud-Pascha, des Sultans Vertreter, von den Händlern zehn Franken pro Sklave erhielt. Also störte er die Geschäfte nicht, sondern war bedacht, sie zu fördern.

Mustafa-el-Nemsi folgte nicht dem gleichen Weg nach Ghadames, den er schon im vorigen Jahr zurückgelegt hatte, sondern marschierte zunächst in Richtung der Oase Misda. Wollte er sich doch keine Gelegenheit entgehen lassen, andere Landschaften zu erkunden. Seine Karawane kreuzte das Wadi Madjar und überquerte die Ghorian-Berge. Deren Hänge waren kahl und steil, aber in den Schluchten gedieh üppige Vegetation. Neben kleinen, zum Teil ausgetrockneten Bächen standen Dattelpalmen, Olivenbäume und Orangenbüsche. Meilenweit dehnten sich Feigenwälder aus. Doch am

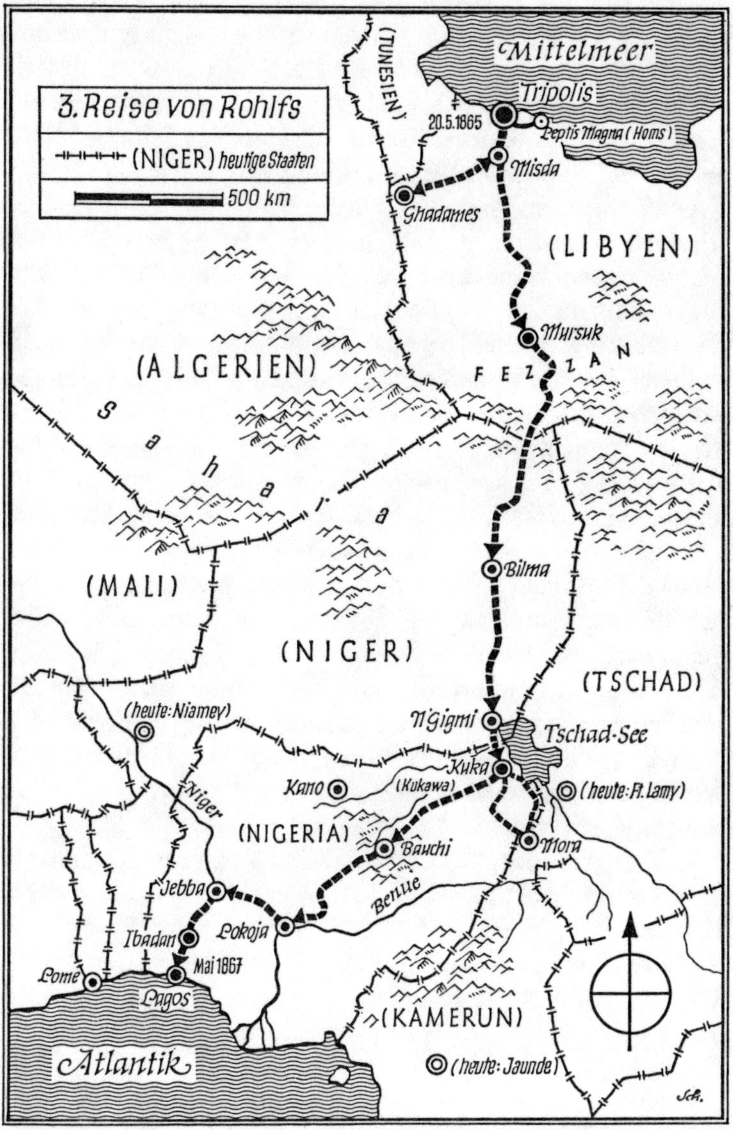

3. Reise von Rohlfs
(NIGER) heutige Staaten
500 km
Mittelmeer
Tripolis
Leptis Magna (Homs)
Misda
20.5.1865
(TUNESIEN)
Ghadames
(LIBYEN)
Mursuk
FEZZAN
(ALGERIEN)
Sahara
(MALI)
Bilma
(NIGER)
(TSCHAD)
(heute: Niamey)
N'Gigmi
Tschad-See
Kuka
(Kukawa)
Kano
(heute: Ft. Lamy)
Niger
(NIGERIA)
Bauchi
Mora
Jebba
Benue
Lokoja
Ibadan
Mai 1867
Lome
Lagos
(KAMERUN)
Atlantik
(heute: Jaunde)
Sch.

dritten Tag war es damit vorbei, das Gelände wurde sehr schwierig, denn vor der Karawane erhoben sich senkrechte Felswände. Nur ein schmaler, sehr steiler Pfad führte in vielen, engen Serpentinen zur Höhe hinauf. Schritt für Schritt, gezogen und gestoßen, kletterten die Kamele nach oben. Oft sah es aus, als würden sie stürzen. Die Reiter saßen ab, die Treiber fluchten, und die Wände hallten wider von dem schrillen Protest der geplagten Tiere. Aber es geschah kein Unglück, und keine Last ging verloren. Danach folgte ein tageweiter Marsch über flachen Felsboden und ein Nachtlager auf dem windigen Hochplateau. Am frühen Morgen ging es dann hinunter in tiefer gelegenes Land. Das war noch gefährlicher als der Aufstieg, denn Kamele haben die Eigenschaft zu rennen, wenn der Weg bergab führt. Sie können oder wollen nicht bremsen, sondern laufen immer schneller. Die Treiber hingen an ihrem Schwanz, um sie zu halten, wurden aber mitgerissen. Säcke, Kisten und Girbas rutschten auf den Hals der Kamele, was sie zornig machte und zu noch schnellerem Tempo antrieb. So geriet alles in Panik und völlige Verwirrung. Wenn sich dennoch kein Mensch und kein Tier die Beine brach, kam das einem Wunder gleich. Unten wurden die Kamele wieder eingefangen, und man brachte die Verteilung der Lasten in Ordnung. Nach einer dringend notwendigen Ruhepause konnte der Marsch in der alten Ordnung weitergehen.

In Kasr Ghorian, wo eine türkische Kompanie stationiert war, gönnte Mustafa seiner Karawane zwei Tage Rast. Er besuchte den Kommandanten und zeigte ihm den Bu-Djeruldi, jenen Reisepaß, den Mahmud-Pascha ausgestellt hatte. Das Papier hatte sogleich die gewünschte Wirkung. Die Karawane erhielt Wasser und Verpflegung sowie Brennholz für ihr Lagerfeuer. Mustafa-Bey bedankte sich mit Geschenken, wobei er keinen der Offiziere vergessen durfte. Zur Garnison der Oase gehörte auch ein Militärarzt, der zu Ehren der fremden Reisenden seine Galauniform angelegt hatte. Er konnte nicht wissen, daß auch der Rumi ein Arzt war, und zeigte ihm voller Stolz sein Lazarett. Sogar bei der Behandlung von Kranken ließ er Mustafa zusehen. Was von den Ärzten der damaligen türkischen Armee zu halten war, steht im Reisebericht, den Gerhard Rohlfs später verfaßte: „Ich teile sie ein in Wissende, Halbwissende und ganz Unwissende. Die Wissenden kennen von der Heilkunde etwas mehr als bei uns die Bader und Barbiere, jedenfalls ebensoviel. Von den übrigen will ich lieber nicht reden."

Einer der Kameltreiber klagte über Schmerzen im Rücken, vermutlich litt er an einem Hexenschuß. Aber von dem türkischen Arzt wollte er nichts wissen, auch die Salben Mustafas lehnte er ab. Er wußte selbst ein viel besseres Mittel. Der Mann setzte sich ins Steppengras, ergriff mit beiden Händen ein Grasbüschel und band einen doppelten Knoten hinein.

„Jetzt muß der kleine Teufel hierbleiben, der mich so gequält hat", meinte er dazu, „den hab' ich da im Gras festgebunden."

War es Einbildung oder nicht, jedenfalls verschwanden die Schmerzen.

Zwei Tage lang überquerte die Karawane eine Hamada. Das Gestein war so scharfkantig, daß die Pfoten des armen Hundes zu bluten begannen. Er setzte sich nieder und heulte. Rohlfs hob ihn auf und nahm ihn zu sich auf sein Kamel. Es gefiel „Mursuk" so gut, daß er von nun an immer öfter reiten wollte. Sogar auf ein Lastkamel konnte man ihn setzen. Er verstand auch bei den stärksten Schwankungen droben zu bleiben. Je weiter man kam, desto mehr Aufsehen erregte der Hund. Ein solches Tier mit so langer, schneeweißer Behaarung war im Landesinneren unbekannt. Dort gab es nur die schlanken, glatthaarigen Slugis, eine Art von Windhunden. Ein Spitz war davon so völlig verschieden, daß man gar nicht glauben wollte, er sei auch ein Hund. Man hielt „Mursuk" für ein anderes Tier, für ein ganz merkwürdiges Geschöpf, das vielleicht vom Himmel gefallen war. Deshalb wurde es auch von Mustafa-el-Nemsi mit so auffallender Freundlichkeit behandelt und durfte reiten.

Am 30. Mai gelangte die Expedition nach Misda, einem Ort mit etwa fünfhundert Einwohnern. Sie gehörten zur Sekte der Senussi, die alle Lehren Mohammeds besonders treu und genau befolgte. Aber leider lebte auch ein Räuber im Städtchen, Omar-Bu-Cheil mit Namen, den die frommen Leute duldeten, weil er versprochen hatte, ihnen selbst nichts zu tun. Nur auf Fremde oder Durchreisende hatte es Omar abgesehen. In Misda konnte er am besten feststellen, wer ging und wer kam, was seine Opfer bei sich hatten und wie sie bewaffnet waren. Dann verständigte er seine zwanzig Spießgesellen, die sich draußen herumtrieben. Alsdann erfolgte der Überfall. Weil sich nicht alle Tage eine gute Gelegenheit fürs Berauben ergab, waren Omar und seine Banditen des öfteren arbeitslos. Sie wurden dann von den Misdani beherbergt und verpflegt. So hatten es sich die Straßenräuber ausbedungen. Dafür schonten sie die Bewohner der Ortschaft. Wohl deshalb hatte man Omar-Bu-Cheil einen Anbau der Moschee als festen Wohnsitz zur Verfügung gestellt.

Als nun der Räuberhauptmann sah, wie Hamed Tadjani seine Doppelbüchse an den Brunnen der Moschee lehnte, um mit beiden Händen die Trinkschale zu fassen, kam er schnell herbei und holte sich die Waffe. Hamed lief zu Mustafa, ihm den Verlust zu melden. Der schickte seinen Diener Schtaui zu dem Räuber und verlangte das Gewehr zurück. Worauf Omar-Bu-Cheil die freche Antwort gab, das Gewehr habe er sich genommen, weil es ihm gefiel. Wenn Mustafa-el-Nemsi die Doppelbüchse zurückhaben wollte, könnte er sie ihm ja abkaufen. Das war eine Unverschämtheit sondergleichen. Mustafa durfte sie keinesfalls hinnehmen. Wieder stand sein Ansehen auf dem Spiel. Er rief sogleich die Ratsleute von

Misda zusammen und drohte, die Soldaten aus Ghorian zu holen, falls man ihm das Gewehr nicht sofort zurückgab. Dabei schwenkte er seinen Bu-Djeruldi und versicherte, daß die Türken ganz Misda verbrennen würden. Drei Unterhändler begaben sich zu Omar in die Moschee, nach endlos langem Palaver war der Räuberhauptmann bereit, den Misdani gegen angemessene Bezahlung die Waffe zu überlassen. Die brachten sie Mustafa zurück und erhielten ein Bakschisch für ihre Mühe, wie sich das gehörte.

Doch es dauerte nicht lange, da erschien Omar-Bu-Cheil selbst bei Mustafa, begrüßte ihn freundlich und setzte sich nieder.

„Du siehst, Mustafa-Bey, ich und meine Freunde, wir können uns nehmen, was wir wollen. Aber ich bin ein ehrlicher Mann, ich und meine Freunde werden die Karawane bis nach Ghadames beschützen, wenn du uns dafür zwei Taler pro Tag vergütest."

Mustafa sagte erst nichts, sondern ließ sich seine zwei Gewehre bringen.

„Dies hier ist eine Lefaucheux mit achtzehn Schuß im Magazin", erklärte er dem Bandenchef, „und das ist mein Stutzen, aus dem ich acht Kugeln abfeuern kann, ohne zu laden. Deine Bande zählt aber nur zwanzig Mann. Es reicht also für alle deine Freunde, dann bleiben mir immer noch sechs Kugeln, um dich selbst zu durchlöchern!"

So fabelhafte Schußwaffen hatte Omar noch nie gesehen, aus seinem eigenen Vorderlader konnte man immer nur einen Schuß abgeben. Dann mußte umständlich wieder geladen werden.

„Wenn dem so ist", meinte er, „kannst du unbesorgt sein, Mustafa-Bey, ich wünsche dir eine gute Reise."

Aber so bald konnte die Karawane nicht weiterziehen, denn es erschienen ein Dutzend Tuareg zu Besuch. Sie waren Gefolgsleute Si-Otman-ben-Bikris und brachten herzliche

Grüße ihres hohen Herrn. Wohl oder übel mußte man sie bewirten. Denn es war ja so, daß die Tuareg alle Karawanenwege in der zentralen Sahara beherrschten. Ohne ihre Begleitung und ohne ihre Kamele gab es für Mustafa kein Durchkommen nach Süden. Von ihrer Freundschaft, zumindest von ihrer Mitwirkung hing alles ab. Außerdem war es doch sehr beruhigend, daß gerade Si-Otman seine Grüße sandte, der sich im vorigen Jahr, als Mustafa nach In-Salah kam, erst so feindselig gezeigt hatte. Schon auf der Reise nach Ghadames war er freundlicher geworden, und nun ließ er Mustafa sagen, daß er bereit sei, ihn auf jede Weise zu unterstützen. Si-Otman plante eine Handelsreise mit großer Karawane an den Tschad-See und vielleicht bis in das Sultanat Bornu. Seinen guten Freund Mustafa würde er dabei gerne mitnehmen, und er schlug vor, sich in Ghadames zu treffen.

Mohammed Schtaui, der alte Geizkragen, weinte vor Wut, als er sah, mit welchem Heißhunger die Tuareg über die Speisen herfielen, die sein Herr auftragen ließ. Jeder von ihnen schien so hungrig zu sein wie eine neunköpfige Raupe. Sie verschlangen Portionen, die für eine dreifache Zahl gewöhnlicher Männer gereicht hätten. Aber man mußte so gastfrei sein, dafür schworen sie Mustafa ewige Freundschaft. Was er für sie getan hatte, würde Si-Otman zehnfach vergelten.

Als die Karawane ihren Marsch wieder aufnahm, führte der Weg über einen scheinbar endlosen Erg. Die Hitze stieg schon gegen zehn Uhr morgens auf vierzig Grad Celsius. Der Boden war glühend heiß, aber „Mursuk“ hatte es sich in den Kopf gesetzt zu laufen, ganz gegen jede Vernunft. Gegen Mittag betrug die Temperatur des sonnenbeglühten Sandes siebzig Grad. Da brannten ihm die Pfoten, er winselte vor Schmerz und verlangte, daß ihm geholfen werde. Statt ihn auf einem Kamel festzubinden, was sicher das beste gewesen wäre, ließ Mustafa das Lager aufschlagen und bastelte vier kleine Sandalen für seinen eigensinnigen Liebling. Die wurden dem „Mursuk“ an die Pfoten gebunden. Jeder andere Hund hätte sie gleich wieder abgerissen, aber er schien den Sinn der Sache gleich zu verstehen. Er duldete die Pfotenschützer und lief sehr zufrieden damit herum. Ganz bestimmt trug „Mursuk“ die ersten Hundesandalen in der Sahara. Wegen seiner Wachsamkeit war er unentbehrlich für die Karawane. Der Hund ersetzte die sonst notwendigen Wächter.

Die Expedition zog durch Ergs, Hamadas und Serirs. Sie überquerte das Wadi Sufedjan und den Bergrücken el-Brikk. Am Brunnen Ahadir-el-Cheil wurden die Girbas wieder gefüllt. Aber der Bir-el-Khab war leer, man mußte einen weiten Umweg machen, um Wasser zu finden. Danach ging es über die Ebene Juff-Juff, durch die Wadis Mimua und el Bir, sodann vorbei am Djebel-el-Dub. Hier gab es Höhlen, deren Wände von Felsmalereien bedeckt waren. Die längst verschwundenen Ureinwohner der Landschaft hatten Jagdszenen dargestellt, in genau der gleichen Art und den Farben wie die vorgeschichtlichen Höhlenbewohner Europas. Neben Gazellen, Löwen, Schakalen und Straußen waren auch große Antilopen, Elefanten und Nilpferde zu sehen, Tiere also, die schon seit undenklichen Zeiten nicht mehr hier leben konnten. Also wieder ein Beweis dafür, daß früher einmal die Sahara keine Wüste gewesen war. Als die Höhlen bemalt wurden, vor vielen tausend Jahren, mußte es hier Buschwald und grüne Steppe gegeben haben, und Flüsse strömten durch das Land. Warum sich im Laufe der Zeit alles in Wüste verwandelt hatte, darüber gehen die Meinungen der Gelehrten weit auseinander.

Nun gab es in der Gegend, wenn noch etwas Gestrüpp vorhanden war, nur Gazellen und gelegentlich ein paar Strauße, Hyänen oder Schakale.

Die Berge blieben zurück, und wieder ging es in steinige Wüste. Die Hitze war fürchterlich. Die Kamele fanden nicht genug Futter, und die Männer magerten ab. Mustafa selbst hatte so viel an Gewicht verloren, daß er seinen Gürtel um eine Handbreit enger schnallte. Er litt unter Magenbeschwerden und zunehmender Schwäche. Er glaubte, den Beginn einer ernsten Krankheit zu fühlen, schluckte Chinin- und Opiumtabletten, doch ohne Besserung zu spüren.

Am 5. Juni kam die Expedition zur großen Oase Derdj, die von ungefähr sechshundert Menschen bewohnt wurde. Fast dreißigtausend Dattelpalmen gediehen bei der Ortschaft. Doch fast alle Familien der Oase waren in die Schuld-Knechtschaft der gerissenen Kaufleute von Ghadames gefallen. Ihnen gehörten nun die Palmen. Nur den geringsten Teil der Ernte durften die Derdjer für sich behalten. So herrschte tiefste Armut in der an sich reichen Oase. Sie war kein Erholungsort für die müden Männer und Tiere der Karawane. Schon am nächsten Morgen zogen sie weiter, langsamer und beschwerlicher denn je. Die Reiter mußten absteigen, damit man auch ihre Kamele mit Gepäck von den anderen Tieren belasten konnte. Die täglichen Rationen wurden gekürzt, auch mit Wasser durfte man nicht mehr so großzügig umgehen wie bisher. Die glühende Hitze zwang zum Marschieren bei Nacht. Aber nun war ein großes Zelt vorhanden, in dem alle Männer Schutz vor der Sonne fanden, natürlich auch der Hund, um dessen Wohlergehen sich Mustafa sorgte.

Elf Tage nach dem Abmarsch von Derdj, fast vier Wochen nach der Abreise von Tripolis, erschienen die weißen Mauern von Ghadames am Horizont. Mustafa hatte hier viele gute Bekannte und freute sich darauf, für einige Tage Ruhe zu finden. Die Kamele und Treiber blieben draußen, neben einem der römischen Türme, wo sie mit Futter und Wasser versorgt wurden. Nur von Hamed, Schtaui und seinem Hund begleitet, ging Mustafa durch die dunklen Gänge zum Marktplatz. Natürlich erkannte man ihn sofort, und die Menschen strömten herbei. Als die Leute „Mursuk" sahen, das unbekannte

Tier, verloren sie alles Interesse an Mustafa. Dies weiße Wesen mit dem buschigen Ringelschwanz erschien als ein Wunder und war die Sensation des Tages. Die Menschen stießen sich beiseite, um einen Blick auf den Spitz zu werfen. Und der begriff sogleich, daß er im Mittelpunkt der Menge war. „Mursuk" machte Männchen, drehte sich im Kreis und schnappte elegant nach Fliegen. Manche Leute meinten, er käme vom Mond, und andere sagten, er müsse wohl ein kleiner Junge sein, den Allah verzaubert hatte.

Leider regierte nun ein anderer Gouverneur in Ghadames, Kassem-Pascha mit Namen, der Mustafa-el-Nemsi nicht gerade freundlich empfing. Er hatte sich aus irgendeinem Grund über den Generalgouverneur in Tripolis geärgert und wollte den Bu-Djeruldi Mahmud-Paschas nicht anerkennen, obwohl dieser eigentlich sein Vorgesetzter war. Erst als Mustafa den Firman-ali des Sultans aus der Tasche zog und mit Beschwerde in Konstantinopel drohte, ließ sich der grimmige Mann herbei, die Fremden als Staatsgäste zu behandeln. Er stellte Mustafa-Bey ein geräumiges Haus an der Stadtmauer zur Verfügung, schenkte ihm Lebensmittel und Brennholz. So war in dieser Hinsicht alles in Ordnung. Nur wußte niemand zu sagen, wann Si-Otman in Ghadames eintreffen werde. Es blieb Mustafa nichts anderes übrig, als zu warten, wie lange das auch dauern mochte. Nur auf Si-Otman hörten die Tuareg, nur wenn Si-Otman es wünschte, wollten sie Mustafas Karawane durchs Hoggar-Gebirge begleiten. Es gab keine andere Möglichkeit, um von Ghadames aus den südlichen Rand der Sahara zu erreichen.

Die Hitze im Haus stieg gegen Mittag auf fünfzig Grad, es war kaum darin auszuhalten. Mustafa erkrankte an Darmbluten, er hatte hohes Fieber und taumelte beim Gehen. Chinin und seine anderen Medikamente wirkten nicht, er war am Ende seiner Kräfte. Was ihm schließlich zu langsamer Besserung verhalf, war eine Sendung französischen Rotweins, den ihm Botta mit der amtlichen Kurierpost aus Tripolis geschickt hatte. Es vergingen aber noch Wochen, bis sich Mustafa wieder ganz erholte.

Er schlief bei Nacht auf dem Dach seines Hauses, wo der Luftzug einigermaßen kühlte. Aber tagsüber durfte sich kein Mann dort blicken lassen, dann gehörten die Dächer den Frauen. So abgeschlossen sie scheinbar von allen Männern lebten, mit Ausnahme ihres eigenen, wußten sie doch immer, was Mustafa tat und wo er sich befand. Sie schauten wohl durch die Ritzen der Fensterläden, sie schickten ihre Kinder und jungen Geschwister aus, die herumspionierten. Sie hatten offenbar viele Möglichkeiten, alles zu erfahren. Mehrmals glaubte Mustafa, in den dunklen Gängen einer jungen Frau in Männerkleidern zu begegnen. Er hörte es an ihrem Schritt und fühlte es bei leichten Zusammenstößen. Als Mustafa seinen Freunden gegenüber erwähnte, daß er in Paris Henri Duveyrier besucht hatte, sprach sich das wie ein Lauffeuer herum.

Es war wirklich so, wie der charmante Franzose gesagt hatte, die Frauen verstanden es, sich einem Mann zu zeigen, wenn sie nur wollten. Da erlebte jetzt Mustafa auf seinen Spaziergängen so manche Überraschung. Als ein vermeintlicher Targi[1] den Schleier hob, kam das Gesicht einer jungen Frau zum Vorschein, die nach Duveyrier fragte. Das geschah nicht einmal, sondern des öfteren. Man steckte Mustafa silberne Amulette mit Koransprüchen zu, die er seinem Freund in Frankreich geben sollte. Duveyrier hatte als erster entdeckt, was anderen Forschern entgangen war, nämlich die Schlauheit der hübschen Frauen von Ghadames. Sie verkleideten sich als Tuareg, um heimlich zu treffen, wen sie wollten. Ihre Männer und Väter schienen davon nichts zu ahnen.

[1] „Targi" ist die Einzahl von Tuareg. Wie schon erwähnt, tragen bei den Tuareg die Männer den Schleier, den sogenannten *Litham,* während die Frauen unverschleiert sind. Bei den Arabern ist es umgekehrt.

Jeder Ehemann trug zum Zeichen seiner Würde einen riesengroßen, holzgeschnitzten Schlüssel mit sich herum. Manche besaßen davon sogar zwei oder drei, denn hinter so vielen Schlössern hielten sie ihre Frauen eingesperrt. Aber den Weg über die Dächer konnten sie nicht kontrollieren. Diese überdimensionalen Schlüssel habe ich selbst noch vor wenigen Jahren bei den verheirateten Männern von Ghadames gesehen, doch erfüllten sie wohl kaum noch einen praktischen Zweck.

Wie bei vielen Handelsvölkern, die auf gegenseitiges Vertrauen angewiesen sind, hielten die Kaufleute von Ghadames ihr Wort, hatten sie es einmal gegeben. Sie mochten so geldgierig sein, wie sie wollten, und jedes Mittel war ihnen recht, die Käufer ihrer Ware zu übervorteilen. Doch was sie mit anderen Kaufleuten vereinbart hatten, daran wurde nie gerüttelt. Sogar die europäischen Lieferanten in Tripolis verließen sich darauf, schickten ihre Waren auf Kredit nach Ghadames und erhielten pünktlich zum vereinbarten Termin ihre Bezahlung. Anders wäre es nicht möglich gewesen, bei so unsicheren Verhältnissen im Lande regen Handel zu treiben. Wenn sich auch noch die Kaufleute gegenseitig betrogen, hätte letzten Endes keiner mehr ein gutes Geschäft gemacht. Aber Ghadames war reich geworden, die Zuverlässigkeit der Händler hatte sich gelohnt.

Noch immer wartete Mustafa auf Si-Otman-el-Bikr, der aber nichts von sich hören ließ. So schrieb Mustafa an seinen alten Freund Abd-el-Kader, den Herrn von In-Salah, um nach dem Verbleib Si-Otmans zu fragen. Ein Kurier der Ghadameser Kaufleute, dessen Reitkamel für seine Schnelligkeit berühmt war, beförderte die Post. Weil Mustafa dem Abd-el-Kader noch Dank schuldete für zahlreiche Gefälligkeiten, schickte er ihm einen schönen, mit Silber und Schildpatt eingelegten Trommelrevolver, aus dem man sechzehn Schüsse hintereinander abfeuern konnte. Abd-el-Kader war entzückt von dem schönen Geschenk und schrieb in seiner Antwort:

„Möge Dich Allah im rechten Glauben erhalten, mein geliebter Freund Mustafa, möge er Dich beschützen bei Deinem Umgang mit den Christen, diesen verfluchten Ratten, die auch das Feuerschiff[1] erfanden, mit dem sie hoffentlich in die Hölle schwimmen. Und sie haben auch die sprechende Schnur[2] erfunden, ein Werkzeug des Scheitans. Ich habe mit innigstem Dank den wunderbaren Revolver erhalten, eine Erfindung der christlichen Teufel, die Allah vernichten möge, bis keiner mehr übrig ist. Das prächtige Geschenk war mir sehr willkommen, ich habe es in der Moschee dreimal segnen lassen und ein Amulett des Groß-Scherifs, unseres Freundes, daran gebunden. Er hat mir geschrieben, der hochheilige Mann, Du seiest ein Liebling von ihm, und er läßt Dich grüßen. Und ich lade Dich ein, Mustafa, mein Freund, nach In-Salah zu kommen. Ja, bei Allah, ich sage es, wenn Du wieder ein Christ geworden bist, auch dann wärest Du bei mir vollkommen sicher. Wenn ich auch sonst alle Christenhunde im Staub meiner Füße zertrete, Fluch und Verderben über sie! Dich grüße ich, Freund Mustafa, und mein Gruß ist ein vortrefflicher, Allah il lah, Mohammed ressul ul lah ..."

Es war unerhört, ja eigentlich noch nie vorgekommen, daß ein strenggläubiger Moslem so weit ging, zu sagen, er würde selbst einen Christen bei sich aufnehmen und beschützen. Er schien tatsächlich zu wissen, daß Mustafa in Wahrheit nie ein echter Moslem geworden war. Aber zugeben konnte er das natürlich nicht. Der Brief Abd-el-Kaders machte großen Eindruck auf alle Leute, denen Mustafa-el-Nemsi den Inhalt zu lesen gab. Aber leider stand von Si-Otman gar nichts darin.

[1] Dampfschiff
[2] Telegraph

Indessen kamen immer wieder Tuareg aus der Gefolgschaft Si-Otmans zu Besuch. Sie schmausten auf Mustafas Kosten, daß der arme Schtaui bittere Tränen vergoß. Ausgehungert kamen sie von weiter Reise, aber satt und dankbar verließen sie das gastliche Haus. „Mursuk" jedoch konnte sie aus irgendeinem Grund nicht leiden. Wenn man nicht aufpaßte, stürzte er sich auf den Gast und biß ihn in die Wade. Als das mehrmals geschehen war, schränkten die Tuareg ihre Besuche ein, sehr zur Freude Mohammed Schtauis.

„Allah segne dich, mein braver Mursuk", lobte er den Hund, „wenn wir dich nicht hätten, würden uns die gefräßigen Tuareg kaum etwas übriglassen."

Gegen Ende August erhielt Mustafa die Nachricht, daß Si-Otman sich auf dem Wege nach Algier befand. Mindestens zwei bis drei Monate würden vergehen, bis er nach Ghadames kam, möglicherweise ein halbes Jahr. Zeitbegriffe der Orientalen! Unmöglich konnte Mustafa so lange auf ihn warten. Weil er von hier keine andere Gelegenheit fand, nach Süden vorzustoßen, blieb nur die Rückkehr nach Misda. Von dort führte ein Karawanenweg über den Fezzan und das Sultanat Kauar an den Tschad-See.

„Wer sich mit verlorenen Monaten, vergeblicher Mühe und weiten Umwegen nicht abfinden kann", schrieb Rohlfs an einem Abend in sein Tagebuch, „der sollte den Boden Afrikas erst gar nicht betreten. Man wird nur selten sein Ziel auf der direkten Route erreichen und wohl niemals zur vorgesehenen Zeit dort eintreffen."

Am 31. August verließ seine Karawane die Stadt, auf freundlichste Weise verabschiedet von der Bevölkerung. Was man nach Ansicht Mustafas am meisten bedauerte, war nicht die Trennung von ihm, sondern von seinem „Mursuk", dem Wundertier. Als gar der Hund elegant auf den Rücken eines Kamels sprang, um zu reiten, war für alle Zeiten sicher, daß er in Ghadames nie vergessen wurde.

Räuber der Sahara

So ungern Mustafa den gleichen Weg ein zweites Mal zurücklegte, es blieb ihm nichts anderes übrig. Sonst hätte er zwischen Ghadames und der Oase Misda keinen Brunnen gefunden, um die Kamele zu tränken. Aus Gründen der Sicherheit reiste er mit einer größeren Karawane, denn zu viele Leute in Ghadames wußten, welch kostbare Geschenke und Mengen an Tauschwaren er mit sich führte. Das Gepäck auf seinen Kamelen wäre für Straßenräuber eine weit bessere Beute gewesen als Datteln, Straußenfedern oder Elfenbein. Eines von Mustafas Kamelen wurde krank auf diesem Marsch, ohne daß man wußte, was ihm fehlte. Es war *bathal* geworden, wie die Araber sagen. Man kann da nichts weiter machen als die Last des Tieres erleichtern oder sie ihm ganz abnehmen. Das geschah, doch es half nicht viel. Selbst ohne Gepäck konnte das arme Kamel kaum noch laufen. Nach einer Weile blieb es stehen und legte sich nieder. Es wäre am vernünftigsten gewesen, das Tier zu schlachten, um sein Fell zu retten und sein Fleisch zu verteilen. Aber die Gebote Allahs oder der Aberglaube ließen das nicht zu. Auf einer Wanderung durch die Wüste soll ein Kamel nur durch Gottes Willen sterben. Wie es Brauch ist bei den Beduinen, wurde das kranke Tier seinem Schicksal überlassen. Mustafa wollte seinen Augen nicht trauen, als sechs Tage später, nach Ankunft in der Oase Derdj, das längst vergessene Kamel wiederauftauchte und sich zu den anderen Tragtieren stellte, als sei gar nichts geschehen.

Man sollte meinen, daß ein herrenloses Kamel dem herumstreifenden Diebesgesindel an den Karawanenwegen nicht

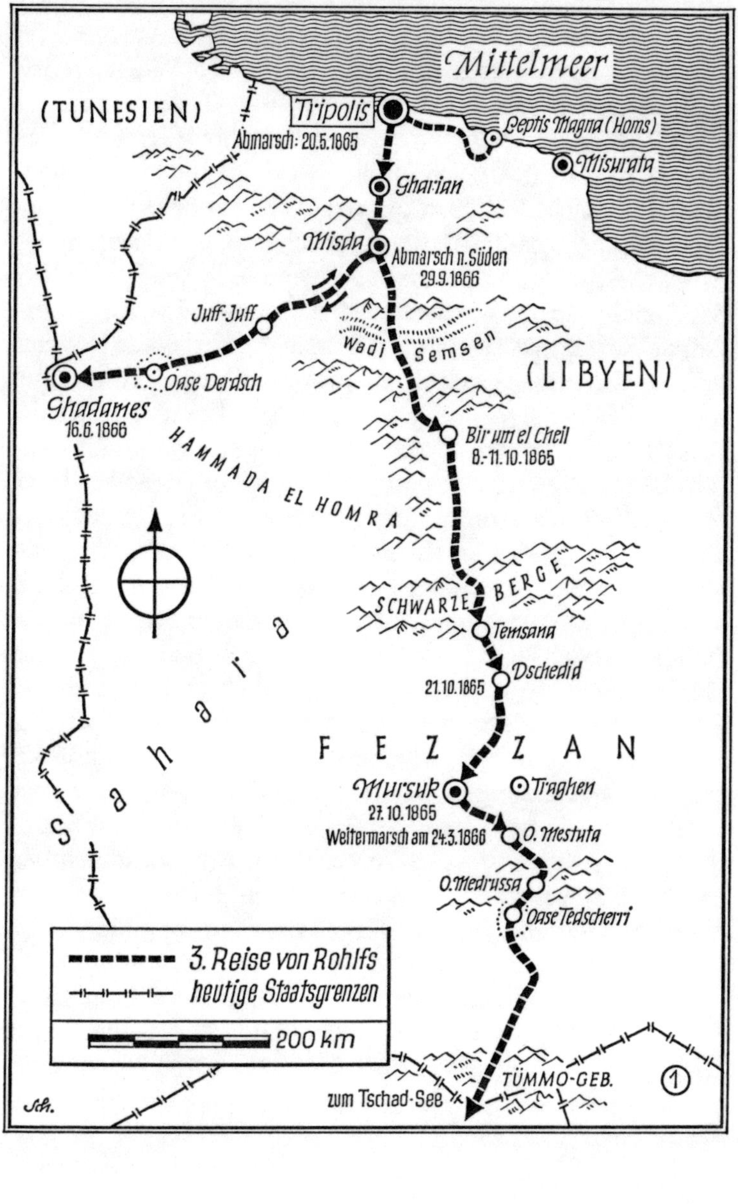
Mittelmeer
(TUNESIEN)
Tripolis
Abmarsch: 20.5.1865
Leptis Magna (Homs)
Misurata
Gharian
Misda
Abmarsch n. Süden
29.9.1866
Juff-Juff
Wadi Semsen
(LIBYEN)
Oase Derdsch
Ghadames
16.6.1866
Bir um el Cheil
8.-11.10.1865
HAMMADA EL HOMRA
SCHWARZE BERGE
Temsana
Dschedid
21.10.1865
Sahara
FEZZAN
Mursuk
27.10.1865
Weitermarsch am 24.3.1866
Traghen
O. Mestuta
O. Medrussa
Oase Tedscherri
3. Reise von Rohlfs
heutige Staatsgrenzen
200 km
TÜMMO-GEB.
zum Tschad-See
Sch.
1

entgehen konnte. Aber niemand vergriff sich an ihm. Man ließ solch einsame Tiere unbehelligt ihrer Wege ziehen. Es gab noch andere ungeschriebene Gesetze der Wüste, gegen die kein anständiger Räuber jemals verstieß. Wenn eine erschöpfte Karawane unterwegs einen Teil ihres Gepäcks oder ihrer Waren zurücklassen mußte, wurde davon nichts angerührt. Die Sachen blieben oft viele Wochen liegen, bis vielleicht der rechtmäßige Besitzer zurückkam, um sie zu holen. Aus welchem Grund die Banditen gerade in solchen Fällen das fremde Eigentum respektierten, konnte Mustafa nie erfahren. So war das eben, warum noch darüber nachdenken?

Mustafa hatte seine sechs Kamele mit ihren Treibern nur für die Reise nach Ghadames gemietet. Er mußte sich in Derdj neue Tiere verschaffen, aber die Leute verlangten unverschämte Preise. Aber dann kam eine Karawane der *Uled Maschaschia* aus dem Norden, die ins Land Fezzan zog, um dort ihr mitgebrachtes Getreide gegen Datteln einzutauschen. Weil das Getreide bei diesem Handel gegen ungefähr das doppelte Gewicht an Datteln eingetauscht wurde, hatten die Kamele der Uled Maschaschia auf dem Hinweg nur die Hälfte dessen zu tragen, was sie eigentlich tragen konnten. Die Leute waren daher gern bereit, sechs von ihren Tieren an den Rumi zu vermieten. Man konnte ja deren Getreidesäcke auf andere Kamele umpacken. Bis nach Schati, der ersten Ortschaft im Fezzan, hatte Mustafa-el-Nemsi nur sechs Mariatheresien-Taler pro Tier zu bezahlen. Am 29. September brach die Karawane auf. Wenn alles gutging, konnte man Mursuk, die Hauptstadt des Fezzan, in ungefähr vier Wochen erreichen.

Die ersten Tage vergingen ohne besondere Ereignisse. Sand und Steine, trockene Flußbetten, felsige Hügel und staubige Täler wechselten einander ab. Hin und wieder ging es ein paar Meilen weit durch graugrüne Steppe. Dort gab es Drinn-Gras und Domrahn-Büsche, also Futter für die Kamele. Schon gegen Mittag wurde haltgemacht, um den Tieren einige Stunden auf der Weide zu gönnen. Man mußte ihnen zuvor alle Lasten abnehmen und dafür sorgen, daß sie nicht zu weit entliefen. Das geschah durch Anlegen von sogenannten Kamelschlössern, die ungefähr aussahen wie jene Handschellen, mit denen man bei uns gefährliche Verbrecher fesselt. Nur waren die Fesseln der Kamele natürlich viel größer. Der eine Vorderlauf des Tieres wurde nach hinten hochgebogen und angekettet. So konnte das Kamel nur auf drei Beinen humpeln. Wer das zum erstenmal sah, hielt es für eine grausame Methode, aber den Tieren schien es nicht lästig zu sein, außerdem waren sie daran gewöhnt.

Die einhöckrigen Kamele Nordafrikas tragen etwa fünfhundert Pfund, wenn sie einigermaßen gut genährt sind und alle zwei bis drei Tage getränkt werden. Nur bei sehr weiten Reisen, wo es oft an Futter fehlt und nicht genug Wasser zu finden ist, beschränkt man ihre Last auf etwa dreihundert Pfund. Das ist wenig im Vergleich zu den zweihöckrigen Lastkamelen asiatischer Rasse, deren Verbreitung bis nach Ägypten reicht, denn ihnen kann man bis zu tausend Pfund aufbürden. Allerdings fressen sie auch mehr und bleiben nur bei Kräften, wenn sie mindestens an jedem zweiten Tag gut getränkt werden. Ursprünglich stammen alle Kamele aus Zentralasien, wo sie einst als wilde Tiere gelebt haben. Im östlichen Turkestan soll bis zum heutigen Tage noch ein kleiner Bestand wilder Kamele vorhanden sein. Abgesehen von den feuchten Tropen, dichten Wäldern und schroffen Gebirgen können sich die Kamele jeder Landschaft und jedem Klima anpassen. Sie tragen in kalten Ländern ein dichtes, dunkles Fell. Sie halten die schlimmsten Schneestürme aus und widerstehen sogar dem sibirischen Winter. Nach Nordafrika gelangten die Kamele erst mit den Arabern im siebenten und achten Jahrhundert. Vorher gab es an der Küste des Mittelmeeres noch keine Kamele oder nur vereinzelt als Kuriosität. Das war auch der Grund, weshalb man im Altertum so gut wie gar nichts vom Innern Afrikas wußte. Mit Eseln und Pferden konnte man die ganze Sahara nicht durchqueren, erst mit den Schiffen der Wüste wurde es möglich. Erst mit den Kamelkarawanen erreichte man auf dem Landweg die schwarzen Völker Afrikas. Die Ägypter benutzten den Nil als Handelsstraße nach Innerafrika, und es segelten wohl auch kleine Schiffe mit günstigem Wind entlang der Ostküste des Schwarzen Erdteils bis weit nach Süden. Aber vor dem Erscheinen der Kamele blieb vom Atlantik bis zum Nil die große Wüste ein unüberwindliches Hindernis, ein tatsächlich unberührter Garten Allahs.

Gewiß sind Pferde intelligenter als Kamele. Sie können mehr lernen und fühlen sich dem Menschen verbunden, der sie betreut. Aber wer sein Kamel gut behandelt und das rechte Verständnis für seine Eigenarten aufbringt, kann ihm gewisse Anhänglichkeit abgewinnen. Gerhard Rohlfs brachte das fertig. Er tränkte sein Reitkamel immer selbst, reichte ihm kleine Leckerbissen und klopfte ihm den Hals. Er redete mit dem Tier, als würde es ihn verstehen. Mustafa konnte aufsteigen und absitzen, ohne daß sein Kamel gehalten wurde. Es kam auf Zuruf herbei und begriff auch unterwegs sehr schnell, was er wollte. Darüber staunten die Treiber und die anderen Reiter. Dieser Rumi schien alles zu können. Er verstand sogar die Sprache der Kamele.

Am Wadi Talha tauchten fremde Leute auf, die sich gleich wieder zurückzogen. Sie blieben der Karawane auf den Fersen, ritten auch in weitem Abstand an ihr vorüber. Sie antworteten nicht auf Zurufe, sie verschwanden auf ihren schnellen Reitkamelen, wenn man sie aus der Nähe betrachten wollte. Sie gehörten offenbar zu einer Ressu. Sie waren die Späher einer Raubkarawane und sollten auskundschaften, wie stark die Mannschaft und die Bewaffnung der Dattelhändler war, auch was sie bei sich hatten und wo sie ihr Nachtlager aufschlugen. Die Männer in Mustafas Karawane wurden nervös. Man hatte einen Feind in der Nähe und stand überall unter Beobachtung, bei Tage und bei Nacht.

„Die fühlen sich nicht stark genug“, meinte Mustafa, „sie wagen keinen offenen Angriff.“

„Sie warten auf eine Gelegenheit, um zu stehlen“, erwiderte Mohammed Schtaui, „und wer zurückbleibt, den werden sie erschlagen.“

Ein unerträglicher Zustand, wenn das noch lange so weiterging. Man konnte auch die Kamele nicht mehr auf die Weide schicken, wenn es irgendwo Weide gab. Bei jedem Lagerplatz wurde das Gepäck in Form eines Schutzwalles aufgebaut, hinter dem man sich notfalls verteidigen konnte. Jeder hielt auch beim Schlafen sein geladenes Gewehr im Arm.

In der dritten Nacht, beim Brunnen el Adjrif, geschah es dann. Sosehr die beiden Wächter aufpaßten, sie sahen nichts. Es war windiges Wetter, Sandwolken verbargen den Mond und die Sterne. Auch kein Laut ließ sich vernehmen.

Da bellte der Hund. Bevor jemand begriff, was ihn geweckt hatte, jagte er mit wütendem Gekläff hinaus. Draußen hörte man Geschrei. Es fielen ein paar Schüsse, und laut fluchend liefen Menschen davon. Es vergingen etwa fünf Minuten, da kam „Mursuk“ zurück, stolz wedelnd mit seinem buschigen Schwanz, und hielt die Hälfte eines Burnus zwischen den Zähnen. Ganz allein hatte er eine unbekannte Zahl von Banditen in die Flucht geschlagen. Als die Sonne aufging, konnte man an den Spuren sehen, daß sich die Kerle, auf dem Bauch kriechend, bis auf wenige Meter dem Schutzwall genähert hatten.

„Mursuk“ war der Held des Tages, jeder bedankte sich bei ihm, und aus jedem Napf durfte er fressen. So ein treues Tier, so ein zuverlässiger Freund. Er sei kostbarer als ein Sack Mariatheresien-Taler, sagten die Maschaschis. Von den Spähern der Ressu war nichts mehr zu sehen.

Am Wadi Tagidja entdeckte Mustafa römische Ruinen, darunter eine elf Meter hohe Pyramide aus behauenem Stein. Er konnte durch eine schmale, tiefe Tür hineinkriechen und fand drinnen die Wände bunt bemalt. Der noch gut erhaltene Bau schien das Grabmal eines großen Jägers zu sein, denn die Malereien zeigten Männer zu Pferde, die hinter Antilopen herjagten. Zwar fehlten Inschriften, aber die Kleidung, die Waffen und das Zaumzeug der Reiter bewiesen ohne Zweifel, daß sie Römer gewesen waren. Die Landschaft mußte noch zu ihrer Zeit viel reicher an Wild gewesen sein, damit auch grüner und feuchter.

Die Karawane überquerte das Kaf-Mugelat-Gebirge, dessen Rücken sich bis fünfhundert Meter über die Ebene erhob. Dann ging es hinunter ins tiefe Tal von Semsen, wo im Schatten der Felsen uralte Talhas Bäume standen. Es fand sich Wasser und Weide in einer Schlucht. So wurde schon am Mittag das Lager aufgeschlagen.

Am nächsten Morgen stieg plötzlich die Temperatur auf zweiundvierzig Grad im Schatten, für den Monat Oktober eine ungewöhnliche Hitze. Sie war, wie jedermann wußte, der Vorbote eines Gibli, eines heißen Sandsturms aus dem Süden. Die Ausläufer eines solchen Sturms der Sahara reichen manchmal über das Mittelmeer bis nach Italien, wo dann die Leute von einem Schirokko sprechen.

„Die Sonne erschien als glutroter Feuerball“, beschreibt Rohlfs den Gibli in seinem Reisebericht, „eine unheimliche Schwüle durchzitterte die wellenschlagende Luft. Eine pechschwarze, majestätisch sich heranwälzende Wolke ließ keinen Zweifel, daß in kurzer Zeit der höllisch heiße Sturm über uns losbrechen würde. Immer roter wurde die Sonne, immer drückender die Hitze, das Atmen war kaum noch möglich. Jetzt kam das Gespenst herangebraust. Unsere Kamele machten kehrt und knieten nieder, damit ihnen der scharfe, die Haut zerschneidende Sand nicht in die Augen wehe. Tiefste Nacht umhüllte uns, es war wie eine plötzliche Sonnenfinsternis. Wir Menschen legten uns neben die Kamele, bedeckten unsere Augen, die Nase und den Mund, aber der feine, glühende Sand kam dennoch hinein. Die Luft war mit unheimlichem Brummen erfüllt, das Ende aller Tage schien gekommen. Aber schon nach zwanzig Minuten war das Toben der Elemente vorbei. Es trat absolute Windstille ein, die Sonne erschien wieder, und gleich verflog auch die entsetzliche Hitze. Menschen und Tiere standen auf, der Marsch wurde fortgesetzt, als sei nichts Ungewöhnliches geschehen."

Die Luft war aber noch lange so sehr mit Elektrizität geladen, daß die Wolldecken knisterten, wenn man mit der Hand darüber strich. Als Mustafa den Hund streichelte, sprangen Funken aus seinem Fell[1].

Weiter ging es über die Hamada-el-Homra zum Wadi Bu-Gilu und zur kleinen Oase Ureda. Der Steinwüste folgte ein Sahel mit gutem Trockengras für die Kamele. Es gab in der Steppe Dorcas-Gazellen, von denen Mustafa zwei erlegte. Danach blieb die Karawane einen Tag am Brunnen Um-el-Cheil und erreichte am 15. Oktober die „Schwarzen Berge", von den Beduinen Harudj-adjad genannt. Diesen langen, wilden und steilzerklüfteten Gebirgszug hatte vor fast siebzig Jahren schon Hornemann, der erste deutsche Afrikaforscher, entdeckt, und der verschollene Beurmann war gleichfalls über die Schwarzen Berge gestiegen. Doch hatten sich beide im Osten bewegt und konnten nicht ahnen, wie weit sich das Gebirge nach Westen ausdehnte.

Die Felsen waren schwarz wie ausgebrannte Schlacken.

[1] Meine Frau und ich erlebten einen Gibli zwischen In-Salah und Arrak, als wir mit einem Diesel-Mercedes die Sahara durchquerten. Noch eine Stunde später konnten wir die Türgriffe nicht anfassen, ohne einen Schlag zu erhalten. Das ganze Fahrzeug schien elektrisch geladen. Leider war die Lackierung völlig ruiniert, und wir konnten die Scheiben noch so gut waschen, sie behielten ihr verstaubtes Aussehen, weil jedes scharfe Sandkorn auf dem Glas eine winzige Spur hinterlassen hatte.

Eine düstere, abweisende, furchterregende Landschaft. So einsam und so unheimlich wie auf dem Mond, beschreibt Rohlfs die Schwarzen Berge. So ungefähr müsse man sich die Umgebung der Hölle vorstellen. Dennoch gab es drunten in den engen, schattigen Tälern grünes Kraut, Büsche und knorrige Akazien. Doch mußte man erst stundenlang graben, um ans Wasser zu gelangen.

Beim Brunnen von Temsaua begegnete man einer Dattelkarawane, die aus dem Fezzan nach Tripolis zurückkehrte. Sie führte auch ein Dutzend Sklaven mit, deren Heimat südlich des Tschad-Sees lag. Ein Käufer in Kairo hatte diese Ware bestellt. Wenn eines Tages die Sklaven dort ankamen, waren sie anderthalb Jahre gewandert, immer gefesselt und durch Peitschenhiebe angetrieben. Mustafa sah das Spiegelbild aller Qualen im Gesicht der Opfer, und sein Herz krampfte sich zusammen. Wenn man ihnen doch helfen könnte!

Drei Tage später lagerte seine Karawane bei der Oase Solaf. Niemand wohnte dort, aber es gab viele herrenlose Dattelpalmen. Man durfte sich davon nehmen, soviel man im Augenblick brauchte. Aber es wäre ein Verstoß gegen die guten Sitten der Wüste gewesen, sich die Körbe zu füllen.

Danach begann sich die Gegend zu beleben, an jedem Tag eine andere Oase und bald mehrere. Zeltdörfer tauchten auf, Siedlungen aus Lehmhütten und sogar ein paar größere Ortschaften. In Schati teilte sich die Karawane, nur mit den Tieren und Treibern, die er gemietet hatte, zog Mustafa weiter in den Fezzan hinein.

Am 27. Oktober 1865 erreichte Gerhard Rohlfs die Hauptstadt des Landes. So bald wie möglich wollte er weiter nach Süden und über die Sahara hinaus an den Tschad-See. Aber sein Aufenthalt in Mursuk dauerte ein halbes Jahr.

Die Menschenhändler von Mursuk

Mursuk, die Hauptstadt des Fezzan, war ganz aus Lehm gebaut. Wenn es lange regnete, was jedes zweite oder dritte Jahr geschah, weichte das Wasser die Wände auf, und die Dächer fielen zusammen. Hernach setzte man auf die Reste des Hauses neue Lehmziegel, richtete das eingedrückte Dach wieder auf und hoffte von Herzen, es werde so bald nicht mehr regnen. Aber nach ein, zwei Jahren regnete es wieder, und abermals mußte man frischen Lehm herbeischaffen. So war das immer gewesen und würde wohl immer so sein. Weil nur selten eine Wohnung ganz neu gebaut wurde, hatten die meisten der oft schlecht und schlampig reparierten Häuser mehr Ähnlichkeit mit unförmigen Lehmklumpen als mit menschlichen Behausungen. Nur die Kasbah der ehemaligen Sultane des Fezzan, der Palast des Gouverneurs, das Zollamt, die türkische Kaserne und die beiden Moscheen machten einen hinreichend soliden Eindruck.

Nach Mustafas Schätzung lebten in Mursuk ungefähr achttausend Menschen, und zwar ein Völkergemisch aus vielen Rassen und von mancherlei Herkunft. Sie waren Araber, Berber, Tuareg, Tibbus, Tedas, sudanische Neger und Nachkommen aller durcheinander. Nach den Erfahrungen, die Mustafa-el-Nemsi mit ihnen machte, waren die meisten Mursuker freundlich und einigermaßen ehrlich, aber träge, langsam und vergeßlich. Sie taten nur so viel, wie nötig war, um sich am Leben zu erhalten. Sie ließen fruchtbare Felder brachliegen, wenn sie genug für ihren eigenen Bedarf geerntet hatten. Natürlich waren sie alle Mohammedaner, nahmen es aber nicht so genau mit ihren religiösen Pflichten.

In Mursuk wie überhaupt im ganzen Fezzan empfand man gegen Fremde kein besonderes Mißtrauen. Zum erstenmal auf seinen afrikanischen Reisen hielt es Mustafa nicht mehr für nötig, unablässig zu betonen und zu beweisen, daß er sich zum Islam bekehrt hatte. Den Leuten war es gleichgültig, was er glaubte und womit er sich beschäftigte. Der Fezzan war eine Welt für sich, mit ganz anderen Verhältnissen als im übrigen Nordafrika. Viele Frauen gingen unverschleiert, sie führten ein recht freies Leben und konnten hingehen, wohin sie wollten. Den jungen Mädchen schien alles erlaubt, was sonst in islamischen Ländern als größte Schande galt. Unerwünschte Kinder wurden von ihren Müttern ausgesetzt, und wenn sich keine mitleidige Seele der kleinen Geschöpfe annahm, gingen sie zugrunde.

Die meisten Frauen von Mursuk waren schon in jungen Jahren recht korpulent oder, wie sie Gerhard Rohlfs beschreibt, von „kugeliger Gestalt“. Jede von ihnen trug mindestens ein Dutzend silberne oder kupferne Reifen an den Händen und Füßen, kaum einer davon leichter als ein halbes Pfund. Wenn diese Weiber daherkamen, klingelten sie wie ein Glockenspiel. Ihre Haare waren in viele kleine Zöpfe geflochten und fingerdick mit Butter beschmiert. Für die Fliegen war das ein gefundenes Fressen, und weil die Butterpomade bald ranzig wurde, herrschte in Damengesellschaft ein übler Duft. Die ärmeren Leute, vor allem die Männer, begnügten sich mit Lendenschurzen aus Leder oder Tierfellen. Bis etwa zum zehnten Lebensjahr liefen die Kinder nackt herum.

Wer es sich leisten konnte, rauchte Haschisch und Opium, was die Sinne benebelte und der Gesundheit schadete. Sehr beliebt waren in allen Kreisen berauschende Getränke, und so sah man gegen Abend viele Betrunkene. Aus Palmensaft wurde *Lakbi* gebraut, und aus Datteln bereitete man *Busa*, einen scharfen, wohlschmeckenden Schnaps. Ein Volksvergnügen besonderer Art waren pantomimische Tänze, die nach Sonnenuntergang von Mädchen aufgeführt wurden. Sie tanzten im Schein prasselnder Feuer auf dem Marktplatz, umringt von den Männern und durch Zurufe angefeuert.

Weil die Bevölkerung des Fezzan aus so vielen Elementen bestand, waren auch viele Sprachen verbreitet. Nur eine Minderheit beherrschte Arabisch, doch konnten die meisten Leute *Kanurisch* zumindest verstehen. Es war die Sprache der Negervölker westlich des Tschad-Sees, auch im Sultanat Bornu und bei den Tibbus im Tibesti-Gebirge wurde ein kanurischer Dialekt gesprochen. Händler, Auswanderer und Sklaven hatten das Kanurisch im Fezzan verbreitet. Es war für Mustafa-el-Nemsi unbedingt notwendig, diese Sprache zu lernen, denn er wollte ja zum Tschad-See und nach Bornu. Der unermüdliche Heinrich Barth hatte ein deutsch-kanurisches Wörterbuch zusammengestellt und Rohlfs davon ein Exemplar mitgegeben. Hier in Mursuk war die beste Gelegenheit, mit dem Studium zu beginnen und sich im praktischen Gebrauch der Sprache zu üben. Ohne Kenntnis des Kanurischen wäre es ihm nicht möglich gewesen, über den Fezzan alles zu erfahren, was er wissen wollte.

Der Fezzan hatte etwa die gleiche Ausdehnung wie alle deutschen Staaten zusammen, aber nur wenige Stellen waren ständig bewohnt. Mustafa schätzte die Zahl der Bewohner, alle Nomaden mit eingerechnet, auf etwa zweihunderttausend. Sandwüste, Steinwüste und kahle Gebirge umschlossen das Land auf allen Seiten, aber der Fezzan selbst war zum größten Teil flach. Doch in dieser weiten, sonst völlig unfruchtbaren Ebene gab es einige Mulden, und dort lag Grundwasser gleich unter der Oberfläche. Schöpfräder, bei Tag und bei Nacht von Sklaven betrieben, holten aus zahlreichen Brunnen das Wasser herauf und gossen es in Kanäle, die zu den Feldern führten. Auch Kamele mit verbundenen Augen schritten im Kreis um die Brunnen, wobei sie ein waagerechtes Holzrad drehten, das lederne Eimer hochzog und wieder hinabließ. Hirse und Durra, Weizen, Gerste und Melonen, auch Tabak, Feigen und Mandeln wurden angebaut. Es gab in den Oasen des Fezzan die schönsten Olivenhaine und dreihundert verschiedene Arten von Datteln. Die Sorten *Tillis, Tauti* und *Auregh* waren die besten, und noch weitere neunzehn Dattelsorten werden von Rohlfs rühmend erwähnt. Kaum ist es zu glauben, aber fünfmal im Jahr konnte man den Weizen ernten, viermal im Jahr Hirse und Durra. Wären die Leute nur nicht so faul gewesen, alle hätten reich werden können durch ihre Landwirtschaft. Aber nur mit den Datteln machten sie Geschäfte, weil die Arbeit lediglich aus dem Pflücken bestand. Händler aus dem Norden holten die gefüllten Körbe und brachten dafür Getreide, das man eigentlich selbst in mehr als genügender Menge ernten konnte.

Der Fezzan war viele Jahrhunderte lang ein selbständiges Sultanat gewesen. Dann hatten die Türken in einem grausamen Krieg das Land erobert und ihrer Provinz Tripolitanien einverleibt. Damit sich kein Widerstand mehr regen konnte, hatten die Sieger alle Verwandten und Nachkommen des letzten Sultans umgebracht, etwa zweihundert Personen. Nur ein kleiner Junge war dem Gemetzel entgangen, weil er von seiner schwarzen Amme versteckt wurde. Jetzt regierten zwölf türkische *Mudire,* eine Art von Landräten, die zwölf Distrikte des Fezzan. Ihr Vorgesetzter war Halim-Bey, Statthalter des Sultans in Mursuk, der sich seinerseits nach den Weisungen Mahmud-Paschas in Tripolis zu richten hatte. Obwohl Halim-Bey mit großer Strenge regierte, galt er im Vergleich zu seinen Vorgängern als freundlicher Mann, denn nur zwei bis drei Todesurteile pro Woche ließ er vollstrecken. Die anderen Gouverneure hatten täglich ein paar abgeschlagene Köpfe auf den Mauern der Kasbah zur Schau gestellt.

Halim-Bey wollte Mustafa-Bey einen großartigen Empfang bereiten, als ihm die Karawane gemeldet wurde. Hatte er doch erfahren, daß dieser Rumi einen Paß des Sultans und dazu noch den Bu-Djeruldi des Gouverneurs von Tripolitanien besaß. Aber Mustafa lehnte dankend ab und ließ sagen, er wolle kein Aufsehen erregen. In Wirklichkeit war ihm ein solcher Empfang zu teuer. Es gehörte sich nämlich, daß ein Ehrengast jedem Mitglied des Empfangskomitees, vom einfachsten bis zum vornehmsten Mann, einen Bakschisch überreichte. Dabei durfte man sich nicht lumpen lassen, ohne gleich alles Ansehen zu verlieren. Die Reisekasse Mustafa-el-Nemsis war aber solchen Ausgaben nicht gewachsen.

Er zog ganz bescheiden in Mursuk ein, wobei wieder sein Hund weit größeres Staunen erregte als der Rumi selbst. Noch merkwürdiger erschien es den Leuten, daß dies seltsame Tier auf den Namen „Mursuk" hörte. Man wollte wissen, warum er genauso hieß wie die Hauptstadt des Fezzan. Worauf Mustafa verbreiten ließ, dies sei als besondere Ehrung der Mursuker gedacht, und damit machte er sich gleich beliebt. Auch Halim-Bey hatte schon davon gehört, als sich Mustafa bei ihm meldete.

„Dressieren Sie den Hund jedesmal auf einen anderen Namen, bevor Sie eine Stadt betreten?" fragte er zur Begrüßung.

„Nein, er hieß schon so, als er mir geschenkt wurde."

„Ich hoffe, Sie werden recht lange bleiben, Mustafa-Bey, wir bekommen nur selten Besuch aus Europa. Seitdem ich hier Statthalter bin, war noch kein Rumi im Fezzan."

Halim-Bey war ein eleganter und gewandter Mann, der Typ eines für die damalige Zeit modernen Türken. Er hatte zur Umgebung des Sultans gehört und in Konstantinopel viel mit Europäern verkehrt. Wie man sagte, war die Versetzung in den entlegensten Winkel des Osmanischen Reichs sein eigener Wunsch gewesen, aus dem Bestreben heraus, sich hier ein Vermögen zu erwerben. Die Beteiligung am Sklavenhandel machte es möglich.

Der liebenswürdige Halim-Bey stellte Mustafa eines der größten Häuser zur Verfügung. Zwar gehörte es nicht ihm, sondern einem Kaufmann, der sich auf Reisen befand. Aber was Halim wünschte, war ein Befehl. Er konnte über fremdes Eigentum bestimmen, wie es ihm gefiel.

Mustafa-el-Nemsi zog mit seinen drei Dienern und dem Hund in das geräumige Haus und richtete sich für längeren Aufenthalt ein. Er beschäftigte sich mit der kanurischen Sprache, pflegte freundschaftlichen Verkehr mit den Würdenträgern von Mursuk und versuchte, soviel wie möglich zu erfahren.

Mustafa zu Ehren veranstaltete der Truppenkommandant eine Militärparade. *Kolrassi* war die Rangbezeichnung dieses Mannes, und erstaunlich gut hatte er seine Soldaten gedrillt. Der Kolrassi hatte drei Jahre lang die französische Militärschule in St-Cyr besucht und sprach tadellos französisch. Mustafa konnte sich nicht genug darüber wundern, einem so tüchtigen Mann ausgerechnet im Fezzan zu begegnen.

Im Auftrag des Kolrassi erschien eines Abends der Militärarzt bei Mustafa und wollte ganz im Vertrauen allein mit ihm sprechen.

„Wo hast du nur deine Augen, Mustafa-Bey", fragte er, nachdem man genug über belanglose Dinge geredet hatte, „siehst du denn nicht, was hier in Mursuk vor sich geht? Dieser Sklavenhandel nimmt immer größeren Umfang an. Während des letzten Jahres wurden viertausendachtundvierzig Sklaven nach Mursuk gebracht und wieder weggeschafft. Der Kolrassi, mein bester Freund, kennt die Zahlen genau, denn seine Wachen am Tor müssen die Transporte kontrollieren. Ich sage dir, Mustafa, es ist empörend, das mit anzusehen ... ich meine das Verhalten Halim-Beys. Es ist empörend, wie sich der Statthalter des Sultans dabei benimmt, es ist wirklich unerhört!"

Auch die übrigen Ortschaften des Fezzan waren Stationen

des Sklavenhandels, und der türkische Arzt meinte, es würden pro Jahr etwa zehntausend Stück der lebenden Ware durchs Land getrieben.

„Finden Sie es richtig, Freund Mustafa, daß sich Halim-Bey von den Händlern für jeden Sklaven zwei Mariatheresien-Taler geben läßt und daß sein Schwiegersohn, der Polizeichef, einen Vierteltaler bekommt?"

Sicherlich war das ein übler Fall von Bestechung. Der ganze Handel war ein Verbrechen gegen die Menschlichkeit und ein Verstoß gegen die Gesetze des Sultans, wenn sie auch nur auf dem Papier standen. Aber es war nicht Sache Mustafas, sich einzumischen, er konnte von hier aus gar nichts dagegen tun.

„Doch, Mustafa-Bey, du kannst dem Pascha in Tripolis vertraulich berichten, daß Halim-Bey in jedem Jahr mehr als zwanzigtausend Taler an den Sklaven verdient. Aber der verfluchte Geizhals gibt uns nichts davon ab, weder dem Kolrassi noch mir, noch sonst jemandem. All das viele Geld behalten die beiden Gauner für sich ... ich meine ihn und seinen Schwiegersohn, den Polizeichef. Der Pascha von Tripolitanien soll für eine gerechte Verteilung sorgen, auch wir verlangen unsere Prozente. So kann das nicht länger weitergehen!"

Das also war es, worüber sich der Doktor und der Kolrassi empörten! Erst hatte Mustafa geglaubt, es ginge ihnen um das Schicksal der verschleppten Menschen. Dabei hatten sie nur eigene Vorteile im Sinn, auch der Arzt und der Kolrassi wollten Bestechungsgelder kassieren. Solange die Türken das Land beherrschten, würde sich am Sklavenhandel nichts ändern, und erst recht nicht, wo arabische Sultane regierten. In seinen Reiseberichten tritt Rohlfs für die Kolonialisierung Afrikas ein. Er schreibt immer wieder, die europäischen Mächte sollten möglichst tief ins Hinterland vordringen und die Verwaltung übernehmen. Das sei die einzige Möglichkeit, um dem furchtbaren Handel ein Ende zu machen. Angesichts der damaligen Verhältnisse hatte er vollkommen recht, aber wer das heute liest, ohne von dem grauenvollen Jammer des Menschenraubs zu wissen, dem könnten Rohlfs' Forderungen nur als Vorwand erscheinen, um den Erwerb von Kolonien der Allgemeinheit schmackhaft zu machen. Doch für Rohlfs war das eine Menschenpflicht, er wollte den Schwarzen Afrikas helfen. Die Sklavenjagden und der Sklavenhandel kosteten Jahr für Jahr ungezählte Menschenleben. Ganze Völkerschaften gingen dabei zugrunde, das Elend war unbeschreiblich. Die Roheit der Methoden ist heute kaum noch zu begreifen.

Vor wenigen Tagen war ein Sklavenhändler aus dem Sudan in Mursuk eingetroffen mit hundertzwanzig Opfern im Gefolge. Auf der langen Reise war er krank geworden und ließ Mustafa bitten, ihn zu behandeln. Er litt an *Mrd-el-Kebir,* der „großen Krankheit", wie Rohlfs berichtet, aber ohne zu erklären, was darunter zu verstehen war. Mustafa-el-Nemsi, vorübergehend wieder zum Tobib geworden, gab ihm eine Auflösung von Kalihydrojodicum mehrmals täglich und zwei Wochen lang. Der Patient wurde gesund und fühlte sich verpflichtet, seinen Arzt gut zu bezahlen. Aber Geld wollte Mustafa für die Behandlung eines Kranken nicht mehr annehmen, es hätte seinem Ansehen geschadet. Da schenkte ihm der dankbare Menschenverkäufer einen kleinen Sklaven. Der unglückliche Junge, ein Kind von sieben bis acht Jahren, war zum Skelett abgemagert und so entkräftet, daß er kaum stehen konnte. Er kroch auf allen vieren Mustafa entgegen und bat flehentlich um Nahrung. Vier Monate lang hatte man den Buben, mit anderen Sklaven zusammengekoppelt, vom Tschad-See durch die Wüste getrieben. Er hatte vergessen, wo er zu Hause war, und teilweise die Sprache verloren.

„Ich war erst unschlüssig, ob ich ihn behalten und auf meine beschwerliche Reise mitnehmen sollte", schrieb Rohlfs nach Hause, „aber der Gedanke, daß ohne Pflege dieses arme Kind dem Tod verfallen wäre, überwog schließlich alle Bedenken. Da es am 25. Dezember war, wollte ich ihn ‚Weihnachten' nennen. Aber das schien mir zu lang, deshalb wählte ich die französische Übersetzung des gleichen Wortes und taufte ihn ‚Noel'."

Eine seltsame Sitte im Fezzan war der Austausch von Geldgeschenken, wenn man Besuche machte. Die Summe entsprach dem Rang des Empfängers, aber der war verpflichtet, dem anderen Mann auch ein Geschenk in barem Geld zu machen. Wenn Rohlfs dem Statthalter einen offiziellen Besuch abstattete, mußte er ihm zur Begrüßung zehn Maria-theresien-Taler überreichen, denn Halim war ja ein Bey. Weil Mustafa denselben Titel führte, jedenfalls in seinem Firmanali, bekam er von Halim-Bey den gleichen Betrag. Man hätte sich den Austausch sparen können, aber die Form mußte gewahrt werden. Halim gab auch nicht dieselben Taler zurück, sondern andere, denn er war ja ein Mann mit guten Umgangsformen.

Genau dasselbe ereignete sich, wenn Mohammed Berserkir den Rumi in seinem Haus besuchte, zehn Taler hin und zehn Taler her, wie es sich gehörte. Dieser Mann hatte Anspruch auf eine so hohe Ehrung, denn er war der einzige Überlebende aus dem Geschlecht jener Sultane, die einst den Fezzan regiert hatten. Nun herrschten friedliche Zeiten, Mohammed Berserkir brauchte schon längst nicht mehr um sein Leben zu fürchten. Die Türken hatten ihm von den hunderttausend Dattelpalmen, die einst seiner allmächtigen Familie gehört hatten, zwanzig zurückgegeben. Bei sehr bescheidenen Ansprüchen genügten sie, um davon zu leben. Der arme Prinz war ein freundlicher und gebildeter Mann, von dem Rohlfs vieles über die Geschichte des Fezzan lernen konnte, was sonst niemand mehr wußte. Wie leicht zu begreifen ist, war Mohammed Berserkir entzückt von den Interessen Mustafas an der Vergangenheit seines Landes und seiner Familie. Er brachte ihm eine alte Handschrift in arabischer Sprache, worin alles aufgezeichnet war, was sich früher im Fezzan ereignet hatte. Ein historisches Werk, das fast dreihundert Jahre zurückreichte. Noch nie war dergleichen aus der Sahara zum Vorschein gekommen. Mustafa-el-Nemsi machte sich an die Arbeit, dies handgeschriebene Buch von Anfang bis Ende zu übersetzen. Das arabische Original ging später verloren, doch Rohlfs brachte seine Übersetzung nach Hause. Ihm ist es zu verdanken, daß die wechselvolle Geschichte des Fezzan erhalten blieb.

„Mustafa-Bey", sagte eines Tages der Besitzer von zwanzig Dattelpalmen, „wenn du nur willst, kann ich dich zum reichsten Mann der Sahara machen, ja sogar zum Beherrscher des Fezzan ..."

„Wie meinst du das?" lachte Rohlfs. „Ich glaube, Halim-Bey wäre nicht damit einverstanden."

„Das ist kein Scherz, ich habe mir's genau überlegt. Du müßtest meine Tochter heiraten, Mustafa-Bey, sie ist weder hübsch noch häßlich, aber immerhin die Urenkelin des letzten, rechtmäßigen Sultans. Wenn du dann mein Schwiegersohn bist, übergebe ich dir alle meine angestammten Rechte. Und du gehst zum König von Preußen und bittest ihn, vom türkischen Sultan zu verlangen, daß er dir den Fezzan überläßt. Preußen hat viele Kanonen, da braucht dein König nur mit Krieg zu drohen, sicher wird Abdul-Asis gleich nachgeben. Gegen eine europäische Großmacht wird der türkische Sultan bestimmt keinen Krieg riskieren. Du kommst dann mit einer gutbewaffneten Leibwache zurück und besteigst den Thron meines Vaters. Ich selber begnüge mich damit, dein Ratgeber zu sein ... und vielleicht der Großwesir."

Mustafa schüttelte den Kopf.

Afrika: Oase Negrin an der algerischen Grenze.

„Leider geht das nicht, mein Freund, ich bin kein Preuße, sondern nur Bürger von Bremen. Das ist nur eine ganz kleine Oase in Deutschland, sie kann den türkischen Sultan nicht bedrohen. Er würde lachen, statt zu zittern."

„Schade, sehr schade, Mustafa-Bey, dann kann ich dir meine Tochter nicht geben."

„Ja, es tut mir sehr leid, ich wäre so gerne Sultan des Fezzan geworden und hätte als erstes den Sklavenhandel verboten!"

Sie blieben dennoch gute Freunde, unternahmen auch gemeinsame Ausflüge durch das Land. So kam Mustafa zu der alten, halbverfallenen Stadt Tragén, wo sich ein Palast des früheren Sultans befand, und er besuchte, wahrscheinlich als erster Europäer, den Palmenwald von Rhodia. Er dehnte sich viele Meilen weit aus und war nach Mustafas Ansicht der größte Wald im gesamten Bereich der Sahara, aber leider völlig verwildert.

Als Rohlfs zurückkehrte, wartete vor seinem Haus ein kleiner, häßlicher, dunkelhäutiger Mann, der sich Mohammed-el-Gatroni nannte. Der Name genügte, Rohlfs wußte gleich, wen er vor sich hatte, und ließ für ihn die besten Speisen bringen. El Gatroni war der treueste und tüchtigste Diener Heinrich Barths gewesen. Er hatte Abd-el-Kerim, wie sich Barth in Afrika nannte, auf der großen Reise zum Tschad-See und nach Bornu begleitet, hatte alle Gefahren mit ihm überstanden und sich im Umgang mit fremden Völkern als sehr geschickt erwiesen. In den Berichten Heinrich Barths war viel zum Lobe el Gatronis zu lesen.

Als er hörte, daß Mustafa-el-Nemsi seinen verehrten Herrn Abd-el-Kerim besucht hatte, war der gute Gatroni zu Tränen gerührt.

„Ich stamme aus Gatron, wie du weißt, dorthin bin ich heimgekehrt, als Abd-el-Kerim das Feuerschiff bestieg, um Afrika zu verlassen. Ich habe einen schönen Garten, viele Palmen und Kamele in Gatron. Auch einen kleinen Sohn habe ich jetzt und eine Frau. Als ich hörte, daß ein Rumi, sogar einer aus dem Nemsi-Land, nach Mursuk gekommen ist, bin ich gleich hergelaufen, um nach Abd-el-Kerim zu fragen. Und du bist sein Freund, das ist gut, das ist sehr gut. Willst du mich mitnehmen auf deine Reise, Mustafa-el-Nemsi, ich werde alles für dich tun, alles und noch mehr, was ich auch für Abd-el-Kerim getan habe."

Für Rohlfs ein Glück sondergleichen, denn el Gatroni kannte viele Gebiete, wohin die Reise gehen sollte. Er beherrschte die kanurische Sprache, und über seine Zuverlässigkeit gab es keinen Zweifel.

„Kannst du deine Familie und deine Felder verlassen?"

„Ja, das kann ich, Mustafa-Bey, meine Frau ist fleißig und macht alle Arbeit, so daß ich ganz zufrieden mit ihr bin. Nur mußt du mir erlauben, Herr, daß ich mein bestes Kamel mitbringe, von dem ich mich nicht trennen kann. Abd-el-Kerim

Abessinien-Krieg. Festung Magdala in Abessinien.

hat es mir geschenkt, ein gutes und braves Tier, das schon am Tschad-See gewesen ist ... unsere ganze weite Reise hat es mitgemacht[1]."

Natürlich durfte er seinen Liebling mitbringen. Er brachte auch seine korpulente Frau, seinen achtjährigen Sohn und eine Ziege mit, als er von Gatron zurückkam. Die sollten ihm noch in Mursuk Gesellschaft leisten, solange sich Mustafa hier aufhielt.

Alle vier Wochen kam ein Kurier mit der amtlichen Post aus Tripolis, er brachte hin und wieder auch Briefe für Mustafa-el-Nemsi. Auf diesem Weg erhielt er am 2. Februar von seinem Bruder die Nachricht, daß Heinrich Barth schon im November vergangenen Jahres in Berlin gestorben war. El Gatroni empfand tiefsten Kummer, warf sich zu Boden und flehte zu Allah, er möge Abd-el-Kerim in den Himmel holen, obwohl er ein Christ geblieben war.

[1] Das Ende der Barth-Expedition lag schon zehn Jahre zurück, aber Kamele werden bei guter Behandlung dreißig Jahre alt und manchmal noch älter.

„So gute Menschen sind alle gleich vor dem Angesicht Gottes“, meinte er, „da kommt's nicht darauf an, was sie glauben. Abd-el-Kerim wandert durchs Paradies, das weiß ich bestimmt, es kann nicht anders sein!“

Der lange Aufenthalt in Mursuk ging zu Ende. Mustafa hatte eine Gelegenheit gefunden, um an den Tschad-See zu gelangen. Ein Stammesführer der Tedas, Meina Adem mit Namen, Bruder des Sultans von Kauar, war mit seiner Sklavenkarawane nach Mursuk gekommen und wollte so bald wie möglich nach Kauar zurückkehren. Durch Halim-Bey und den Kolrassi hatte ihn Mustafa kennengelernt. Er konnte sich mit seiner kleinen Karawane der großen Karawane Meina Adems anschließen. Es war nicht der gleiche Weg, den schon Barth zurückgelegt hatte, sondern eine mehr östliche Route, die noch kein Europäer begangen hatte.

Am 24. März 1866 brach die Karawane auf. Alle Würdenträger Mursuks begleiteten Mustafa-Bey bis zum ersten Lagerplatz. Noch eine große Menge anderer Leute schloß sich an. So wurde der Abschied beim Brunnen von Tahbanie zu einem richtigen Volksfest mit Tanz und Gesang, mit Palmwein und Dattelschnaps. Ein paar Mädchen beklagten lautstark ihr hartes Schicksal, daß nun der Hamed Tadjani und Mohammed Schtaui von ihnen scheiden mußten. Auch die Frau el Gatronis mit ihrem Sohn war dabei, um den Gatten noch einmal zu sehen, bevor er sie für lange Zeit verließ. Er durfte keine Rührung zeigen, es wäre gegen seine Würde gewesen. Bis zum anderen Morgen blieb auch Mohammed Berserkir, der arme Prinz, im Lager seines Freundes.

„Nun gehst du zu den wilden Völkern des Sudans“, sagte er, als Mustafa sein Kamel bestieg, „wer weiß, was dort mit dir geschieht, mein Freund. Wie schön wäre es gewesen, dich auf den Thron zu heben als Sultan des Fezzan.“

„Der Sattel meines Kamels ist höher, Mohammed, und ich glaube, darin bin ich besser aufgehoben.“

Straße des Durstes

Am dritten Tag nach dem Aufbruch von Mursuk wurde die Karawane von einem seltenen Ereignis überrascht: Es regnete. Wenn das sonst in den Gärten Allahs geschah, in jedem zweiten oder dritten Jahr, fiel der Regen während des Winters. Aber jetzt, in den letzten Märztagen, kam das einem Wunder gleich. Es regnete den ganzen Tag, die ganze Nacht und noch am folgenden Morgen. Die Ziegenhaarzelte der Tedas wurden durchweicht und alle Kleider triefend durchnäßt. Kaum einer von den Wüstensöhnen hatte ähnliches schon erlebt. Für sie war der prasselnde Regen schwerer zu ertragen als die schlimmsten Sandstürme. Sie zitterten vor Unbehagen, sie verfluchten die dunklen Wolken und fühlten sich krank. Erst als die Sonne wieder strahlte und schnell die Pfützen trocknete, belebte sich die Stimmung.

Mit frischen Kräften zog die Karawane weiter. Sie lagerte bei der kleinen Oase Hadsch Hadschid, überquerte drei Tage lang eine völlig flache Serir und kam danach zu einem unbewohnten Wald wilder Palmen. So viele Datteln lagen umher, daß man die Kamele damit fütterte. Früher hatten bei dem fruchtbaren Wald und seinen Wasserstellen viele Menschen gewohnt, aber allzuoft waren die Raubkarawanen der Tuareg erschienen und hatten sie ausgeplündert. Da konnten die wehrlosen Leute nicht länger bleiben und hatten eines Tages die Oase verlassen.

Sonst waren die Tuareg vernünftiger, statt die Kuh zu schlachten, wurde sie gemolken. Das heißt, man ließ den Oasenbewohnern gerade so viel, daß es zu ihrer Ernährung reichte. Nur zweimal im Jahr erschienen die Ressus, um Tribut einzutreiben. Dafür schonten sie das Leben der Dattelpflücker und schützten sie vor anderen Räubern. Aber Kamele durften die Ausgebeuteten nicht besitzen, um zu verhindern, daß sie mit Sack und Pack davongingen. So gab es Stämme und sogar einzelne Familien bei den Tuareg, die bestimmte Oasen mitsamt allen Menschen darin als ihr Eigentum betrachteten. Wehe dem, der versuchte, davonzulaufen. Fast immer wurden die Flüchtlinge aufgespürt und mit dem Tode bestraft.

Nach dieser menschenleeren Oase begann eine Landschaft, wie sie Mustafa noch nie gesehen hatte. Aus der flachen Hamada erhoben sich allenthalben merkwürdige Erdklumpen. Sie waren bis zu zwanzig Meter hoch und sahen aus wie abgebrochene Säulen. Manche waren oben breiter als unten, so wie riesige Pilze. Der französische Forscher Duveyrier hatte ähnliche Gebilde, die sich in einer anderen Gegend befanden, schon beschrieben und sie „les témoins“ genannt, auf deutsch „die Zeugen“. Auch nach Ansicht von Rohlfs waren sie Zeugen der Vergangenheit, denn ihre Erde, die Steine und der Sand wurden durch abgestorbene Wurzeln zusammengehalten, also durch die Reste einer ehemals sehr starken Vegetation. Die Zeugen besagten, daß hier die Wüste in längst vergangener Zeit mit einer hohen Schicht besseren Bodens bedeckt gewesen war, der Büsche und Bäume getragen hatte. Aber dann war ein Wechsel des Klimas eingetreten, und Stürme hatten den guten Boden allmählich verweht. Nur die stärksten Wurzelknollen waren übriggeblieben und ragten hoch aus der Steinwüste heraus. Was sie an ausgedörrtem Boden umklammert hielten, konnte der Wind nicht forttragen. Nun glich die Ebene einem Feld von Ruinen. Es war, als hätte hier ein weitläufiger Tempel von Riesen gestanden, den eine Naturkatastrophe zerstört hatte.

„Weißt du, wie das entstanden ist?“ fragte Mustafa den Tedafürsten.

Meina Adem machte sich darüber keine Gedanken.

„Allah hat es so gewollt, sein Wille ist allmächtig!“

Seit dem Abmarsch von Mursuk hatte sich das Verhalten Meina Adems verändert. Er betonte nun seine hohe Stellung und sah in Mustafa einen Mann, der von ihm abhängig war.

Als einziger Mann der Karawane ritt Meina Adem auf einem Pferd. Es war prächtig aufgezäumt, trug einen mit Silber beschlagenen Sattel und vergoldete Steigbügel. Aber um das edle Pferd bei guter Gesundheit zu erhalten, brauchte man zwei Kamele, die sein Futter und sein Wasser durch die Wüste schleppten. Viel Würde trug Meina Adem zur Schau, wenn er so daherritt und seine Gefolgsleute mit scharfen Befehlen kommandierte. Doch sein Geiz war noch größer als sein Stolz. Er kam bei jedem Lagerplatz in Mustafas Zelt, um sich bewirten zu lassen. Er verlangte nach Art der Beduinen drei Löffel Zucker in jede Tasse Tee und hatte sich angewöhnt, Zigaretten zu rauchen, eine damals noch ganz neue Mode. Mustafa hatte nicht genug davon, denn sie waren teuer und nur in Tripolis zu erhalten. Meina Adem störte das nicht, beim Fortgehen nahm er mit kühnem Griff noch eine Handvoll Zigaretten mit.

Mohammed Schtaui, selbst ein Geizhals sondergleichen, hatte bald herausgefunden, daß für Meina Adem nicht der geringste Grund bestand, so würdelos zu sparen und Mustafa auszunutzen. Als Menschenhändler machte Meina Adem die besten Geschäfte in Mursuk. Zehntausend Mariatheresien-Taler hatte er diesmal beim Verkauf von dreihundertzwanzig Sklaven verdient. Er trieb seine billig erworbene Ware von Kauar nach Mursuk, um sie dort für den dreifachen Preis abzustoßen. Er war um vieles reicher als der Sultan, gönnte sich aber auf eigene Kosten nichts als das Pferd und einen Sonnenschirm. Beides mußte er haben, es waren die äußeren Zeichen seiner Würde.

Schon seit achtzehn Jahren beschäftigte sich Meina Adem

mit Sklavenhandel. Rechnete man nur zweihundert „Stück Mensch“ pro Jahr, dann hatte er im Laufe der Zeit fast viertausend Opfer auf den Markt getrieben.

Wie viele Sklaven während des grausamen Marsches an Hunger, Durst und schlechter Behandlung zugrunde gegangen waren, ließ sich nicht abschätzen.

Ein Tag verging nach dem anderen, nichts Besonderes ereignete sich. Hier eine Oase mit wenigen Menschen, dort nur tiefe Brunnen in der Wüste. Danach folgte eine ganze Woche ohne Wasserstelle. Man mußte auch die Kamele aus den Girbas tränken, damit sie durchhielten. Als der letzte Tropfen verbraucht war, kam die stark erschöpfte Karawane zur menschenleeren Oase Mestuta. An einem trüben Teich konnten sich die Kamele satt trinken und fanden auf den verwilderten Feldern gute Weide. Wo früher Menschen gelebt hatten, wimmelte es von Ratten und Kaninchen. In den Palmen nisteten Tauben, Schwalben und Spatzen. Danach ging es wieder durch eine Serir mit vielen tausend „Zeugen“, von denen einige noch Büsche trugen.

Die meisten Brunnen waren versandet. Ein paar Männer mußten hinuntersteigen, oft zehn Meter tief, um sie auszugraben. An langen Stricken wurde der Sand in den Schöpfeimern emporgezogen, bis man endlich auf Grundwasser stieß.

Gebleichte Gerippe von Kamelen und Menschen, auch mumifizierte Leichen lagen in der Nähe dieser Brunnen. Sogar in seinem Zelt fand Mustafa einen Schädel, den man vergessen hatte hinauszuwerfen.

„Was ist hier geschehen“, fragte Mustafa den Tedafürsten, als er zur gewohnten Teestunde hereinkam, „warum gab es hier so viele Tote?“

„Es waren nur Sklaven, die krepiert sind, weil es zu lange dauerte, bis sie Wasser bekamen. Die Kerle halten ja nichts aus, am liebsten würden sie zweimal täglich saufen“, antwortete Meina Adem ungerührt.

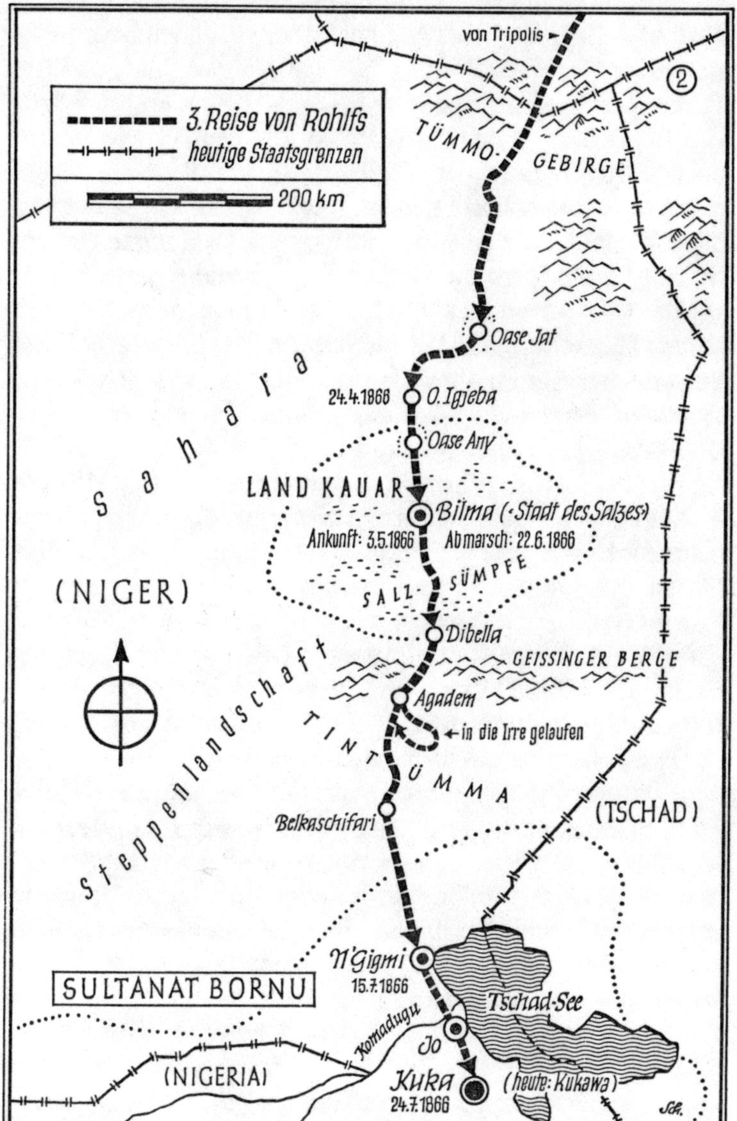

von Tripolis
3. Reise von Rohlfs
heutige Staatsgrenzen
200 km
②
TÜMMO-
GEBIRGE
Oase Jat
Sahara
24.4.1866
O. Igjeba
Oase Any
LAND KAUAR
Bilma (»Stadt des Salzes«)
Ankunft: 3.5.1866
Abmarsch: 22.6.1866
SALZ-
SÜMPFE
(NIGER)
Dibella
GEISSINGER BERGE
Steppenlandschaft
Agadem
TINTÜMMA
in die Irre gelaufen
Belkaschifari
(TSCHAD)
N'Gigmi
15.7.1866
SULTANAT BORNU
Tschad-See
Komadugu
Jo
(NIGERIA)
Kuka
24.7.1866
(heute: Kukawa)
Sch.

Die Oase Medrussa war noch bewohnt. Hier lebten Tedas, die zum selben Volk wie Meina Adem gehörten, aber nicht zum Sultanat seines Bruders. Sie wußten gar nicht, daß der Türkenpascha von Tripolitanien der Ansicht war, seine Provinz dehne sich bis nach Medrussa aus, ja noch viel weiter nach Süden. Was auf dem Papier stand, konnte ihnen gleichgültig sein. Bisher hatte sich noch kein türkischer Soldat hier blicken lassen. Auch in Konstantinopel, so war anzunehmen, wußte niemand, wo die Grenze Tripolitaniens verlief.

Meina Adem entdeckte fünf junge Palmen, deren Saft sich gut zur Herstellung von berauschendem Lakbi eignete. Trotz flehentlicher Bitten ihrer Besitzer ließ er die Bäumchen umhauen. Er war ein Fürst und konnte sich alles erlauben.

Als die Karawane bald danach am Fuß des Djebel Djado lagerte, der höchsten Erhebung weit und breit, stieg Mustafa bis zum Gipfel hinauf, um geographische Messungen vorzunehmen. Es war eine schwierige Kletterei über scharfkantige Felsen und durch dorniges Gestrüpp. An steilen Hängen mit losem Geröll arbeitete er sich empor, wurde aber oben mit einer wunderbaren weiten Aussicht belohnt. Den Rückweg wollte Mustafa abkürzen und verirrte sich in einem Labyrinth wilder Schluchten, die gewiß noch kein Mensch, auch kein Eingeborener gesehen hatte. Er begegnete Gazellen und dem seltenen Mufflon der Sahara, die bei seinem Anblick nicht flüchteten, sondern stehenblieben und ihn anstarrten. Mustafa hatte weder Wasser noch Verpflegung mitgenommen, auch keine Waffen, um Wildbret zu erlegen. Er war in einer üblen Lage, zumal von seinen Leuten niemand wußte, wo man ihn suchen sollte. Am späten Nachmittag stieg er wieder auf eine Anhöhe, um ein Signalfeuer zu entzünden. Da krachten in der Ferne ein paar Schüsse. Mohammed el Gatroni hatte den Rauch gesehen und verständigte seinen Herrn, wohin er sich wenden sollte, um das Lager zu finden. Mustafa merkte sich die Richtung, aber die Dunkelheit brach an, und er mußte noch warten, bis der Mond schien. Es war zum Glück Vollmond, und gegen Mitternacht schleppte er sich ins Lager, wo man dampfende Schüsseln und einen gefüllten Wasserkrug für ihn bereithielt. Meina Adem war mit seinen Leuten und Kamelen schon weitergezogen. Der Rumi sollte sehen, wie er sich in der wilden Einöde zurechtfand.

In der Oase Tedjerri, die von fünfhundert Menschen bewohnt war, unternahm Mustafa den Versuch, sich selbständig zu machen. Er wollte Führer mieten, um in das sagenhafte Tibesti-Gebirge einzudringen. Wenn ihm das gelang, konnte er anschließend auf einem anderen Weg den Tschad-See erreichen. Aber der Tedafürst wollte Mustafa nach Kauar bringen, damit ihn auch sein regierender Bruder noch ausbeuten konnte. Er sorgte dafür, daß von den Leuten in Tedjerri niemand bereit war, den Rumi zu begleiten. So verpaßte Rohlfs die Gelegenheit, als erster Europäer von diesem Hochgebirge und seinen wilden Bewohnern zu berichten[1].

Weiter und weiter marschierte die Karawane dem Ende der Sahara entgegen. Die Hitze war erdrückend. Wenn Mustafa das Thermometer in den Sand schob, zeigte es siebzig Grad Celsius. Er meinte, hier sei die Luft noch trockener als in jedem anderen Wüstengebiet auf Erden. Sie schien unmittelbar aus einem Hochofen zu kommen. Alle fünf bis zehn Minuten mußte ihm Hamed einen Becher Wasser hinaufreichen.

„Diesen Weg nennt man die ‚Straße des Durstes'", sagte el Gatroni, „mich wundert es nicht, daß du so viel trinken mußt."

„Weißt du, warum bei den Kamelen Meina Adems alle Girbas mit der Öffnung nach vorn hängen? Es ist mir heute zum erstenmal aufgefallen."

[1] Dieser kühne Vorstoß gelang vier Jahre später dem deutschen Afrikaforscher Gustav Nachtigal. Er sah Berge, die bis zu 3150 Meter anstiegen, traf jedoch auf Stämme der Tibbus, deren Raubgier und Mordlust ihn wieder vertrieben. Nur mit knapper Not rettete er sein Leben.

„Weil sie sonst mit Sklaven marschieren, Mustafa, und wenn die vor Durst halb wahnsinnig werden, versuchen sie, mit ihren Zähnen die Stöpsel herauszureißen. Aber wenn der Verschluß nach vorne zeigt, können sie das nicht machen. Die Kamele würden's gleich merken, und es regt sie auf, wenn plötzlich so ein Kerl dicht neben ihrem Hals erscheint. Sie bleiben dann stehen, drehen den Kopf und brüllen. Na ja, und du kannst dir denken, wie schnell die Sklaventreiber herbeilaufen ... der arme Teufel kriegt eine fürchterliche Tracht Prügel. Würden die Girbas nach hinten hängen, könnte es schon sein, daß mal ein paar Sklaven unbemerkt trinken. Man hat ja nur einen Aufseher für zwanzig bis dreißig Stück."

Der Weg vom Fezzan zum Tschad-See sei nicht zu verfehlen, hat Rohlfs später berichtet, man brauche nur den Gerippen verdursteter Sklaven zu folgen.

Mehrere Tage zog die Karawane durchs Tümmo-Gebirge, einer Masse aus dunkelgrauem Sandstein und schwarzem Basalt. Die Felsen waren oft so heiß, daß man sie mit der bloßen Hand nicht berühren konnte. Aber es wurde besser, als der Marsch durch Schluchten führte. Dort unten bewegte sich die Karawane im Schatten. Bis zu siebenhundert Meter ragten beiderseits die kahlen Wände empor. In den tiefsten Tälern, wo die Sonne nur gegen Mittag hineinbrannte, gedieh saftiges Gras, und es gab Büsche mit grünen Blättern. Aus einer Felsspalte sprudelte frisches, kühles Wasser. Erst vor zehn oder fünfzehn Jahren, erzählte el Gatroni, hatte man durch Zufall diesen wunderbaren Platz entdeckt. Hier wurde für eine Rast von zwei Tagen das Lager aufgeschlagen, und man ließ die Kamele weiden. Mustafa staunte über die Menge der Tierfährten. Der kleine klare Quellsee zwischen den Felsen, ein sogenanntes *Guelta,* war Treffpunkt von Gazellen, Mufflons, Schakalen und Hyänen. In großen Schwärmen ließen sich früh am Morgen und spät abends die Vögel daran nieder. Aber weit und breit schien kein Mensch zu leben.

Nach der Ruhe in tiefer Schlucht folgte ein anstrengender Marsch durch die Sandwüste. Wegen der großen Hitze marschierte die Karawane bei Nacht. Der Mond schien so hell auf diesen Garten Allahs, daß der Sand wie Silber glänzte. Aber eines der Tragtiere wurde *bathal* und brach tot zusammen. Auch eines von Mustafas Kamelen, das in Tripolis zweihundertfünfzig französische Franken gekostet hatte, schien am Ende seiner Kräfte zu sein. In der Oase Jat mußte man es schlachten. Aus seinem Fell fertigten sich die Treiber Sandalen an, sein zähes Fleisch diente als Festmahl für alle Leute der Karawane. Während der Nacht raufte sich „Mursuk" mit den Schakalen um einen besonders guten Knochen. Er blieb Sieger in dem Kampf und trug stolz seine Beute ins Lager.

Am 24. April, nach langen, anstrengenden Nachtmärschen durch leblose Wüste, wurde endlich die Oase Igjeba erreicht. Hier begann das Sultanat Kauar, nach europäischem Begriff ein Reich von großer Ausdehnung, aber nur von ungefähr sechstausend Menschen bewohnt, die sich auf ein Dutzend Oasen verteilten. Meina Adem zog in die armselige Ortschaft ein, als sei er selbst der Herrscher. Die Untertanen seines Bruders liefen herbei, Flinten wurden zur Begrüßung abgefeuert und Freudentänze aufgeführt. Aber so ganz zufrieden war der hohe Herr wohl nicht mit dem Empfang, weil der Hund „Mursuk" mehr Aufsehen erregte als sein Erscheinen. Er blieb nur über Nacht in Igjeba, brach schon früh am Morgen wieder auf und eilte der Karawane mit nur wenigen Begleitern voraus zur nächsten Oase. Sie hieß Anay, hatte etwa hundert hübsche Palmblatthütten und wurde von einem halben Tausend Menschen bewohnt. Als Mustafa dort ankam, war Meina Adem schon wieder fort. Es bestand kein Grund, ihm möglichst rasch zu folgen.

Drei Tage blieb Mustafa mit seinen fünf Kamelen, seinen Treibern und drei Dienern in Anay, um sich auszuruhen. Er wollte Früchte und Lebensmittel kaufen, aber für Geld war nichts zu haben. Selbst die silbernen Mariatheresien-Taler hatten hier keinen Wert. Was sollten die Leute damit anfangen, da es in Anay doch nichts gab, das sie erwerben konnten? Von allen Tauschwaren, die Mustafa bei sich hatte, interessierte sie nur der Kautabak. Dafür bekam er Datteln, Melonen, Gerste und getrockneten Klee als Kamelfutter. Eine geräumige Hütte aus geflochtenen Palmblättern wurde ihm angewiesen. Sie gefiel ihm weit besser als die stickigen, schmutzigen Lehmkugeln von Mursuk. Wenn leichter Wind wehte, war es darin angenehm kühl. Aber kein Lufthauch regte sich. Gegen Mittag stieg die Hitze auf fünfzig Grad Celsius im Schatten! Eine Wachskerze, die Mustafa neben sein Lager gestellt hatte, weichte auf und zerschmolz. Nur der Docht blieb übrig.

Rohlfs beschreibt die Bewohner Anays als freundliche Menschen. Wie alle Tedas waren sie schlank und zierlich gebaut, hatten scharfgeschnittene Gesichtszüge und kupferbraune Haut. Heute sind die meisten Völkerkundler der Ansicht, daß die Tedas und Tibbus zum gleichen Volk gehören. Der Unterschied soll nur in der verschiedenen Lebensweise bestehen. Die Tedas sind friedliche Bewohner der Oasen, die Felder bestellen und ihre Wohnplätze nur wechseln, wenn sie dazu gezwungen werden. Dagegen waren damals nur wenige Tibbus im Tibesti-Gebirge seßhaft geworden. Sie lebten hauptsächlich von der Jagd, vom Raub und von ihren halbwilden Ziegen, mit denen sie die Schluchten ihrer Berge durchwanderten. Wegen ihres kriegerischen und diebischen Charakters wurden sie von allen benachbarten Stämmen gefürchtet.

Ähnlich wie bei den Tuareg hatten die Teda-Frauen ein wichtiges Wort bei allen Angelegenheiten mitzureden, und

Mustafa gewann den Eindruck, daß sie die Männer beherrschten. Es war ihre Sache, Handel zu treiben und mit den Käufern zu feilschen. Ihnen gehörte die Hütte, und wenn es zum Streit kam, so warf die Frau ihren Mann hinaus. Schweigend mußte er seine Verbannung hinnehmen, bis sich die zornige Gattin beruhigte und ihn wieder hineinließ. Große Sorgfalt verwandten die jungen Weiber auf ihre Frisur. An manchen Frauen zählte Mustafa bis zu achtzig Zöpfen. Alle Frauen trugen Reifen und Ringe aus Horn, Holz, Blei, Silber und Elfenbein, sowohl an den Armen wie den Fußgelenken. Der linke Nasenflügel war durchbohrt und bei vornehmen Damen mit einer roten Koralle geschmückt. Ärmere Frauen mußten sich mit einem hübschen Stein oder einem Dattelkern begnügen.

Vieles hatten die Teda-Männer den Tuareg nachgemacht, die sie ebenso fürchteten wie bewunderten. Sie trugen einen blauen Gesichtsschleier, wenn sie die Oase verließen. Er hatte den Zweck, sie vor scharfem Wind und wehendem Sand zu beschützen. Sie legten den Litham wieder ab, wenn sie zurückkamen[1].

Die Teda hatten auch von den Tuareg das Schwert mit dem Kreuzgriff übernommen sowie die schlanke, eiserne Lanze und das Schild aus knochenhartem Leder. An der Innenseite des linken Oberarmes trugen sie ein dolchartiges Messer. Mit einem Lederriemen war es dort befestigt. Wegen des Tuareg-Schwertes haben sich schon viele gelehrte und nicht gelehrte

[1] Die Tuareg tragen immer einen Schleier, auch im eigenen Zelt und sogar bei den Mahlzeiten. Er wird dann mit der linken Hand vom Mund abgehalten, während die rechte das Essen hineinschiebt. Das ist gewiß sehr umständlich, aber noch heute so üblich. Ich habe mehrere Tage in einem Zeltdorf der Tuareg gewohnt, als Gast des *Amenokal*, wie der Stammesführer der Hoggar-Tuareg genannt wird, aber nie sah ich das unverhüllte Gesicht eines Tuareg. Mein Gastgeber wandte mir den Rücken zu, wenn er trank, legte auch beim Schlafen den Litham nicht ab. Vielleicht ist das anders, wenn kein Fremder in der Nähe ist. Die Frauen der Tuareg haben sich neuerdings angewöhnt, Zigaretten zu rauchen, die Männer können es nicht, weil der Schleier stört.

Experten den Kopf zerbrochen, denn es sieht genauso aus wie ein Ritterschwert des europäischen Mittelalters. Sonst sind alle orientalischen und afrikanischen Degen, Säbel und Schwerter geschwungen, nur das Schwert der Tuareg, das die friedlichen Teda von ihnen übernahmen, ist gerade. Der Griff hat die Form eines christlichen Kreuzes. Wer dieses Schwert in einer Waffensammlung neben den Ritterschwertern unseres Mittelalters sieht, kann es nicht von diesen unterscheiden. Die merkwürdige Gleichheit kann Zufall sein, kann aber auch aus einer weit zurückliegenden Berührung der Tuareg mit den germanischen Wandalen stammen, die sich während der Völkerwanderung an der Nordküste Afrikas niederließen, um dort für kurze Zeit ein Königreich zu gründen. Es könnte auch sein, daß solche Schwerter als Beutewaffen der Araber zu den Tuareg gelangten, die diese dann nachgemacht haben. Noch niemand hat das Rätsel gelöst. Die besten Klingen der Tuareg wurden seit Anfang des vorigen Jahrhunderts nicht mehr im Lande selbst geschmiedet, sondern kamen aus Solingen, wie Mustafa an der Marke feststellte. Einige deutsche Hersteller hatten sich darauf spezialisiert. Sie arbeiteten für Kunden in der Sahara, von denen sie kaum etwas wußten. Bestellt wurden die Schwertklingen von arabischen Händlern in Tripolis, die alles Weitere übernahmen. Als Zeichen ihrer Würde tragen vornehme Tuareg und Tedas noch heute ihre Schwerter, jetzt aber hergestellt aus den Blattfedern alter Autos. Was man den Touristen verkauft, besteht nur aus dem Blech von Bezintonnen.

Von Anay reiste Mustafa mit seiner eigenen Karawane über die Oasen Anninkini und Kismi, wo Meina Adem seinen ständigen Wohnsitz hatte. Der Fürst war schon drei Tage früher dort eingetroffen und begrüßte den Gast, als seien sie stets die besten Freunde gewesen.

Am 3. Mai kam Mustafa nach Bilma, der Hauptstadt des Landes Kauar. Sie war nur eine unregelmäßig gebaute Ortschaft von ungefähr tausend Einwohnern, gar nicht zu vergleichen mit In-Salah, Ghadames oder Mursuk. Die Hütten bestanden aus Lehm und Stroh oder waren ganz einfach aus Palmenblättern geflochten. Drei Würdenträger eilten dem Rumi entgegen, brachten vom Sultan eine Ziege als Willkommensgruß und führten Mustafa zu einer engen, elenden Unterkunft am Rande des Ortes. Sie war das „Gästehaus der Regierung", doch es gab darin nicht genug Platz für Mustafas Begleiter, geschweige denn für sein umfangreiches Gepäck.

„Sagt dem Sultan, daß ich ihn erst besuche, wenn er mir ein besseres Haus zur Verfügung stellt."

Er mußte so auftreten, um sich Respekt zu verschaffen. Die drei Männer liefen davon und blieben eine gute Stunde verschwunden. Als sie dann wiederkamen, war die Frage der Unterbringung geregelt. Mustafa bekam ein viel besseres Haus. Nachdem er sich eingerichtet hatte, machte er Meina Abadji, dem Sultan von Kauar, seine Aufwartung.

Der war ungefähr fünfundvierzig Jahre alt und recht wohlgenährt. Er saß inmitten eines weißgetünchten, schmucklosen Raumes auf dem Sandboden. Im Vergleich zu seinem Bruder Meina Adem machten der Sultan und sein Haus einen ärmlichen Eindruck.

„Sei mir willkommen, Mustafa-Bey, und breite deine Geschenke aus."

Mustafa reichte ihm die Empfehlungsschreiben des Groß-Scherifs, des Paschas von Tripolitanien und des Gouverneurs von Mursuk. Der Sultan tat so, als würde er sie studieren, hielt aber das Papier verkehrt herum. Er konnte nicht lesen, das war offensichtlich. Er verstand auch nur wenige Worte der arabischen Sprache, weshalb Mustafa kanurisch mit ihm redete.

„Du fragst gleich nach Geschenken, Meina Abadji!"

„Ja, denn ich habe dir eine fette Ziege geschickt. Nun bist du an der Reihe ..."

Mustafa übergab ihm sechs Taschentücher, zwei Rasiermesser, einen roten Turban, einen türkischen Dolch, eine Flasche mit Rosenöl, eine Mundharmonika, zwei Zuckerhüte und zehn Mariatheresien-Taler.

Aber damit war der Beherrscher von Kauar nicht zufrieden.

„Du bist zu sparsam, Mustafa, das gefällt mir nicht. Von den anderen Rumis, die mich besucht haben, bekam ich hundert Taler, wie sich das gehört."

Er meinte Vogel und von Beurmann, die beiden Verschollenen. Ob sie wirklich so freigebig gewesen waren, ließ sich nicht nachprüfen. Doch möglich konnte es sein, da man sie ausreichend mit Geldmitteln versehen hatte.

„Ich muß auf einem Geschenk von hundert Silbertalern bestehen, Mustafa", forderte der Sultan mit strenger Miene, „sonst darfst du nicht hierbleiben, und ich gebe dir keinen Führer, um weiterzuziehen."

Mustafa kochte vor Wut, doch er war diesem Schurken ausgeliefert. Hätte er dreißig oder vierzig bewaffnete Leute bei sich gehabt wie die ganz großen Karawanen, hätte es Meina Abadji nicht gewagt, ihn zu erpressen. So aber mußte er sich dessen Wohlwollen erkaufen. Er brauchte mindestens vier frische Kamele, zwei Treiber und einen landeskundigen Führer. Nur Mustafas eigenes Reitkamel und der Liebling el Gatronis waren noch in einigermaßen guter Verfassung.

„Du gibst mir Kamele und Begleiter bis nach Bornu, Meina Abadji, und ich gebe dir noch hundert Taler und einen wunderschönen Burnus aus Seide."

Der Sultan genehmigte den Vorschlag. Er schwor bei Allah dem Allmächtigen, von dem er gewiß nur wenig hielt, daß nunmehr zwischen ihm und dem Rumi ewige Freundschaft hergestellt sei.

„Ich bin leider auf Geschenke angewiesen, mein vielgeliebter Freund", sagte er zu seiner Entschuldigung, „meinen ganzen Besitz hat man mir weggenommen, als ich Sultan wurde!"

Mustafa hielt das für plumpen Schwindel, aber es war die reine Wahrheit. Die Herrscher von Kauar wurden wirklich schlecht behandelt. Wenn der älteste Sohn die Würde seines Vaters erbte, mußte er auf alles verzichten, was er bis dahin besaß. Danach schenkte ihm sein Volk ein Pferd, ein Schwert, einen Teppich und Turban. Das war alles, mehr durfte er nicht in den Lehmpalast mitbringen, den man vorher ausgeräumt hatte. Als Entgelt für sein hohes Amt bekam er einen Teil der Beute von Raubzügen, und wenn es ihm gelang, von durchreisenden Karawanen Zollgebühren einzutreiben, durfte er sie behalten. Außerdem konnte er von Fremden, die allerdings nur selten erschienen, Geschenke fordern. So war das bei allen Sultanen der Tibbus und Tedas. Damit sollte verhindert werden, daß sie zu viele Sklaven kauften und bewaffneten, um mit Hilfe ihrer privaten Streitmacht das Volk zu unterdrücken. Tatsächlich hatte der Herrscher von Kauar sehr wenig Macht. Er war nur der Schiedsrichter bei Streitigkeiten und Anführer bei Kriegszügen. So kann man sagen, daß hier eine Art von Demokratie bestand. Der Sultan war ein Diener des primitiven Staates, nicht sein allmächtiger Herr. Bei den Negervölkern im Süden war genau das Gegenteil der Fall. Dort herrschten die Sultane mit absoluter Willkür. Sie konnten mit ihren Untertanen tun und lassen, was sie wollten. Ein Wink genügte, und die Köpfe rollten. Wie Gewürm kroch das Volk zu Füßen seiner strengen Despoten.

Rings um die kleine Hauptstadt Bilma dehnten sich weite Salzsümpfe, und Salz war der Reichtum des Landes oder hätte es sein können, wären die Tuareg nicht gewesen. Denn sie bestimmten beim Tauschhandel den Gegenwert für das Salz, und ihnen mußte man es liefern. Alles ging durch ihre Hände. Die Tuareg verkauften es weiter bis ans Ende der Sahara und darüber hinaus.

In der Umgebung von Bilma wurden derart große Mengen von Salz gewonnen, daß es, mit Lehm gemischt, zum Bau der Häuser und Schutzmauern diente. Aber der salzverkrustete Boden erlaubte nur den Anbau von Kürbissen, Wassermelonen und Klee. Die Datteln von Kauar waren schlecht, die Ziegen und Schafe nur klein und mager. Fast alle Lebensmittel und was man sonst noch brauchte, mußten im Austausch gegen Salz importiert werden.

Es gab unter den Tedas sehr kunstfertige Schmiede, die waren eine Klasse, vielleicht sogar eine Rasse für sich, in gleicher Weise verachtet und gefürchtet. Nur der Sohn eines Schmiedes durfte Schmied werden, ja, er mußte es werden. Er konnte nur die Tochter eines Schmiedes zur Frau nehmen, so daß sich der Beruf in den gleichen Familien von Generation zu Generation vererbte. Etwas Ähnliches hatte es früher in Europa bei den Henkern und Scharfrichtern gegeben. So war es auch bei den anderen Stämmen der Tibbus. Die Schmiede der Tedas und ebenso der Tibbus waren gleichzeitig Krankenbehandler, Wahrsager und Teufelsvertreiber, also eine unheimliche Gesellschaft in den Augen ihrer Mitbürger. Worauf das zurückging und wie ihre Rolle einmal entstanden war, konnte Mustafa nicht herausfinden.

Der Sultan dachte nicht daran, seinen neuen Freund mit Kamelen, Treibern und einem Führer nach Bornu zu versorgen, wie er hoch und heilig versprochen hatte. Mustafa stellte selbst eine kleine Karawane zusammen. Sie bestand aus seinen drei Dienern, Hamed Tadjani, Mohammed Schtaui und Mohammed el Gatroni, sowie dem schwarzen Jungen Noel und einem siebzehnjährigen Sklaven, den er freigekauft hatte und in seine Heimat zurückbringen wollte. Ein mohammedanischer Wanderprediger, ein Sklavenhändler mit zwei Dienern und ein vornehmer Teda, ebenfalls Menschenkäufer mit zwei Dienern, schlossen sich an. Alles in allem vierzehn Personen. Zwanzig Kamele mit sechs Treibern wurden gemietet. Mustafas Anteil der Kosten betrug sechzig Maria-theresien-Taler. Viel bares Geld blieb ihm nicht mehr übrig. Er mußte von nun an versuchen, möglichst alles mit seinen Tauschwaren zu bezahlen.

Kurz vor der Abreise wünschte der Sultan von Mustafa eine schriftliche Bestätigung, worin man lesen konnte, daß er seinen Gast sehr hilfsbereit und liebenswürdig behandelt hatte. Dieses Dokument wollte er bei Gelegenheit nach Tripolis schicken, gewissermaßen als Werbung für den Fremdenverkehr. Die dortigen Konsuln sollten es jedem zeigen und natürlich auch dem Pascha. Mustafa schrieb den Brief, aber darin warnte er dringend vor des Sultans Habgier und seinem treulosen Charakter. Er verfaßte das Schreiben in deutscher, englischer und französischer Sprache. Meina Abadji war damit sehr zufrieden, konnte er doch nicht ahnen, wie sich tatsächlich der Rumi über ihn geäußert hatte.

Am 22. Juni 1866, dreizehn Monate nach dem Aufbruch von Tripolis, konnte Mustafa die „Stadt des Salzes“ verlassen.

Beim Sultan von Bornu

Tinger-Tinger wurde die Landschaft genannt, deren trostlose Einöde die Karawane sieben Tage lang durchquerte. Das Sandmeer war gefürchtet wegen seiner hohen Dünen und des staubfeinen Bodens, worin Menschen und Tiere oft bis zu den Knien versanken. Es ging hinauf zum Kamm der lockeren Hügel und hinunter in Dünentäler, mehr als hundertmal an jedem Tag. Immer das gleiche und immer wieder das gleiche. Glühende Hitze ließ die Luft flimmern, die Sonne brannte mit sengenden Strahlen. Das Reitkamel eines Händlers wurde „bathal", legte sich nieder und starb binnen weniger Minuten.

Als man zum drittenmal lagerte, brauste ein Gibli heran. Er riß die Zelte zu Boden und rollte die Kochkessel davon. Stunden vergingen, bis man sie wiederfand. Am Tage danach löste sich plötzlich der Sattelgurt an Mustafas Kamel, und er stürzte kopfüber zu Boden. Es hätte schlimm ausgehen können, wäre mit ihm nicht auch seine Matratze hinabgefallen, die den Aufprall milderte. Bald mußten alle Reiter absteigen, damit man einen Teil des Gepäcks von den Lastkamelen auf die Reitkamele verlagern konnte. Sonst wären noch mehr der erschöpften Tiere „bathal" geworden. Man mußte das Wasser der Girbas mit ihnen teilen, viel zuwenig blieb für die Menschen übrig.

„Es waren die schlimmsten Tage all meiner Wanderungen durch die Wüste", hat Gerhard Rohlfs später berichtet, „ich stampfte durch den Staub, bei jedem Schritt bis zur halben Wade versinkend, und ich wankte mit Kräften, die meine letzten zu sein schienen, eine Erhebung nach der anderen hinauf. Mehr als einmal war ich nahe daran, mir den Tod als Erlösung zu wünschen."

Doch im Garten Allahs können Wunder geschehen. Am Ende des sechsten Tages erschienen hier und da hauchdünne, knisterdürre Grashalme im Sand. Mohammed el Gatroni begrüßte sie als Vorboten des Paradieses, das demnächst beginnen werde. Und tatsächlich, die Halme vermehrten sich und nahmen eine blaßgrüne Färbung an. Kleine Dornbüsche kamen hinzu, bald danach zierliche Suak-Bäumchen, einzelne Akazien und blühende Mimosensträuche. Sie gehörten zu keiner Oase, das war ganz etwas anderes. So weit man sehen konnte, auch rechts und links, breitete sich diese ungewohnte Landschaft aus.

Die Sahara war zu Ende, Gerhard Rohlfs hatte die größte Wüste durchquert. Der 26. Juni 1866 blieb ein denkwürdiger Tag in seinem Leben.

Als die Karawane den Brunnen von Dibella erreichte, lag der Wasserspiegel darin nur einen Meter tief. So konnten denn alle Pflanzen in dieser Erde ihre Wurzeln ins Grundwasser tauchen. Die Kamele fanden eine Weide, so nahrhaft und saftig, wie sie sie schon lange nicht mehr gekannt hatten. Mustafas Zelt stand im Schatten schöner Dumpalmen, die Mimosen dufteten, und kleine Vögel schwirrten durch die Zweige.

Nicht als erster Europäer hatte Gerhard Rohlfs die Sahara von Norden nach Süden durchzogen, aber als einer der ganz wenigen, denen bisher diese Leistung gelang. Auf seinem Weg war noch kein Rumi gegangen, so bald würde ihm auch keiner folgen.

Immer dichter und grüner wurde die Vegetation. Man spürte die zunehmende Feuchtigkeit der Luft, und die Nächte waren angenehm kühl. Mehr und mehr belebte sich die Savanne mit wilden Tieren. Da gab es flinke Dorcas-Gazellen und Oryx-Antilopen mit ihren nadelscharfen, meterlangen Gehörnen. Krächzende Raben saßen in den Dornbüschen, riesige Aasgeier warteten auf die Abfälle des Lagers, und Eulen riefen durch die Nacht. An den Zweigen hingen Nester der Webervögel, großen Mehlsäcken gleichend, die oft fünfzig und sechzig Wohnungen enthielten. Singvögel waren überall, ihr Gezwitscher erfüllte die Luft.

„Ist es nicht ein Paradies, wie ich gesagt habe“, lachte el Gatroni, „wenn man die Wüste hinter sich hat, ist die grüne Welt doppelt so schön.“

„Das schönste wäre ein Bach mit klarem Wasser“, meinte Mustafa.

In den Geissinger-Bergen, die sie bald danach überschritten, wurde sein Wunsch erfüllt. Dort plätscherte zwischen Granitfelsen ein schmales Bächlein und füllte mehrere Gualtas mit klarem, kühlem Wasser. Rohlfs warf seine Kleider ab und stieg hinein. Es war sein erstes Bad nach anderthalb Jahren!

Aber in diesem Paradies lauerten Gefahren, und das waren auch hier die Raubkarawanen der Tuareg. Jene Leute, die Mustafa aus Bilma mitgenommen hatte, zogen einen Kreis um das Lager, murmelten Gebete und hängten Papierstreifen mit Koransprüchen an die Zeltstangen. Das war nach ihrer Meinung der beste Schutz gegen Überfälle von Menschen und vor wilden Tieren. Aber die Hyänen ließen sich nicht davon abhalten. Ohne jeden Respekt vor den Sicherheitsmaßnahmen überschritten sie die Markierung und zerrten an den Ledersäcken. Doch flink wie der Wind schoß „Mursuk“ aus dem Zelt seines Herrn und jagte sie mit wütendem Gebell in die Flucht.

In Agadem, einem beliebten Treffpunkt der Karawanen, mit zwei Brunnen, wünschte Mustafa einige Tage zu bleiben. Hier hatten Jäger des Bulguda-Stammes, zum Volk der Tedas gehörend, ihr Jagdlager aufgeschlagen und verkauften frisches Wildbret für ein paar Handvoll Glasperlen. Dazu stiftete Mustafa Erbsen und Linsen, die er als Notproviant gespart hatte. Für die Begriffe der Beduinen war das ein Festmahl.

„Bleibt nicht am nördlichen Brunnen", sagten die Bulgudas, „das Wasser ist trüb und schlecht. Kommt lieber an unseren Brunnen, sonst werdet ihr alle krank!"

„Warum denn?" wollte Mustafa wissen.

„Zwei Sklaven haben sich in deinen Brunnen gestürzt, es ist nicht gut, von dem Wasser zu trinken."

Allein die Vorstellung, daß tief im Brunnen noch die Leichen lagen, drehte Mustafa den Magen um.

Der Weg von Dibbela zum Sultanat Bornu führte durch die völlig flache Landschaft Tintümma. Weil man unterwegs überall den gleichen Anblick hatte und es gar keinen Anhaltspunkt gab, nach dem man sich richten konnte, war ein guter Führer unbedingt notwendig. Zu viele Karawanenspuren folgten zu vielen Richtungen. Einer der Bulgudas war gegen zwei Handvoll Glasperlen gerne bereit, Mustafas Karawane bis zum Brunnen von Belkaschifari zu bringen. Von dort aus konnte man den Weg nach Bornu nicht mehr verfehlen.

„Gönne deinen Kamelen einen leichten Marsch", sagte der Mann, „du brauchst die Girbas nicht zu füllen, denn wir haben genug Wasser an jedem Lagerplatz."

Mustafa war gerne damit einverstanden, die Tragtiere hatten es verdient. Bei Sonnenaufgang marschierte die kleine Karawane weiter nach Süden. Nun tauchten Büsche und Bäume auf, die Mustafa noch nie gesehen hatte. Akazien mit fingerlangen Dornen, Sträucher mit dunkelroten Früchten und meterhohe Gräser, an denen eßbare Körner hingen. Überall bestand der Boden aus feinem Sand. Bis zum Tschad-See und weit darüber hinaus fehlte jede Art von Felsen und Geröll, selbst nach kleinsten Steinchen hätte man vergeblich gesucht. Aber das Wild vermehrte sich, je weiter man kam. Hunderte von Gazellen in einem Rudel flüchteten durch die Savanne, Strauße eilten zu Dutzenden vorüber, und Warzenschweine verschwanden hurtig im Gebüsch. Mehrmals kreuzte man frische Löwenspuren, und einmal sah Mustafa die Fährte von Giraffen. Er war nun wirklich im echten Afrika, dem *Schwarzen Afrika* jenseits der Sahara, die ähnlich wie ein Meer die beiden so ganz verschiedenen Teile des Kontinents voneinander trennt.

Am folgenden Tag schien der Bulguda öfter die Richtung zu ändern. Mustafa merkte es am Stand der Sonne und zog seinen Kompaß aus der Tasche. Nun ging es nach Südwesten, eine Stunde später wandte sich der Mann nach Südosten. Als ihn Mustafa fragte, was das zu bedeuten habe, meinte er mit besorgtem Gesicht, man müsse den Tuareg ausweichen, die oft am direkten Weg im Hinterhalt lagen. Doch am nächsten Morgen wurde der Zickzackkurs noch verwirrender. Der Bulguda führte kreuz und quer, nirgendwo begegnete man der Fährte eines Menschen oder Kamels. Das konnte kein Weg sein, der gegen Abend an einem Brunnen endete.

„Weißt du überhaupt noch, wo wir sind?" erkundigte sich Mustafa bei Anbruch der Dunkelheit.

„Nein, Herr, ich fürchte, wir haben uns verirrt."

Mohammed el Gatroni ritt dicht an den Kerl heran und packte ihn am Burnus.

„Du lügst, Sohn einer räudigen Ratte, du weißt es genau..."

„Nein... nein, ich reite zurück, ich werde den rechten Weg schon finden und hole euch morgen früh!"

Er riß sich los und war verschwunden, bevor jemand recht begriff, daß es unbedingt notwendig gewesen wäre, ihn festzuhalten.

„Der Schuft weiß genau, wo er uns hingebracht hat",

erklärte el Gatroni, als es zu spät war, „die Bulgudas leben doch nur von der Jagd und kennen hier das Gelände wie die Falten ihrer dreckigen Kleider. Der Lump hat uns absichtlich vom Wasser weggeführt...!"

„Weshalb denn, was hat er denn davon?" fragte der gutmütige Hamed.

„Was er davon hat, du Mann ohne Gehirn! Unser Gepäck will er haben, möge ihn Allah in einen stinkenden Aasgeier verwandeln... wir sollen hier verdursten und verrecken. Dann kommt er mit seinen verfluchten Freunden, dann holen sie unsere Sachen. So war's gedacht, darauf sind wir 'reingefallen. Deswegen sollten wir unsere Girbas nicht füllen!"

Man versuchte nach Wasser zu graben, doch es lag zu tief, man kam nicht heran. Der Bulguda hatte sich wirklich eine Gegend ausgesucht, die seinen Zwecken entsprach. Es gab zwar grüne Vegetation ringsum, doch nur von solchen Pflanzen, die sehr lange Wurzeln hatten. Das Grundwasser lag wohl zehn Meter tief und vielleicht noch tiefer. Bis dahin konnten Menschen nicht graben. Außerdem hätte der lockere Sand das Loch immer wieder gefüllt.

„Wir müssen zurück auf unserer eigenen Spur", meinte Mustafa, „dann sind wir nach zwölf Stunden wieder am letzten Brunnen. Unser Hund findet die Spur auch bei Dunkelheit..."

Mohammed Schtaui und el Gatroni schüttelten beide den Kopf.

„Das hilft uns nichts, damit rechnen doch diese feigen Schakale. Der Brunnen ist jetzt vergiftet, Mustafa. Das machen diese Schufte immer, wenn sie eine Karawane in die Irre geführt haben."

„Bist du sicher, daß er Gift bei sich hatte?"

„Ganz sicher, Mustafa, die Schmiede der Tedas sind

berühmte Giftmischer, und von denen kann jeder die Tropfen des Scheitan bekommen."

Die Lage war noch viel schlimmer, als Mustafa gedacht hatte. Seit heute morgen um sechs hatte niemand mehr getrunken. Noch eine Nacht und vielleicht den nächsten Tag konnte man aushalten, aber bestimmt nicht länger.

„Wir müssen morgen früh nach allen Seiten auf die Suche gehen, jeder in einer anderen Richtung. Wer bis zum Mittag kein Wasser und keine Menschenspur gefunden hat, kommt auf seiner eigenen Spur zurück. Aber einer wird etwas entdecken. Ganz bestimmt ... wir sind ja nicht mehr in der Wüste!"

„Wir tun alles, was du sagst, Mustafa, deine Klugheit wird uns retten!"

Die Leute aus Bilma riefen um Mohammeds Beistand oder flehten zu ihren alten Heidengöttern. Mustafa aber meinte, sie sollten lieber schlafen, um morgen noch bei Kräften zu sein. Er wurde schon während der Nacht so sehr von Durst geplagt, daß er keine Ruhe fand. Nur die Kamele fühlten sich noch wohl, drei bis vier wasserlose Tage konnten sie gut vertragen.

Als der Morgen dämmerte, wies Mustafa jedem seiner Gefährten die Richtung an, in der er nach Wasser oder einer Wegspur suchen sollte. Er selbst ging nach Süden mit der verzweifelten Hoffnung im Herzen, den Brunnen von Belkaschifari zu finden oder vielleicht eine Karawanenspur, die ihn zu ihm hinführte. Aber überall die gleiche, die immer gleiche Landschaft. Nichts, absolut gar nichts, woraus man schließen konnte, daß jemals ein Mensch in dieser Gegend gewesen war. Von Qualen des Durstes gepeinigt, schleppte er sich gegen Mittag ins Lager zurück.

Keiner von den anderen Leuten hatte einen feuchten Fleck entdeckt, und nirgendwo gab es die Spur eines Menschen.

„Müssen wir sterben?" fragte Hamed.

„So scheint's zu sein, wenn kein Wunder geschieht", gab el Gatroni zur Antwort.

„Wer kann sich noch im Sattel halten?" wollte Mustafa wissen. Nur Kalli meldete sich, einer der beiden Menschenhändler.

„Dann nimm ein paar leere Girbas, steig auf dein Kamel und reite so lange nach Süden, bis du Wasser findest..."

„Und wenn ich nichts finde?"

Mustafa zuckte mit den Schultern.

Der Mann schwang sich mühsam in den Sattel, sein Kamel schwankte davon. Die anderen Männer krochen in den Schatten ihrer Zelte, um den grausamen Tod des Verdurstens oder ein Wunder Gottes zu erwarten.

Bei Mustafa stellten sich gegen Abend die ersten Magenkrämpfe ein. Sein Mund wurde zu einer harten Höhle, die ausgetrocknete Zunge klapperte am Gaumen. Aber die Gewohnheit, vielleicht auch sein Pflichtgefühl ließen ihn nicht los. Dreimal täglich, am Morgen, am Mittag und am Abend, hatte er die Temperatur, die Windrichtung und den Luftdruck gemessen. Ohne einen Gedanken daran zu verschwenden, ob das jetzt noch einen Sinn hatte, tastete er nach den Instrumenten und schob sie aus dem Zelt hinaus. Sechsundzwanzig Grad im Schatten, zweiunddreißig Grad in der sinkenden Sonne und vierunddreißig Grad im Sand. Er kritzelte die Ziffern in sein abgegriffenes Buch.

Nun das Aneroid-Barometer zur Feststellung des Luftdrucks. Mustafas Augen brannten, er konnte die Skala kaum lesen und mußte sie ganz nahe vor sein Gesicht halten. Das Ding schien nicht mehr richtig zu funktionieren. Er kroch zu seinem Gepäck, holte das zweite Barometer hervor und stellte es neben das andere.

Wieder das gleiche unglaubliche Ergebnis. So abgrundtief war der Luftdruck noch nie gesunken, und hier war das binnen sechs Stunden geschehen. Taumelnd stand

Mustafa auf, das Sprechen mit ausgedörrtem Mund fiel ihm schwer.

„Es kommt ein Gewitter... bis morgen früh kommt ein Gewitter. Es muß Regen bringen, die Luft ist schon feucht... wir werden Wasser haben... viel Wasser... wir werden trinken, trinken... trinken!"

Er rief nach Hamed, nach Schtaui, el Gatroni und Noel. Aber sie glaubten ihm nicht, weil keine Wolke am Himmel stand.

„Du hast Fieber, Mustafa, dein Leib krümmt sich wie bei uns."

Er zeigte ihnen den Stand der Quecksilbersäule auf seinen Instrumenten. Doch sie verstanden nicht, was das bedeuten sollte.

„Es ist wahr, Hamed... es kommt Regen, Gatroni... es wird donnern und blitzen." Seine Leute faßten ihn unter die Arme, zogen ihn zum Zelt und legten ihn dort nieder.

Gegen Mitternacht zuckten Blitze am Horizont, dann rollte Donner in der Ferne. Am frühen Morgen öffneten sich die Schleusen des Himmels. Aus dunklen Wolken entlud sich ein gewaltiges Gewitter. Stundenlang prasselte Regen herab. Man brauchte nicht die Zeltplanen auszulegen oder Eimer aufzustellen, denn binnen kurzem entstanden knietiefe Pfützen. Die Menschen warfen sich hinein, um zu trinken. Die Kamele schlürften.

Mustafa ließ die Girbas füllen und führte die Karawane nach dem Kompaß in genau südlicher Richtung. Der Sklavenhändler Kalli kam ihnen entgegen und rief von weitem, daß er den Brunnen Belkaschifari entdeckt habe. So war auch der richtige Weg nach Bornu gefunden. Was das Wunder des rettenden Gewitters noch wunderbarer erscheinen ließ, war die Erkenntnis, daß sich der Wolkenbruch auf ein relativ kleines Gebiet beschränkt hatte. Sonst war überall die Landschaft trocken geblieben.

Fünf Tage lang durchquerte die Karawane einen herrlich duftenden Mimosenwald. Es war eine Landschaft, wie man sie sich schöner nicht vorstellen konnte. Rohlfs hat später geschrieben, daß er damals glaubte, in einem Tierpark endloser Ausdehnung zu sein. Er sah auch die ersten Giraffen, sah Gazellen, Antilopen, Strauße und Warzenschweine auf allen Seiten. Nashornvögel flatterten durch die Luft, Singvögel umschwirrten die Karawane. Eine Löwin mit ihren beiden Jungen wurde bei der Mahlzeit überrascht. Perlhühner und Sandhühner trippelten durchs Gestrüpp. Bunte Schmetterlinge schwebten über den Blüten, und Reiher saßen an sumpfigen Tümpeln.

Gewissenhaft zählte Rohlfs die Gehwerkzeuge einer riesigen Raupe und stellte fest, daß sie auf hundertdreißig Füßchen lief. Massenhaft gab es diese Raupen, als Delikatessen wurden sie von den Beduinen roh verzehrt, nur den Kopf mußte man ihnen vorher abreißen. Auf einer heißen Blechplatte geröstet, waren sie auch für Mustafa genießbar.

Er fütterte seinen Hund mit den saftigen Bissen, der mehr und immer mehr davon verlangte. Doch plötzlich spitzte „Mursuk" die Ohren, und sein Fell sträubte sich.

„Was hat er nur... ein Raubtier vielleicht?"

Mohammed el Gatroni hielt mit dem Essen inne, eine fette Raupe dicht vor seinem Mund.

„Aufpassen, Mustafa, ich hab' was gehört."

„Mursuk" knurrte, löste sich aus dem Arm seines Herrn und schritt zaghaft zum Rand der Lichtung. Er blieb dort stehen, um ein paarmal laut zu kläffen. Dann machte er blitzschnell kehrt und sprang in panischer Angst zurück.

„Eine Ressu", schrie Mohammed Schtaui, „die Tuareg... die Tuareg!"

Von drei Seiten drangen die verschleierten Männer vor, eiserne Lanzen in der rechten Hand und ihre ovalen

Lederschilde in der linken. Sie hatten sich lautlos angeschlichen, ohne den wachsamen Hund wäre es zu spät gewesen.

Mustafa hatte zum Glück seine Lefaucheux neben sich, das Wundergewehr mit achtzehn Schuß im Magazin. Er feuerte über die Köpfe der Angreifer hinweg, die erschrocken innehielten. Das genügte den anderen Leuten, um ihre Gewehre zu fassen. Als sich Mustafa erhob, um noch acht Schuß aus seinem Stutzen abzugeben, während Hamed die Lefaucheux wieder lud, war es mit dem Mut der Tuareg vorbei.

„El Scheitan ...", rief ihr Anführer, „der Teufel schießt mit hundert Kugeln!"

Sie warfen sich zu Boden und krochen in dem hohen Gras geräuschlos davon. Es war alles so schnell gegangen, daß man sich hinterher an Einzelheiten gar nicht erinnern konnte.

„Wir müssen schneller reisen", meinte el Gatroni, „wir müssen endlich nach Bornu kommen, dort sind wir in Sicherheit. Der mächtige Sultan duldet keine Räuber in seinem Land."

Am 15. Juli, gegen elf Uhr mittags, erreicht Gerhard Rohlfs den Tschad-See. Doch nichts von der riesigen Wasserfläche konnte er sehen, weil ein meilenbreiter Schilfgürtel überall die Ufer begleitete. Die Karawane stand im stinkenden Sumpf, an den eigentlichen See kam sie nicht heran. Es wimmelte im Schilf von wilden Enten, Gänsen und Wasservögeln. Nilpferde hatten sich Gassen durch das feuchte Dickicht getreten. Wer genau hinschaute, entdeckte Krokodile, die mit geöffnetem Rachen auf Schlammbänken schliefen.

Mustafa erlegte zwei Nilpferde, um die Ankunft am Tschad-See mit einem Festschmaus zu feiern. Was übrigblieb, fraßen die Geier.

Am nächsten Tag gelangte seine Karawane nach N'Gigmi, der ersten Ortschaft im Sultanat Bornu. Die Bewohner gehörten zum Volk der Kanembus, sie sprachen kanurisch und staunten über die Fremden, weil es ihnen gelungen war, den Tuareg zu entkommen. Seit langem wagten sich vom Tschad-See nur noch sehr große und starke Karawanen durch die Landschaft Tintümmo. Alle Ortschaften außerhalb von Bornu hatten während der letzten Zeit ihre Bewohner verloren. Sie waren geflüchtet oder von den Ressus als Sklaven verschleppt worden. Bald darauf traf Mustafa ein Dutzend Tedas, denen die schrecklichen Räuber die Kinder genommen und nichts gelassen hatten als ein paar Fetzen auf dem Leibe. Die verängstigten Flüchtlinge wollten am Tschad-See bleiben und sich vom Fischfang ernähren.

Mustafa zog durch eine Welt, die ihm völlig neu war. Er sah schwarze Störche, Pelikane und Wildbüffel. Bei den Dörfern weideten Buckelrinder, Schafe ohne Wolle und Ziegen mit bizarr geformten Hörnern. Es gab zahme Hühner, Enten und Gänse. In der Sahara waren Pferde eine Seltenheit und ein Luxus, den sich nur die reichsten Leute leisteten. Hier in Bornu war es umgekehrt, man hielt zahlreiche und zum Teil sehr edle Pferde, denn sie fanden überall Wasser und gute Weide. Kamele dagegen vertrugen das Klima nicht länger als zwei bis drei Jahre, dann mußte man sie nach Norden zurückbringen, oder sie verendeten.

Beim Überqueren eines breiten Flusses, den die Eingeborenen Komadugu nannten, gab es große Schwierigkeiten, denn es waren keine Flöße und Boote vorhanden. Die Kanembus brauchten sie nicht, sie transportierten ihr Gepäck auf leeren, zusammengebundenen Kürbissen. Mustafa ließ aus ein paar hundert dieser Kürbisflaschen ein schwankendes Floß anfertigen und mit den Traglasten der

Kamele beladen. Dann wurde es an einem Baststrick so oft hin und her gezogen, bis alles Gepäck am anderen Ufer war. Die Kamele mußten schwimmen, und wer von den Männern nicht schwimmen konnte, hielt sich an ihnen fest.

Drüben lag eine große Ortschaft mit Namen Jo, und dort residierte ein Statthalter des Sultans, der Mustafa und seine Begleiter freundlich empfing. Schon von N'Gigmi aus hatte man Sultan Omar die Ankunft der Fremden gemeldet, und in Jo waren Geschenke für den Rumi eingetroffen. Dazu gehörten zwei Töpfe Waldhonig, dreißig Hühner und hundert Gänseeier. Mustafa dankte mit einem Schreiben in arabischer Sprache und bat der Höflichkeit halber um Erlaubnis, den Sultan zu besuchen. Drei Tage später kam ein Schnellbote zurück und brachte die gnädigst erteilte Genehmigung.

Sultan Omar war ein richtiger Sultan, man hörte in jedem Dorf, wie sehr ihn seine Untertanen fürchteten und verehrten. Er gebot über ein riesiges Reich, das er durch die Unterwerfung benachbarter Sultanate noch vergrößert hatte. Die Ausdehnung entsprach ungefähr dem alten Deutschland, doch es war Rohlfs nicht möglich, die Einwohnerzahl zu schätzen. Sie mochte eine halbe Million, eine Million oder anderthalb Millionen betragen. Auch die Grenzen waren nicht bestimmt, sondern veränderten sich durch häufige Kriegszüge gegen die Nachbarn. Manche der angrenzenden Sultanate zahlten Omar nur Tribute in Gestalt von Elfenbein und Sklaven, andere waren ganz von Bornu abhängig. Die dortigen Sultane hatte Omar jedoch als seine Statthalter auf ihrem wackligen Thron belassen.

Gerhard Rohlfs erreichte Kuka, die Hauptstadt von Bornu, am Vormittag des 24. Juli 1866. Würdenträger des Hofes zogen ihm entgegen und brachten sechs große Schüsseln mit gekochtem Hammelfleisch, eine jede ausreichend für zehn hungrige Männer. Aber sie führten die Karawane zu einem baufälligen Haus, das nur aus zwei niedrigen Räumen und einem staubigen Hof bestand. So war es Brauch in Bornu. Erst wenn der Sultan den Fremden empfangen und dessen Geschenke geprüft hatte, fiel die Entscheidung, wo er für die Dauer seines Aufenthalts mit seinen Leuten und Tieren untergebracht wurde.

Der Befehl, vor das Angesicht des hohen Herrschers zu treten, ließ nicht lange auf sich warten. Allein sollte Mustafa erscheinen, nur bis zum Eingang des Palastes durften ihn seine drei Diener begleiten, um die Geschenke zu tragen.

Sultan Omar saß in einem großen, aber völlig schmucklosen Thronsaal. Nur seine Würde sollte wirken. Nach den Schilderungen Rohlfs' war er ungefähr fünfundvierzig Jahre alt, von hohem Wuchs und stolzer Haltung. Trotz seiner dunkelbraunen Hautfarbe hatte er keine negroiden Züge, sondern ein scharfgeschnittenes, markantes Gesicht. Neben ihm lag ein silberner Säbel, ein Geschenk der Königin Viktoria von England, das ihm Eduard Vogel, der verschollene Begleiter Heinrich Barths, gebracht hatte. Ein paar schön gearbeitete Pistolen, offenbar französischer Herkunft, lagen zu seiner Linken. Omar trug die prunkvolle Kleidung eines türkischen Paschas.

Seine Untertanen, seine Würdenträger, selbst seine eigenen Söhne mußten sich vor dem Angesicht des Herrschers in den Staub werfen und Staub über ihre Köpfe streuen. Sie durften ihm danach nur den Rücken zuwenden, da sie nicht würdig genug waren, dem Sultan in die Augen zu schauen. Mustafa grüßte höflich, setzte sich nieder und blickte dem allmächtigen Beherrscher Bornus frei ins Gesicht.

„Gott erhalte dich, Omar", sagte er lächelnd, „Gott verlängere dein Leben, Gott schenke dir Segen und Frieden."

Der Sultan ließ es sich gefallen und fragte nach dem Befinden seines Gastes. Er sprach gutes Arabisch, fast ebenso rein und klar wie die vornehmsten Araber. Er hielt Mustafa für einen offiziellen Abgesandten des deutschen Sultans und erwartete die Übergabe eines königlichen Handschreibens. Es fiel ihm schwer zu begreifen, daß dieser Rumi nur ein Privatmann war und aus einer Stadt kam, die gar keinen Sultan hatte. Aber sonst wußte Omar erstaunlich gut über die politischen Verhältnisse Bescheid, wie sie zur damaligen Zeit in Europa herrschten, sogar in Deutschland.

„Da gibt es doch einen deutschen Sultan, der nur im Norden regiert[1], und noch einen, der im Süden gebietet[2], und noch viele kleine Sultane mit kleinen Ländern... und ein mächtiger Großwesir will sie alle vereinen?“[3]

„Ja, so ist es, hoher Herr, du weißt alles.“

„Der christliche Sultan von Mosku hält jetzt Frieden mit dem Sultan von Konstantinopel, ich hoffe, es bleibt dabei.“

„Das hoffe ich auch, großmächtiger Herr.“

„Man sagt, die Sultanin von Inglistan hat ihren Mann verloren, der nicht regieren durfte?“

„Ja, allwissender Herrscher, der Prinzgemahl Albert ist vor fünf Jahren verstorben.“

Und noch viele andere Fragen verrieten, daß Omar über die Vorgänge in der weiten Welt vielseitig unterrichtet war. Er hatte vom amerikanischen Bürgerkrieg gehört, vom Bau des Suezkanals und von den italienischen Feldzügen Napoleons III. gegen Österreich. Mit Bedauern vernahm er die Nachricht vom Tode Heinrich Barths und beteuerte, wie freundlich er „Abd-el-Kerim“ und dessen Begleiter aufgenommen hatte.

„Bist du ein rechtgläubiger Moslem“, stellte er Mustafa

[1] Der König von Preußen
[2] Der König von Bayern
[3] Bismarck

eine persönliche Frage, „du hast den Koran studiert und in den Moscheen gebetet?“

„Das habe ich getan, weil ich es mußte, strahlende Sonne von Bornu, aber in meinem Herzen bin ich ein Christ geblieben.“

Hier hatte Mustafa es nicht mehr nötig, sich als Moslem zu tarnen. In Bornu waren die Anhänger des Islam keine Fanatiker, nur ungefähr ein Drittel der Bevölkerung bekannte sich zu Allah und seinem Propheten. Die Mehrheit der Landesbewohner waren Heiden geblieben.

„Aber es steht doch im Koran gschrieben“, meinte der Sultan, „daß es nur einen Gott gibt und keinen Gott außer Allah dem Allwissenden und Allmächtigen, den Mohammed bezeugt.“

„Christus hat sechshundert Jahre vor Mohammed gelebt und ist der Sohn Gottes gewesen. Deshalb glaube ich die Verkündung Isa-ben-Miriams, der am Kreuz gestorben ist und wiederauferstanden.“

„Der Himmel schaut auf alle Menschen herab“, lenkte der Sultan ein, „wir werden die Wahrheit erst erfahren, wenn wir im Paradies sind oder vielleicht in der Hölle... was Allah verhüten möge.“

Dann bat er Mustafa, einen Spruch des christlichen Korans aufzuschreiben, ließ auch gleich Papier, Tinte und Feder bringen. Rohlfs tat ihm gern den Gefallen und schrieb das Vaterunser in arabischer Sprache. Omar las, nickte und steckte das Blatt in eine seiner vielen Taschen.

„Nun also, Mustafa-Bey, jetzt breite deine Geschenke vor mir aus“, kam endlich die längst erwartete Aufforderung.

Der Wert aller Dinge zusammen betrug ungefähr zweihundert Taler, eine sehr hohe Summe angesichts der bescheidenen Mittel, über die Rohlfs bei ihrem Ankauf verfügte. Zu den Geschenken gehörte unter anderem ein amerikanischer Repetierstutzen, zwanzig Meter Seidenstoffe, französische Parfums, deutsche Jagdmesser, zehn Kilo Puderzucker und eine schön gearbeitete Sonnenuhr.

„Ich sehe schon“, meinte der Sultan nach einem flüchtigen Blick, „du beginnst mit den kleinen Geschenken, um mir morgen die wertvollen Sachen zu bringen. Das ist eine neue Sitte, aber ich finde Gefallen daran. Morgen um die gleiche Zeit werde ich dich wieder empfangen.“

Damit war die Audienz beendet, offenbar mit einer Enttäuschung auf seiten des hohen Herrn. Und schnell verbreitete sich das Gerücht, Mustafa habe sich beim Sultan unbeliebt gemacht, weil er zu geizig gewesen sei. Kein anderes Haus wurde ihm angewiesen, und er bekam von Omar auch kein Pferd als Gegengeschenk, wie das sonst üblich war, wenn ein Fremder Gnade vor seinen Augen fand. Niemand von den Höflingen würdigte Mustafa eines Blickes, überall begegnete ihm Spott und Ablehnung. Das war eine gefährliche Lage, wenn man das Schicksal Vogels und von Beurmanns bedachte.

Aber Mustafa konnte nicht mehr geben, es standen ihm noch andere Besuche bei habgierigen Herrschern bevor.

„Was sollen wir machen?“ fragte el Gatroni. „Wenn du den Sultan nicht freundlicher stimmst, lassen uns die Leute hier verhungern. Ich konnte keine Lebensmittel kaufen, auch Schtaui hat nichts bekommen.“

„Mir fehlen wertvolle Geschenke, ich bin nicht so reich, wie Abd-el-Kerim gewesen ist.“

„Aber du bist klug“, sagte Mohammed Schtaui, „mit deinem Gewitter hast du uns alle gerettet. Versuch es doch wieder, so einen Zauber zu machen.“

Mustafa wollte abermals erklären, wie das gewesen war. Aber sie verstanden es nicht. Wer das Wetter richtig voraussagte, hatte in ihren Augen ein Wunder vollbracht.

Ja, er hatte ein Wunder vollbracht, nur mit Hilfe seiner Barometer. Und davon konnte er eines entbehren...

Die Regenzeit war angebrochen, an jedem zweiten oder dritten Tag bewölkte sich der Himmel, und das Wasser strömte herab. Wenn Mustafa Glück hatte, wenn morgen früh sein Barometer neuen Regen ankündigte und damit recht behielt, hatte er ein Geschenk für den Sultan, das ihm mehr bedeuten würde als viele tausend Taler!

Zunächst war Omar entrüstet über das kleine Ding, weil es nach gar nichts aussah.

„Aber es verrät dir an jedem Tag, wie das Wetter sein wird", erklärte Mustafa die Zauberei, „wenn du es richtig behandelst, dann ist der Sultan von Bornu der einzige Mensch in seinem Reich, der im voraus weiß, wann schwere Wolken den Himmel verdunkeln oder Regen niederfällt."

Omar ließ sich ganz genau erklären, wie man das ablesen mußte, und weil er ein intelligenter Mensch war, hatte er das bald begriffen.

„Also, wenn du recht hast, bekommen wir bald einen tüchtigen Regen?"

„Du siehst es, Liebling des Lichts, so wird es sein."

„Warten wir ab, Mustafa, wir werden ja sehen."

Aber er glaubte daran und verkündete im Thronrat, daß binnen wenigen Stunden Regen fallen werde, weil er das so befohlen habe.

Es regnete wirklich, und Mustafa war des Sultans bester Freund. Er bekam eines der schönsten und größten Häuser in Kuka zugewiesen. Täglich brachten Höflinge Speisen in Hülle und Fülle. Jeder verneigte sich vor Mustafa, wenn er vorüberschritt. Alle Würdenträger bemühten sich, seine Wünsche zu erfüllen. Der Sultan beschenkte ihn mit einem prächtigen Schimmelhengst aus seinem eigenen Stall.

„Was kann ich sonst noch für dich tun", fragte Omar bei der nächsten Audienz, „dein Geschenk ist ein Wunderwerk der Ungläubigen, es sagt immer die Wahrheit!"

„Schicke einen Brief an den Sultan von Wadai und bitte

ihn für mich um Erlaubnis, durch sein Land zu reisen. Er soll mir und meinen Begleitern volle Sicherheit versprechen."

Der Beherrscher von Bornu machte ein besorgtes Gesicht.

„Er ist nicht mein Freund, aber ich hoffe, daß er mich fürchtet. Ich werde dem Sultan von Wadai schreiben, und wir werden sehen. Aber gewiß dauert es lange, bis Antwort zurückkommt. Du kannst indessen mein Land bereisen und dir alles ansehen, was du willst. Du stehst unter meinem Schutz, Mustafa, niemand wird es wagen, dich festzuhalten oder zu bestehlen."

So fängt man Sklaven

Gerhard Rohlfs war das feuchte Klima nicht gewohnt, und sein Haus war sehr ungesund. Wenn es regnete, saugten alle Mauern die Nässe ein, als wären es Schwämme. Nur durch die Rauchentwicklung eines ständig brennenden Feuers konnte man die Myriaden von Moskitos aus dem Lehmhaus vertreiben. Die Dächer tropften, und der Fußboden war feucht. Mustafa litt unter Malaria, Erbrechen und Darmbluten. Alles bekämpfte er mit Chinin und Diätkost, doch lange Zeit nur mit geringem Erfolg.

Alle Häuser in Kuka wimmelten von Ungeziefer, ebenso die Kleider der Menschen. Mustafa konnte sich zwar der Fliegenplage erwehren, aber nicht der Flöhe und Wanzen, die ihn unablässig heimsuchten. Wenn er ausging, mit einem Mückenschleier vor dem Gesicht, hefteten sich Blutegel an seine Füße, und er mußte riesigen Ratten ausweichen, die sich überall herumtrieben. Manchmal war es nicht möglich, von einem Stadtteil in andere zu gelangen, weil die Tiefe der breiten Wasserpfützen bis anderthalb Meter betrug. Der Aufenthalt in einer zentralafrikanischen Stadt war zu damaliger Zeit gewiß kein Vergnügen.

Kuka zählte ungefähr fünfzehntausend Einwohner, dazu eine Unmenge von Rindern, Pferden, Schafen, Ziegen, Hunden, Hühnern, Enten und Gänsen, die alle frei herumliefen und den Straßenschlamm in stinkenden Kot verwandelten. Zu jedem Gehöft gehörten ein paar Aasgeier, die den Abfall der Küche und Kadaver jeder Art vertilgten. Sie waren, man kann es nicht anders nennen, die Gesundheitspolizei der Stadt. Ohne ihre emsigen Aufräumungsarbeiten hätte das verwesende Aas zum Ausbruch der schlimmsten Seuchen geführt. Man brauchte diese gräßlichen Vögel, weshalb sie niemand verscheuchte. Sie saßen auf den Mauern und krönten die Dächer. Jeder Geier wußte genau, zu welchem Haus er gehörte und welche Abfälle für ihn bestimmt waren[1].

An jedem Abend schrieb Mustafa auf, was er in Kuka gesehen und gehört hatte. Er zählte die Streitmacht Omars und prüfte ihre Ausrüstung. Alle tausend Mann der Leibgarde führten blankgeputzte Schußwaffen, wenn auch die meisten noch Steinschloßflinten waren und nicht das gleiche Kaliber besaßen. Die Kavallerie zählte dreitausend Mann, von denen jeder einen höchst merkwürdigen Panzer trug. Der bestand aus einem doppelten Drahtgeflecht, das mit einer faustdicken Schicht aus Baumwolle gepolstert war. Darin blieben nicht nur Pfeile hängen und Schwerter konnten nicht durchschlagen, auch die Flintenkugeln alter Gewehre wurden aufgefangen. Ein Helm aus Kupfer oder Eisenblech, dazu Brustplatten und Schulterstücke, ließen diese Reiter wie mittelalterliche Ritter erscheinen, zumal auch die Pferde eine ähnliche Schutzkleidung trugen. Wie sehr Männer und Pferde darunter schwitzten, kann sich nur vorstellen, wer das feuchtheiße Klima des Landes erlebt hat. Abgesehen von dieser aktiven Truppe konnte Sultan Omar noch eine Reserve von ungefähr dreißigtausend Mann aufbieten, die sonst ihrer gewöhnlichen Beschäftigung nachgingen.

Der Sultan erhob keine Steuern von seinen Untertanen. Er bestritt alle Ausgaben durch den Verkauf von Sklaven, die

[1] In Maiduguri, einer Provinzstadt des heute noch in Nigeria bestehenden Sultanats Bornu, sah ich das gleiche Bild, wie es damals Rohlfs von den Geiern beschrieben hat. Sie leben nach wie vor inmitten der Stadt und lauern auf Abfälle. Man kann die Wohlhabenheit einer Familie nach der Zahl von Aasgeiern ermessen, die sich auf ihrem Dach befinden, denn entsprechend groß ist die Menge der Speisereste, die man täglich auf den Hof wirft. „Da, schauen Sie nur", sagte mir die Frau eines deutschen Firmenvertreters, „wie weit es die Lehmanns gebracht haben. Als sie herkamen, vor drei Jahren, hockte nur ein Geier auf ihrem Dach, und jetzt sind's schon vier. Ja, die Leute leben, wie man sieht, sie können sich allerhand leisten!"

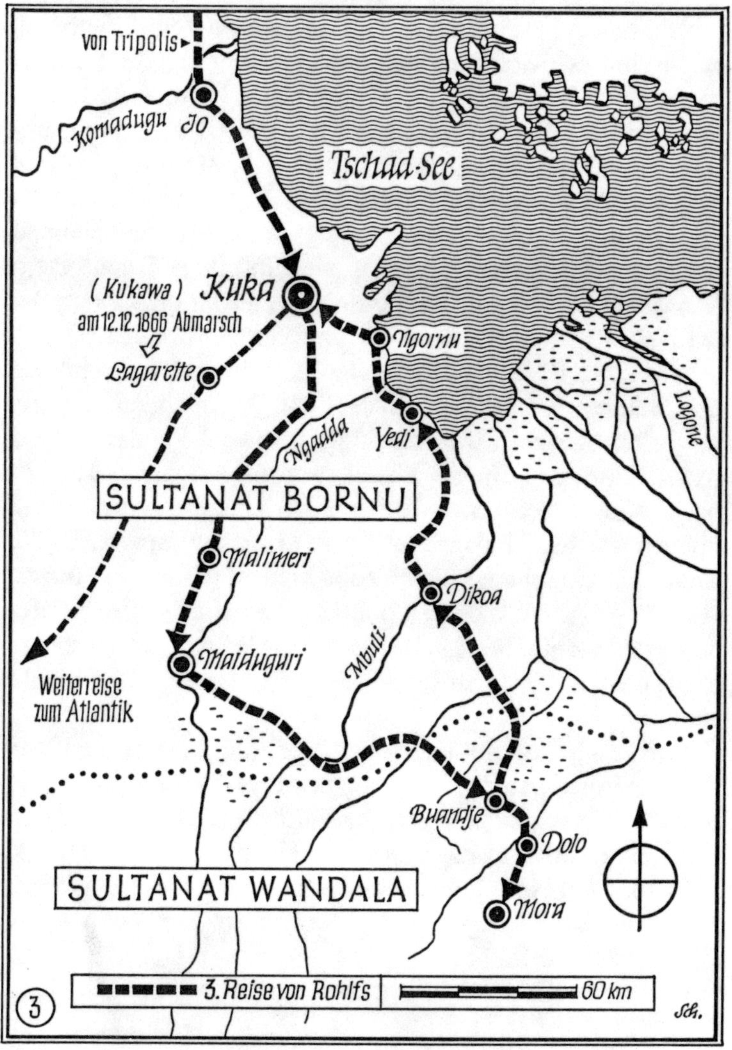

von Tripolis
Komadugu
Jo
Tschad-See
(Kukawa) Kuka
am 12.12.1866 Abmarsch
Lagarette
Ngornu
Ngadda
Yedi
Logone
SULTANAT BORNU
Malimeri
Dikoa
Mbuli
Maiduguri
Weiterreise zum Atlantik
Buandje
Dolo
SULTANAT WANDALA
Mora
3. Reise von Rohlfs
60 km
3
Sch.

ihn nichts kosteten, weil er sie einfangen ließ. Dazu vor allem diente seine gewappnete Reiterei, die von Zeit zu Zeit ausgeschickt wurde, um neuen Vorrat an „schwarzem Elfenbein" zu beschaffen. Meist geschah das nicht jenseits der Grenze, sondern der Einfachheit halber im eigenen Land. Kundschafter machten heimlich die beste Gelegenheit aus, dann umstellten bei Nacht die Reiter das vorher bestimmte Dorf und fielen im ersten Morgengrauen über dessen Bewohner her. Die hatten keine Zeit, sich zu wehren, und oft fehlte ihnen dazu auch der Mut. Mit ihren Pfeilen, mit ihren Haumessern und den plumpen Speeren konnten sie gegen die gewappneten Reiter nichts ausrichten. Nur wenigen Dorfbewohnern gelang es zu flüchten. Die älteren Leute wurden erschlagen und kleine Kinder ins Feuer der brennenden Hütten geworfen. Wer zum Sklaven taugte, also auch Kinder ab etwa sechs Jahre, trieb man gefesselt und in Astgabeln gepreßt nach Kuka. Bei gerade noch ausreichender Verpflegung blieben sie hinter hohen Mauern so lange eingesperrt, bis die Menschenkäufer aus dem Norden kamen, um sie abzuholen. Allerdings fand die beste Qualität schon vorher ihre Käufer unter den wohlhabenden Bürgern der Hauptstadt. Es schien dabei niemanden zu stören, daß er seine eigenen Landsleute erwarb.

Mustafa hat oft mit angesehen, wie Kauf und Verkauf der Sklaven vor sich ging. Der Interessent prüfte erst die Größe und die Muskeln des Objekts, befühlte die Zähne und ließ den Kerl ein paarmal in die Luft springen, um sich zu vergewissern, daß er auch völlig gesund war. Dann machte er dem Agenten des Sultans ein Angebot, über das noch lange verhandelt wurde.

Für flinke Kinder zahlte man zwischen drei und zehn Mariatheresien-Taler. Kräftige junge Männer erzielten fünfzehn bis dreißig Taler, junge Mädchen ungefähr dasselbe. Soweit überhaupt ältere Leute zum Verkauf standen, waren sie am billigsten. Schon für zwei bis drei Taler konnte man sie haben. Für ganz besonders hübsche Mädchen vom Stamm der Pullo wurden bis zu sechzig Taler verlangt. Damit verglichen waren in Kuka erstklassige Pferde sehr viel teurer, sie kosteten hundertfünfzig und sogar zweihundert Taler.

Der Hauptschuldige an diesem Jammer war Sultan Omar, doch er fühlte keine Last auf seinem Gewissen. Man brauchte Sklaven und hatte sie immer gebraucht, ebenso wie Kamele, Pferde, Rinder, Schafe, Ziegen und so weiter. Man jagte und verkaufte im allgemeinen nur primitive Menschen. Also hatten die Rumis gar keinen Grund, sich aufzuregen. Diese Leute waren ungläubige Heiden, also nach Meinung der Moslem keine richtigen Menschen und ohnehin für die Hölle bestimmt. Waren denn die Christen nicht der gleichen Ansicht? Hatten denn die weißen Völker nicht selbst ein paar tausend Jahre lang Menschen aller Hautfarben erworben und für sich arbeiten lassen?[1]

In aller Ruhe erklärte Omar, der Fang und der Verkauf von Sklaven sei für die Wirtschaft seines Landes unbedingt notwendig. Sonst würde es sich für die Handelskarawanen nicht lohnen, mit allen möglichen europäischen und sonsti-

[1] Während der Zeit, in der sich Gerhard Rohlfs in Bornu aufhielt (1866), waren die Sklaverei und der Sklavenhandel auch in Ländern, die von Weißen regiert wurden, noch zugelassen und gesetzlich geschützt. Auf den Plantagen Kubas arbeiteten ungefähr 500000 schwarze Sklaven und in Brasilien etwa 800000. Erst im Jahre 1888 wurden sie freigelassen. Gegen Ende des 18. Jahrhunderts wurden *jährlich* ungefähr 75000 schwarze Sklaven von Afrika nach Nordamerika und Westindien exportiert. Daran beteiligt waren englische, französische, portugiesische, holländische und dänische Menschenhändler (aber keine Deutschen). Man rechnete damit, daß während des Transportes und noch im Jahr nach ihrer Ankunft die Hälfte der Verschleppten zugrunde ging. In den Vereinigten Staaten gab es bei Beginn des Bürgerkrieges (1861) noch 350000 Besitzer schwarzer Sklaven, deren Zahl auf drei Millionen geschätzt wird. Die Engländer verkauften um die Mitte des 18. Jahrhunderts sogar weiße Sklaven an die Plantagenbesitzer in Westindien. Diese Unglücklichen, darunter auch Ärzte, Anwälte und Offiziere, hatten an Aufständen in Schottland und Irland teilgenommen. Nach Mitteilung des Anti-Sklaverei-Komitees der Vereinten Nationen befinden sich in Saudi-Arabien noch heute annähernd 700000 Menschen in Sklaverei. Dem Vernehmen nach werden noch jetzt – oder neuerdings wieder – insgeheim Sklaven von Westafrika nach Arabien gebracht. Zuverlässige Zahlen sind aber nicht bekannt.

gen Waren nach Bornu zu kommen. Die Quelle war unerschöpflich, denn Neugeborene schlossen die Lücken.

„Wir lassen immer zehn, oft sogar zwanzig Jahre verstreichen“, sagte Omar milde lächelnd, „bevor dasselbe Gebiet aufs neue bejagt wird.“

Mustafa gab es auf, noch weiter davon zu sprechen. Da noch immer keine Antwort des Sultans von Wadai in Kuka eintraf, begab sich Mustafa-el-Nemsi auf Reisen in die Länder südlich des Tschad-Sees, doch m it der Absicht, wieder in die Hauptstadt Bornus zurückzukehren. Er behielt dort sein Haus und ließ unter guter Obhut auch seine Kamele in Kuka. Auf dem Marsch durch Urwald und Sümpfe waren sie nicht zu gebrauchen. Er nahm statt dessen Lastochsen mit, die Omar zur Verfügung stellte. Landeskundige Führer und eine berittene Leibwache des Sultans begleiteten den Rumi. Er ritt sein schönes Pferd und hatte auch für seine drei Diener sowie den Negerjungen Noel ausdauernde Pferde gemietet.

Obwohl diese Forschungsreise nur als Abstecher von der eigentlich vorgesehenen Route gedacht war, dauerte sie vierzig Tage, und fast tausend Kilometer wurden zurückgelegt. Der fernste Punkt war Moro, eine Ortschaft in der Mitte des Sultanats Wandala. In Dolo, der Hauptstadt von Wandala, verlor Mustafa einen treuen Freund: Während einer Nacht starb „Mursuk“ in den Armen seines Herrn. Ein Bruder des Sultans bat um das tote Tier, weil er glaubte, es stecke ein Zauber darin, den man sich einverleiben könne, wenn man den Hund verspeiste. Er war der einzige Mensch in Dolo, der sich gegenüber den Fremden freundlich gezeigt hatte. So erfüllte ihm Mustafa seinen Wunsch, und glückstrahlend trug der Sultansbruder die Hundeleiche davon. Welch trauriges Ende für „Mursuk“!

Nachdem Mustafa am Tschad-See noch das geheimnisvolle Inselvolk der Budumas kennengelernt und alles über sie erfahren hatte, was möglich war, kehrte er unter vielen Schwierigkeiten zurück nach Kuka. Erst am 12. Oktober kam er wieder dort an.

Noch immer keine Antwort aus Wadai, was gleichbedeutend war mit einer Absage. Dort wollte man ihn nicht haben, und wenn er sich dennoch auf den Weg machte, ging er dem gleichen Schicksal entgegen wie Eduard Vogel und Moritz von Beurmann. Das sagte ihm auch Sultan Omar und wollte nicht dulden, daß Mustafa noch weiter seinen Plan verfolgte.

„Du willst erfahren, wie die beiden Rumis gestorben sind", sagte Omar, „aber Sultan Ali möchte nicht, daß in Europa Nachrichten über die Ermordung der weißen Männer verbreitet werden. Deshalb läßt er dich nicht nach Wadai. Und wenn er dich dort findet, mußt du sterben, das ist vollkommen sicher. Aber ich bin dein Freund, Mustafa-el-Nemsi, ich kann dir alles sagen, was du wissen möchtest ..."

„Du weißt es, Auge des Lichts, du kennst das Ende der beiden?"

„Ja, ich habe es in Erfahrung gebracht, während du in meinem Land auf Reisen warst. Ich habe Kundschafter nach Wadai geschickt, und die haben Zeugen der Untat gesprochen. Du selbst kannst sie befragen."

So gelang es Gerhard Rohlfs, dank der Bemühungen des Sultans von Bornu, das Schicksal der Verschollenen aufzuklären. Im Januar 1856 hatte sich Eduard Vogel, im Einverständnis mit Heinrich Barth, von dessen Expedition gelöst und war als erster Europäer nach Wadai gezogen. Der damals regierende Sultan Mohammed hatte ihn zunächst freundlich aufgenommen, aber dann als türkischen Spion verdächtigt. Vogel erhielt den Befehl, die Ortschaft Nimro bis auf weiteres nicht zu verlassen. Dort wurde er bei Tag und Nacht beobachtet, ohne es zu merken. Bald konnte man dem Sultan melden, daß der Rumi dreitausend Mariatheresien-Taler in seinem Gepäck versteckt hatte. Diesen Schatz an

Silberlingen wollte sich Mohammed nicht entgehen lassen, war aber doch zu vorsichtig, um Vogel ganz offen auszuplündern. Es hätte seinem ohnehin schlechten Ruf noch mehr geschadet. Mohammed ließ dem Rumi lediglich sagen, er habe binnen acht Tagen das Land zu verlassen, und schickte ihm noch eine Eskorte von fünf Mann, die ihn begleiten sollte. Unterwegs wurde Vogel überfallen, zu Boden geworfen und erstochen. Auch die fünf Mann der Eskorte verloren ihr Leben, wohl aus dem Grunde, daß niemand dem Sultan nachsagen konnte, der Mord sei von ihm befohlen worden. Es sollte aussehen wie ein gewöhnlicher Raubmord an Reisenden. Aber das Geld, das Gepäck und die Papiere gelangten sogleich in Mohammeds Besitz. Er verbrannte Vogels Aufzeichnungen und behielt alles übrige.

Ein Jahr später starb der Sultan, worauf sein Sohn Ali die Regierung übernahm. Er war noch mißtrauischer gegen Fremde als sein Vater. Als er nun vernahm, daß sich ein anderer Europäer den Grenzen seines Landes näherte, war er sicher, daß dieser Mann nach dem verschwundenen Rumi suchte. Tatsächlich hatte Moritz von Beurmann diesen Auftrag, obwohl nach sieben Jahren kaum Hoffnung bestand, daß Vogel noch lebte. Es war nicht mit Bestimmtheit festzustellen, ob Sultan Ali selber den Auftrag gegeben hatte, Beurmann umzubringen. Man wußte nur, daß der Statthalter von Mao, einer Grenzprovinz Wadais, die Tat ausführen ließ. Als der Sultan die Meldung erhielt, wurde der Statthalter verhaftet und in die Sklaverei verkauft. Aber auch diesmal gelangten Geld und Gepäck des Ermordeten in die Hände des Sultans.

So war das Ende der beiden Forscher geklärt. Gerhard Rohlfs verfaßte einen ausführlichen Bericht, den eine Sklavenkarawane nach Tripolis mitnehmen sollte. Wenn alles gut ging, konnte das Schreiben nach etwa einem Jahr bei Professor Petermann in Gotha eintreffen. Das war die übliche Zeit der Postbeförderung zwischen einem deutschen Ort und einer Handelsstadt im zentralen Afrika. Auch Rohlfs erhielt während dieser Tage Briefe von seinen Eltern und von Petermann sowie Zeitungen und illustrierte Wochenschriften, die ein Jahr nach Kuka gebraucht hatten. Zunächst hatte man seine Post an Konsul Botta in Tripolis geschickt, der sie dann einem Karawanenführer gegen entsprechende Belohnung mitgab. Wo sich Mustafa-el-Nemsi gerade aufhielt, war nicht schwer zu erfahren. Das wußte jede Karawane, die vom Tschad-See zurückkam.

In Kuka gab es für Rohlfs nichts mehr zu tun. Er hatte fast tausend Blatt Papier mit seinen Aufzeichnungen gefüllt und wollte abreisen, sobald sich eine Gelegenheit bot. Sein Ziel war der Benué, mächtigster Nebenfluß des Nigerstromes. Einmal dort angelangt, konnte er die Küste des Atlantik auf dem Wasserweg erreichen. Er hoffte es jedenfalls, aber in Bornu wußte man nur wenig über die dortigen Verhältnisse. Es war ein weiter Weg bis zu den großen Strömen. Er führte durch viele kleine Negerstaaten, die meist von dem mächtigen Sultanat Sokoto abhängig waren. Ein Empfehlungsschreiben Sultan Omars konnte nützlich sein. Mustafa bat darum, bekam aber das Papier erst nach vierzehn Tagen und nachdem er mehrmals daran erinnert hatte.

„In Bornu kann ich für deine Sicherheit garantieren", sagte Omar, „noch weit nach Süden reicht mein Einfluß. Aber bis zum Benué-Strom reicht er nicht, und niemand kann wissen, was dann mit dir geschieht."

„Für uns alle ist die Zukunft ein Geheimnis, goldener Stern von Bornu, nur der Tod ist uns gewiß!"

Mustafa schickte seine Kamele nach Mursuk zurück, bis auf den Liebling Mohammed el Gatronis, der nur mitkommen wollte, wenn ihn auch sein betagtes Kamel begleitete. Pferde sollten wieder Mustafa und seine Begleiter tragen. Zur Beförderung des Gepäcks wurden Lastochsen angeschafft.

Was Mustafa entbehren konnte, auch seine umfangreiche Sammlung von Tierfellen, Waffen der Eingeborenen und gepreßte Pflanzen, sollte eine Handelskarawane von Kuka nach Tripolis bringen. Er wollte sich nicht länger damit belasten, sondern so leicht wie nur möglich reisen. Mohammed Schtaui bat um seine Entlassung, weil er glaubte, das feuchte Klima nicht länger zu vertragen. Mustafa gab ihm einen Brief mit auf den Weg, worin er seine Freunde in Tripolis bat, dem bewährten Mann eine gute Stellung zu beschaffen.

Bis auf einen geringen Rest hatte Rohlfs all seine Geldmittel verbraucht. Er borgte sich von einem Händler in Kuka zweihundert Taler, aber dafür mußten fünfhundert Taler zuzurückbezahlt werden. Professor Petermann hat es auch getan, als er davon hörte. Durch Vermittlung des Konsuls Botta in Tripolis gelangte der Betrag zwei Jahre später nach Kuka.

Der Sultan wollte Mustafa zum Abschied zwanzig Sklaven schenken, zehn junge Männer und zehn junge Mädchen. Hätte er sie angenommen und dann freigelassen, wäre Omar tief beleidigt gewesen, und sicher wären die Befreiten nicht frei geblieben. Mustafa lehnte also dankend ab, worauf Omar jedem der drei Diener seines Freundes einen schwarzen Jungen schenkte. Diese dachten natürlich nicht daran, auf die freundliche Gabe zu verzichten.

„Siehst du, Mustafa", lachte der Sultan befriedigt, „das sind vernünftige Leute. Aber dir gebe ich nun etwas, das du unbedingt behalten mußt."

Es war ein prachtvoller Silbersattel mit dazugehörendem Zaumzeug und Steigbügeln. Der Sultan war stolz darauf gewesen, und es fiel ihm gewiß nicht leicht, sich von den schönen Sachen zu trennen. Aber er tat es mit der Geste eines Mannes, der seinen Freund ehren wollte[1].

[1] Gerhard Rohlfs schenkte den Sattel nebst Zubehör Wilhelm I., König von Preußen, der seinerseits das Geschenk an das Berliner Völkerkunde-Museum weitergab.

„Ich habe nichts von gleichem Wert, das ich dir geben könnte, Beherrscher der Herrscher, deshalb bin ich tief beschämt.“

„Du bist auch kein Sultan, mein Freund, aber du könntest deinen Sultan bitten, daß er mir einen Thron schenkt, eine schöne Kutsche und einen Kasten, der mir deutsche Musik vorspielt. Willst du dafür sorgen?“

„Ich werde es versuchen, Licht des Himmels, weil du mir und den anderen Deutschen so viel Gutes erwiesen hast.“

Tatsächlich bewilligte der König von Preußen diese Geschenke. Drei Jahre später wurden sie von Gustav Nachtigal wohlbehalten nach Bornu gebracht. Bei der Kiste, die Musik machte, handelte es sich um ein Harmonium, das seine Klänge von Walzen spielte, die man hineinschob. Die Staatskutsche für den Sultan von Bornu wurde von Kamelen durch die Sahara gezogen und war vermutlich der erste vierrädrige Wagen, der die Wüste durchquerte.

Am 12. Dezember war es endlich soweit. Nach einem Festmahl in Omars Palast, das alle Würdenträger der Hauptstadt vereinte, begann Rohlfs die Reise zum Atlantischen Ozean. Noch ungefähr dreitausend Kilometer lagen vor ihm, etwa fünftausend hatte er seit dem Abmarsch von Tripolis schon hinter sich. Man konnte die zurückgelegten Entfernungen nur schätzen, denn mit dem kürzesten Weg hatten sie nichts zu tun.

Von Bornu zum Benué

Leider gab es im Land des Sultans Omar noch keinen Fotografen, der Mustafa-el-Nemsis Karawane hätte aufnehmen können, als sie die Hauptstadt verließ. Es muß ein Anblick gewesen sein, den wir gerne auf einem Bild bestaunen würden. Vorneweg ritt ein korpulenter, rabenschwarzer Bimbashi[1] der königlichen Leibgarde, schwitzend unter dem Gewicht seines gepolsterten Panzers. Ihm folgten auf stämmigen Rössern zwei Soldaten mit Schwert, Schild und Lanze, die Steinschloßflinte auf dem Rücken. Sie und der Bimbashi waren die Ehreneskorte, die den Freund des Sultans bis an die Grenze Bornus begleiten sollte. Danach kam Mustafa selbst, in einem leichten Reitanzug nach europäischem Schnitt, aber mit einem rotseidenen Turban auf dem Kopf. Er ritt jenen edlen Schimmel, den ihm Omar geschenkt hatte, und trug am Gürtel eine silberbeschlagene Pistole. Seine achtzehnschüssige Lefaucheux steckte griffbereit in einem Lederfutteral, das rechts am Sattel hing. Hoch oben auf seinem Kamel thronte Mohammed-el-Gatroni in stolzer Haltung. Sein schneeweißer Burnus flatterte im Wind. Hinter ihm ritten Hamed und Noel, beide mit Ledertaschen, Kochtöpfen und eingerollten Teppichen behängt. Ihnen folgten die vier Lastochsen, beladen mit Säcken, Bündeln und Strohkörben, in denen das restliche Gepäck der Expedition verstaut war. Neben jedem Ochsen marschierte ein schwarzer, halbnackter Treiber. Zwei davon waren Sklaven des Sultans, die beiden anderen gehörten Hamed und el Gatroni als Ab-

[1] Feldwebel

schiedsgeschenk des Beherrschers von Bornu. Sie waren erst zehn und zwölf Jahre alt, wußten aber recht gut mit den oft sehr störrischen Ochsen umzugehen.

Die Regenzeit war vorüber, das saftige, grüne Gras hatte sich in raschelndes Stroh verwandelt. Die Blätter an Bäumen und Büschen waren verwelkt oder abgefallen. Trockener Sand bedeckte den Boden. Graue Staubwolken hüllten die Karawane ein. Alle Vögel hatten die ausgedörrte Landschaft verlassen. In den Brunnen war das Grundwasser so tief gesunken, daß man einen Strick von zwanzig Meter Länge brauchte, um den Ledereimer hinabzulassen.

Der Marsch ging nach Südwesten, zur Stadt Magommeri. Noch in Bornu gelegen, war sie das nächste größere Ziel Mustafa-el-Nemsis. In mehr oder weniger weitem Abstand lagen kleine Dörfer am Wege, bewohnt von den Angehörigen verschiedener Völkerschaften mit verschiedenen Hautfarben. Da gab es Schuas, Kanuris, Gamergus, Kanembus und noch viele andere. Zum Teil waren sie Moslem, aber zum größeren Teil noch Heiden. Sie lebten in runden Strohhütten oder in strohgedeckten, oft nur sehr kleinen Lehmhäusern. An den Rastplätzen genügte ein Wink des Feldwebels, und die Leute schleppten alles herbei, was die Karawane brauchte. Sie waren verpflichtet, die Gäste des Sultans zu versorgen, ohne die geringste Gegenleistung zu verlangen. Aber Mustafa bezahlte jede Lieferung, er gab dafür Glasperlen, Nähnadeln und Taschentücher. In den Hütten, die man ihm freimachte, wollte er nicht wohnen, denn sofort wurde man dort von vielen hundert blutgierigen Flöhen überfallen. Mustafa zog es vor, in seinem Zelt zu schlafen.

Aus der Steppe erhoben sich riesige, rosarote Termitenhügel, oft in den bizarrsten Formen. Manche erreichten eine Höhe von sieben bis acht Metern. Diese Burgen der Insekten verschwanden wieder, als Wälder begannen und die Vegetation dichter wurde. Da gab es auch mehr Wild. Am häufigsten begegnete man den Warzenschweinen, deren daumenlange Auswüchse unterhalb der Augen einen grotesken Anblick boten. In Gestalt und Größe glichen sie den Wildschweinen Europas, trugen aber auf der nackten, grauen Haut nur wenige Borsten. Ihre großen geschwungenen gelbweißen Hauer sahen gefährlich aus, doch niemals wagten sie einen Angriff. Von Schrecken gepackt, flüchteten die Borstentiere polternd ins dornige Gestrüpp. Oft kreuzte man die Spur von Elefanten und ihren dampfenden Äpfeln, so groß wie Kinderköpfe. Mit ihrer feinen Witterung und dem noch feineren Gehör hatten die klugen Riesentiere rechtzeitig gemerkt, daß Menschen kamen, und waren lautlos verschwunden. Die Giraffen konnte Mustafa nur erkennen, wenn ihn seine schwarzen Begleiter darauf hinwiesen. Sie standen stocksteif inmitten der Baumgruppen, um sich Laub von den Zweigen zu holen. Ihre langen Beine, der schlanke Körper und der ausgestreckte Hals waren leicht mit den Stämmen und Ästen ihrer Umgebung zu verwechseln. Auch das gelb und braun gefleckte Fell paßte täuschend ähnlich zur Baumrinde, zum Gebüsch und zum trockenen Gras.

Wenn man die Reiseberichte Gerhard Rohlfs' eingehend liest, so muß auffallen, daß er zwar viel von Antilopen spricht, denen er allenthalben begegnete, aber ohne zu sagen, um welche Arten es sich handelte. Er unterscheidet lediglich Gazellen von den übrigen Antilopen. Offenbar fehlte es ihm an den nötigen Kenntnissen. Viel zuwenig hatte sich der berühmte Afrikaforscher vor seiner Reise mit der afrikanischen Tierwelt beschäftigt. Auch hinterher gab er sich keine Mühe, diese Lücke seines Wissens auszufüllen. Dabei unterscheiden sich die Antilopenarten schon wegen ihrer Größe, ihres Gehörns und ihres Körperbaus so augenfällig voneinander wie etwa unser Rehwild vom Rotwild. Für Rohlfs aber sind all diese Tiere nur Antilopen. Auch sonst ist seine Unkenntnis, was die afrikanische Fauna betrifft, kaum zu begreifen. An

Flaggenhissung an der Kamerunküste am 14. 7. 1884 unter Dr. Nachtigal.

einer Stelle spricht er von „Tigerfellen“, obwohl doch jedem Kinde bekannt ist, daß es in Afrika keine Tiger gibt. Leopardenfelle dürften gemeint sein.

Etwas mehr Interesse bekundet Rohlfs für die Vogelwelt. Während der Wanderung nach Magommeri tauchten einige Arten auf, die er noch nie gesehen hatte. Er nennt den „Pfefferfresser“ mit Namen und sagt von den anderen, daß sie ein buntes Gefieder, lange Schwanzfedern und krumme Schnäbel hatten. Rohlfs war kein Jäger, das geht aus allem hervor. Wenn er ein Tier erlegte, so nur für den Kochtopf oder den Bratenspieß. Und es geschah nur dann, wenn man sonst nichts zu essen hatte.

Viel größere Sorgfalt als der Bezeichnung von Tieren widmete Rohlfs den Pflanzen, die er ganz genau beschrieb und von denen er eine umfangreiche Sammlung gepreßter Exemplare sowie Samen, Früchte und Wurzeln mitbrachte. Dem großen Bericht über seine dritte Reise fügte er einen zwanzigseitigen Anhang bei, der sich allein mit Botanik befaßt. In mustergültiger Weise sind darin auch die lateinischen Namen und Fundorte aller Pflanzen angegeben[1].

Eine Woche nach dem Abmarsch von Kuka zog Mustafa in Magommeri ein. Diese Stadt mit etwa viertausend Einwohnern war Mittelpunkt der Provinz Alarghes und Residenz eines Statthalters. *Alamino* hieß dieser Mann, ein alter Freund und ehemaliger Feldherr des Sultans. Die Gnade des Herrschers von Bornu hatte ihm erlaubt, sich derart zu bereichern, daß die halbe Provinz sein persönliches Eigentum war. Er besaß viertausend Sklaven und einen Palast, mit dessen üppiger Ausstattung sich kaum der Sultan messen konnte. Mit fürstlicher Großzügigkeit wurde Mustafa aufgenommen. Was er zu sehen bekam, setzte den weitgereisten Forscher in fassungsloses Erstaunen. Alamino war ein Organi-

[1] Die „Deverra Rolfsiana“ wurde nach ihm genannt.

sator ersten Ranges und bewies eine Tüchtigkeit, wie sie bei den damaligen Afrikanern nur selten zu finden war. In seinem Zeughaus hingen, gut gepflegt und sorgfältig geordnet, die Waffen für eine ganze Armee. Vorräte für Jahre hatte Alamino angehäuft, Schulen eingerichtet und auch sonst für eine tadellose Verwaltung gesorgt. Tausend gewappnete Reiter standen unter seinem Kommando. Um fremden Handelskarawanen jederzeit die begehrten Straußenfedern liefern zu können, hielt sich der ideenreiche Mann etwa dreihundert zahme Strauße. Diese lebten hinter einem Zaun aus Dornengestrüpp, wo man sie pflegte, hegte und täglich fütterte. Von Zeit zu Zeit wurden ihnen die großen Schmuckfedern ausgerupft. Da sie wieder nachwuchsen, konnte man etwa zweimal im Jahr aufs neue ernten. Und da sich die nützlichen Vögel auch in der Gefangenschaft vermehrten, war Alaminos Straußenzucht ein gutes Geschäft. Soweit bekannt, war sie die einzige Zucht ihrer Art, die es damals in Afrika gab. Ebenso einmalig war die Zucht von Zibetkatzen, von Alamino mit gleichem Erfolg betrieben. Diese Wildkatzen haben die Besonderheit, nahe dem After ein schleimiges Sekret hervorzubringen, das zwar äußerst übel riecht, aber in Verbindung mit anderen Ingredienzen zur Herstellung von feinsten Parfums verwendet wurde. Sogar in Paris und London verlangte man nach dem kostbaren Zeug. Nur in der Stadt Magommeri war es jederzeit zu haben, denn nur Alamino verstand die Haltung von Zibetkatzen.

In seinen Schuppen lagerte Elfenbein in unvorstellbarer Menge. Der Alamino beschäftigte mehr als hundert Elefantenjäger, die seine Vorräte ergänzten. Mustafa sah hier Stoßzähne, die er für die größten und schwersten der Welt hielt. Nicht einmal das Britische Museum in London, das Rohlfs später besuchte, hatte vergleichbare Rekorde aufzuweisen. Daß sich der geschäftstüchtige Statthalter auch im großen Stil der Jagd auf Sklaven widmete, war selbstverständlich.

Als Mustafa in Magommeri eintraf, hatte Alaminos Lieblingsfrau gerade einen Sohn geboren, was gewiß ein Grund war, diesen Tag festlich zu begehen. Und weil bei dem Potentaten alles, was er plante, außergewöhnliche Formen hatte, wurde den Gästen eine komplette Giraffe aufgetischt. Man hatte das Tier ungeteilt über einem großen Bett glühender Holzkohle gebraten. In seinem vorher ausgenommenen Leib befand sich ein gebratener Esel, darin ein gebratener Hammel und darin zwei gebratene Perlhühner, eines für Mustafa und eines für den Gastgeber. Alamino verstand es, seine Gäste zu überraschen.

Schon früh am nächsten Morgen erschien el Gatroni in Mustafas Zelt. Er machte ein bekümmertes Gesicht und war den Tränen nahe.

„Mir scheint, die Giraffe von gestern ist dir schlecht bekommen?“

„Nein, Mustafa, mir geht es gut. Aber mein Kamel fühlt sich nicht wohl. Es will nach Hause ...“

„Woher weißt du das?“

„Es schaut immer zurück, und ich verstehe genau, was es meint.“

In Wirklichkeit war die lange Dauer der Reise für Gatroni zu viel geworden. Hinzu kam noch seine Angst vor der Seereise, wenn Mustafa eines Tages die Küste des Atlantik erreichte. Als echter Beduine zog es Mohammed-el-Gatroni vor, auf einem Schiff der Wüste zu reisen, statt auf einem Feuerschiff der Rumis.

„Ich bin sehr traurig, daß du mich verlassen willst“, sagte ihm Mustafa, „aber ich kann dich nicht zurückhalten. Ich kann dir auch kein Geld geben, weil ich nur noch wenig habe. Du mußt dir deinen Lohn in Tripolis abholen. Ich werde Konsul Botta deshalb schreiben, und den Brief nimmst du mit. Hundert Taler mehr lege ich noch drauf, du hast sie verdient.“

„Ich danke dir, Mustafa, ich danke dir mein Leben lang. Allah wird dich schützen und behüten, vielleicht auch der Christengott."

„Sei vorsichtig, Gatroni, laß dich nicht von den Tuareg ausplündern."

„Ich werde mich in Kuka einer großen Karawane anschließen. Aber du wirst mich doch besuchen, wir sehen uns doch wieder? Sonst gehe ich nicht fort."

„Ich verspreche es dir, Gatroni, unsere Freundschaft geht nie zu Ende."

Mohammed-el-Gatroni nahm seinen kleinen Sklaven mit und noch den schwarzen Buben von Hamed Tadjani. Es war die beste Lösung, sonst hätte es Rohlfs ein Vermögen gekostet, die beiden Jungen über See nach Tripolis zu befördern[1].

Als Mustafa am 21. Dezember den gastfreien Alamino verließ, baten zwei Schriftgelehrte, sogenannte Fakhis, um Erlaubnis, sich ihm anzuschließen. Mustafa war einverstanden, weil er anfangs glaubte, sie könnten bei den Völkerschaften im Süden für ihn dolmetschen. Aber sie verstanden, wie sich später herausstellte, nur Kanurisch. Es war recht aufschlußreich für Mustafa, sie bei ihrer Tätigkeit zu beobachten. Sie lebten nämlich vom Verkauf abgeschriebener Koransprüche. Gerade in Gegenden, wo der Islam nur oberflächlich verbreitet war, glaubten die Menschen an geheimnisvolle Zauberkräfte im Buch des Propheten. Jeder von den Fakhis schleppte einen dickleibigen Koran mit sich, jedoch ohne recht zu wissen, welche Lehren das Buch enthielt. Sie konnten gar nicht schreiben und verstanden auch kein Wort der arabischen Sprache. Sie kopierten nur fein säuberlich den einen

[1] Bevor Hamed im folgenden Jahr nach Tanger zurückkehrte, wo er zu Hause war, holte er sich seinen Jungen aus Tripolis, um ihn aufzuziehen wie sein eigenes Kind. Auch Gatroni behandelte seinen Sklaven wie den eigenen Sohn. Er nahm ihn auf seinen Reisen mit, und beide zusammen wurden mehrfach in Tripolis gesehen. Sicher hatten die armen Sklaven ihr besseres Schicksal dem guten Einfluß Mustafa-el-Nemsis zu verdanken.

oder anderen Spruch aus ihrem Koran auf eine Holztafel. Gegen Muschelgeld oder Lebensmittel erlaubten sie dann den Leuten, die Tafel abzuwaschen und das Schmutzwasser zu trinken. Dabei waren die Kunden der festen Überzeugung, den Koranzauber in sich hineinzuschlürfen, und so mußten wohl auch ihre mannigfachen Wünsche in Erfüllung gehen.

Den Weihnachtsabend verbrachte Mustafa am Brunnen Uassaran im Schatten eines gewaltigen Baumes, dessen Umfang siebzehn Meter betrug. Der Alamino hatte ihm Leute nachgeschickt, die als letztes Abschiedsgeschenk fünfzig Pfund Butter, fünfundzwanzig Kilo Honig, zwölf Hühner und einen Hammel brachten. So war für gutes Essen während der Feiertage ausreichend gesorgt.

Die Landschaft wurde wieder grün und feucht. Waldungen breiteten sich aus, Bäche strömten durch die Landschaft, und Teiche glitzerten hinter hohem Schilf. Es war oft einfacher, den Straßen der Elefanten zu folgen als den schmalen Pfaden, den Menschen mit ihren Tieren getreten hatten. Eines Abends sah Mustafa sechzehn Elefanten, die sich genußvoll in einem schlammigen Tümpel suhlten. Riesige Bullen mit starken Stoßzähnen waren dabei und gewichtige Mütter mit ihren Jungtieren. Sie planschten und bespritzten sich. Sie prusteten behaglich und klappten mit ihren riesigen Ohren. Von der Nähe menschlicher Wesen schienen sie nichts zu ahnen.

Nachdem Mustafa die Stadt Gudjba hinter sich gelassen und mit vielen Schwierigkeiten die N'Gussun-Berge überstiegen hatte, näherte er sich allmählich der Grenze von Bornu. Das Land war wunderbar schön, und den Blüten entströmte ein herrlicher Duft, der an Heliotrop erinnerte. Störche, die vielleicht aus Deutschland kamen, verbrachten hier den Winter in wohltuender Wärme. Sie sprachen mit ihren Gefährten, stolzierten durch sumpfige Wiesen und fanden Fische im Überfluß. Ibisse und Kraniche leisteten ihnen Gesellschaft.

Am 1. Januar 1867 gelangte Mustafa an den Gongola. Der Lauf dieses Flusses war die Grenze zwischen den Sultanaten Bornu und Sokoto. Die Eskorte aus Kuka mußte sich verabschieden. Nur noch von Hamed, Noel und den beiden Fakhis begleitet, die nun als Treiber dienten, watete Mustafa an einer flachen Stelle durch den Fluß. Er konnte nicht wissen, was ihm weiter bevorstand. Er war ohne Schutz, er hatte fast alle seine Taler verbraucht und keine Kenntnis von den Verhältnissen, die zur Zeit in Sokoto herrschten. Wenn dort Krieg geführt wurde oder eine der vielen Rebellionen das Land verwüstete, war es unmöglich, bis an den Benué oder Niger vorzustoßen. Heinrich Barth, Vogel und von Beurmann hatten versucht, jeder für sich, an einen der beiden großen Ströme zu gelangen, waren aber zur Umkehr gezwungen worden. Der gleiche Mißerfolg hatte englische Forscher betroffen, die aus dem Süden gekommen waren. In Europa galt der größte Teil von Sokoto noch immer als ein unbekanntes Territorium.

Zunächst wurde Mustafa angenehm enttäuscht. In dem von Sokoto abhängigen Sultanat Kalam herrschten friedliche Verhältnisse. Die Mehrheit der Bevölkerung bestand aus Pullos, die gegen Fremde keine Abneigung verspürten. Rohlfs beschreibt sie als die schönste Menschenrasse im zentralen Afrika. Die Pullos waren schlank, groß und feingliedrig, ihre Haut schimmerte wie matte Bronze. Berühmt und begehrt bis nach Tripolis und Konstantinopel waren junge Sklavinnen aus diesem Lande. Sie waren graziös und selbst für europäische Begriffe von reizender Schönheit und zeigten keine Spur von negroiden Zügen. Aus den Berichten von Rohlfs geht hervor, wie gut ihm diese dunklen Mädchen gefielen. Er meinte allen Ernstes, die Pullos müßten von den alten Ägyptern abstammen, obwohl ihnen von deren Kultur nicht das geringste geblieben war.

Mit seinen restlichen Mariatheresien-Talern konnte er in den Pullodörfern nichts mehr anfangen. Als Zahlungsmittel galten Stoffstreifen aus Kattun und Kaurimuscheln, beides Importwaren, auf unendlich weitem Weg in das Innere von Sokoto gebracht. Der Kattun stammte aus England und die Muscheln aus Ostindien. Sie waren im Herzen Afrikas gewiß ein ebenso merkwürdiges Geld wie die Silbertaler einer längst verstorbenen Kaiserin aus dem fernen Österreich. Von der Insel Sansibar, an der Ostküste Afrikas, waren die kleinen indischen Muscheln von Hand zu Hand gewandert. Ihr Wert schwankte je nachdem, welche Entfernung sie zurückgelegt hatten. Für ein Huhn zahlte man hundert Kaurimuscheln, für einen Becher Tamarindensaft nur eine Muschel. Aber viele tausend Kauris kostete ein Ochse oder ein Pferd.

In Gombé, dem Hauptort des Pullolandes, hörte Mustafa die neuesten Nachrichten. Der Sultan Hamed von Sokoto war vor wenigen Wochen gestorben. All die kleinen Sultane seines Reiches mußten sich nun zur Hauptstadt begeben, um dem neuen Herrscher zu huldigen. Mustafa traf am gleichen Tag in Gombé ein, als sich der dortige Sultan zum Aufbruch rüstete, wurde aber dennoch freundlich empfangen. Der Sultan von Merissa, gleichfalls auf dem Weg nach Sokoto, kam als weiterer Gast noch hinzu. Die beiden Herren waren sehr ungehalten darüber, daß sie der Regierungswechsel an einer schon lange geplanten Sklavenjagd hinderte.

„Wir wollten gemeinsam jagen", erklärte Sultan Korigan, „wir hatten gehofft, mindestens tausend Stück zu fangen."

„Zweitausend Stück werden wir einbringen", hoffte sein Kollege, „wenn wir aus Sokoto zurück sind."

Mustafa verkaufte seine Glasperlen für Kaurimuscheln. Sonst hätte er in den Dörfern keine Lebensmittel bekommen und auch keinen Führer gefunden. Dann ging es weiter, von einem Nachtlager zum anderen. Die kleine Karawane mußte dichte, dornige Waldungen durchqueren und schroffe Gebirge überschreiten. Für die Lastochsen war das eine besonders schwere Plage. Sie keuchten und strauchelten, blieben störrisch stehen, und oft mußte man stundenlang warten, bis sie wieder einen neuen Anlauf nahmen. Mit den schönen Pullos war es vorbei. Statt dessen lebten in den Bergen kleine, gedrungene Menschen der primitivsten Art. Sie hatten niedere Stirnen, wulstige Lippen und platte Nasen. Ihre Frauen, sagt Rohlfs, waren so furchtbar häßlich, daß es Mühe machte, sie anzusehen. Finster blickend, ließen sie die Fremden vorüberziehen.

Am 15. und 16. Januar blieb Mustafa mit seinen Begleitern in Garono-Bautschi, einer erstaunlich sauberen Stadt, die ganz von weißgetünchten Lehmmauern umgeben war. Hier hatte jedes Haus seinen Garten, und jeder Platz lag im Schatten dichtbelaubter Bäume. Vorbildliche Ordnung herrschte in allen Gassen. Auf dem Markt prüften Aufseher, ob die Gewichte stimmten und ob nicht die Milch mit Wasser verdünnt war. Überhaupt konnten die Bewohner dieses Landes mit ihrem Sultan zufrieden sein, denn er hatte die Sklavenjagd verboten und die Folterstrafe abgeschafft. Er verlangte auch keine Geschenke von Mustafa, sondern wollte ihm seine Pistole für zehntausend Muscheln abkaufen. Doch Rohlfs konnte sich nicht davon trennen.

Zu seiner Überraschung traf Mustafa hier einen alten Bekannten aus Ghadames, Hassan Suduk mit Namen. Bis nach Bautschi reichten die Handelsverbindungen der Ghadameser Kaufleute. Ein ganzes Jahr war Hassan Suduk auf der Reise gewesen, doch es lohnte sich. Für Messer, Säbel, Spiegel, Nähnadeln und billige Schmucksachen aus Europa bekam er hier Elfenbein zu unglaublich niedrigen Preisen. Auf Lastochsen wurden die Elefantenzähne nach Kuka gebracht und dann weiter mit Kamelen durch die Sahara. Erstaunlich gut war der innerafrikanische Handel organisiert, aber unter keinen Umständen sollten europäische Kaufleute daran teilnehmen. Ein Blick auf die Karte zeigt, daß es sehr viel einfacher gewesen wäre, die Importe aus Europa zu Schiff den

Nigerstrom hinaufzubringen und dann auf Ochsen nach Bautschi zu befördern. Allerdings hätte dieser Weg den Handel der Araber ausgeschaltet, und das durfte nicht sein.

Mustafa blieb als Gast seines Ghadameser Freundes drei Wochen in Bautschi. Er verkaufte sein Zelt und alle drei Pferde für einen Sack Kaurimuscheln. Mit Suduks Hilfe tauschte er seine letzten Taler gegen drei Reitochsen. Die robusten Tiere waren für das Gelände, das vor ihm lag, besser geeignet als die empfindlichen Pferde. Und Ochsen fanden überall ihr Futter. Wegen eines Kriegszuges der Njam-Njam war Mustafa zu weiten Umwegen gezwungen. Die Njam-Njam waren Kannibalen mit spitzgefeilten Zähnen und ein Schrekken für alle ihre Nachbarn. Von Zeit zu Zeit kamen sie aus den Urwäldern hervor, um sich „süßes Fleisch" zu beschaffen. Wo sie auftauchten, flüchtete die gesamte Bevölkerung. Doch für viele war es auch diesmal zu spät gewesen.

Meilenweite Grasbrände, deren Rauchwolken den Himmel verdunkelten, hielten Mustafas Ochsenkarawane tagelang auf. Es ging abermals über zerklüftete Berge und danach durch dichte Dornbuschwälder. Es war bei weitem der schwierigste Marsch seit dem Aufbruch von Kuka. Die Vegetation wurde tropisch. Bambus und Fächerpalmen tauchten auf. In der Nähe von Dörfern gab es Kokospalmen. Weder Bambus noch Kokospalmen waren einheimische Pflanzen Afrikas. Wer sie in den Schwarzen Erdteil brachte und zu welcher Zeit, ist unbekannt.

In der Ortschaft Konkawa kam es zu einem gefährlichen Zwischenfall. Hamed feuerte einen Schuß in die Luft, um die Ankunft seines Herrn zu verkünden. Da schrien die Weiber aus Angst, weil sie glaubten, daß Sklavenjäger ihr Dorf überfielen. Mit Messern, Speeren und Keulen bewaffnet, stürzte ein halbes Hundert Krieger herbei. Sie rissen Hamed von seinem Ochsen und hätten ihn umgebracht, wäre Mustafa nicht dazwischengesprungen. Vor dem weißen Mann mit dem roten Turban wichen sie zurück. Ein Beutel Glasperlen stellte den Frieden wieder her.

Weit besser wurden die Fremden in Keffi empfangen, wo ein großer Sklavenjäger als Sultan regierte. Er saß in einem runden Thronsaal von riesigem Ausmaß, ein wahres Wunderwerk schwarzer Baumeister. Ohne Stützbalken erhob sich die Kuppel acht Meter hoch und hatte eine Spannweite von dreißig Metern. Wie man das fertiggebracht hatte, konnte Mustafa nicht erfahren. Zu dem Festmahl, das ihm zu Ehren gegeben wurde, gehörten auch gebratene Ratten und gekochtes Leder, offenbar besondere Köstlichkeiten, weil sie auch der Sultan mit Behagen verspeiste. Noch bis hier reichte die Verbindung der Kaufleute von Ghadames. Auf dem Markt wurden Tuaregschwerter mit Solinger Klingen verkauft. Aber es gab auch englischen Branntwein und Kochtöpfe mit englischem Stempel.

Um sich mit dem Sultan zu verständigen, brauchte Mustafa zwei Dolmetscher. Der eine mußte sein Kanurisch in die Sprache der Fulani übersetzen, und der zweite das Fulanisch in die Sprache von Keffi. Das war umständlich, zeitraubend und konnte zu Mißverständnissen führen.

„Bald wirst du weiße Männer sehen“, ließ der Sultan sagen.

„Wie meinst du das?“ ließ Mustafa fragen. „Es ist noch ein weiter Weg zum großen Wasser.“

„Das große Wasser von Benué kannst du in fünfzehn ... achtzehn ... zwanzig Tagen erreichen.“

„Das süße Wasser von Benué ist ein Fluß, Löwe von Keffi. Erst am salzigen Wasser, dessen anderes Ufer man nicht sieht, werde ich weißen Männern begegnen.“

„Nein, Mustafa, zwei Inglistani leben am Benué. Sie wohnen in Lokoja ... sie besitzen eine große Hütte aus Eisen.“

Vor seiner Abreise aus Europa hatte sich Rohlfs genauestens erkundigt, wo sich die britischen Missionen und Handelsposten in Nigeria befanden, aber nie etwas von einer Niederlassung am Benué gehört. Seines Wissens gab es nur in Lagos britische Beamte und europäische Kaufleute, darunter auch Vertreter von deutschen Firmen. Vielleicht existieren noch einige Missionen am Unterlauf des Niger, aber doch nicht am Benué, tief im Landesinnern. Immerhin, er hatte Europa vor bald drei Jahren verlassen, seitdem konnte sich manches geändert haben.

„Bist du ganz sicher, Beschützer von Keffi, daß in Lokoja weiße Männer leben?“

„Ich weiß es bestimmt“, kam die Antwort zurück, „es sind Inglistani, und sie haben eine große, eiserne Hütte. Sie kaufen Elfenbein und liefern feuriges Wasser und gutes Schießpulver und noch viele andere Sachen.“

Er konnte sich nicht irren, es mußte wahr sein: In Lokoja gab es seit kurzem eine englische Faktorei!

Mustafa war ein armer Mann geworden. Er besaß nur noch seine Ochsen, den Sack mit Kaurimuscheln, die Instrumente und seine Waffen, dazu noch sein geringes persönliches Gepäck und ein paar Taschentücher als Geschenke. Wenn er die verbraucht hatte und die Ochsen verkauft waren, reichten auch die Muscheln nicht aus, um ein Boot für die Weiterfahrt an die Küste zu mieten. Er hatte schon daran gedacht, dasselbe zu tun wie die beiden Fakhis. Sie waren in Bautschi zurückgeblieben, wo es ihnen nicht an Kundschaft fehlte. Mustafa hatte also keine Konkurrenz zu fürchten, wenn er sich seinen Lebensunterhalt durch das Aufschreiben von Koransprüchen verdiente. Aber er mußte auch für Hamed und Noel sorgen und konnte nicht wissen, ob es überall genügend Leute gab, die Koransprüche mit Lebensmitteln bezahlten. Die weißen Männer in Lokoja waren ein Lichtblick. So rasch wie möglich mußte er sich zu ihnen durchschlagen. Er hatte die Erfahrung gemacht, daß Fußgänger leichter durchs Dickicht und über die Berge kamen als Ochsen. Also verkaufte Mustafa seine erschöpften Tiere und mietete von dem Erlös vier Sklaven, um sein Gepäck zu tragen.

Am Tage des Abmarsches stieg die Temperatur auf zweiundvierzig Grad im Schatten. Wegen der feuchten, schwülen Luft wirkte die Hitze weit schlimmer und erschlaffender als in der Sahara. Bei dem anstrengenden Marsch durch sumpfigen Boden spürte Mustafa wieder die Wunde am linken Bein, das seinerzeit Mohammed Thaleb durchschossen hatte. Die Schmerzen wurden immer heftiger. Mustafa hinkte und stützte sich schwer auf einen Stock. Aber er durfte keinen Tag verlieren. Seine Muscheln reichten kaum noch aus, um sieben Menschen bis Lokoja zu verpflegen. Soweit wie möglich lebte er mit seinen Leuten von der Jagd. Aber starkes Wild konnte Mustafa nicht mehr erlegen, weil ihm Kugelpatronen fehlten. Er schoß nur kleines Getier, vor allem Perlhühner. Bald waren auch die Schrotpatronen verbraucht. Er lud die leeren Hülsen mit Schwarzpulver, das ihm der Sultan von Keffi geschenkt hatte, und stopfte Soghakörner darüber. Wenn man nahe genug an die Wildhühner herankam, waren die Getreidekörner ein brauchbarer Ersatz für Schrot.

An dritten oder vierten Tag gerieten die sieben Mann in eine Elefantenherde. Alarmiert von den Kühen, die um ihre Kälber fürchteten, griff ein mächtiger Bulle an. Seine Ohren quergestellt und den Rüssel ausgestreckt, stürmte der Riese gegen die erschrockenen Menschen vor. Flink wie die Affen schwangen sich Mustafas Begleiter in die nächsten Bäume und zogen ihn zu sich herauf. Mit Stößen seines mächtigen Hauptes versuchte der Bulle den Stamm zu brechen. Zum Glück gelang es ihm nicht. Er hielt noch Wache für eine Weile, dann zog er sich mit wütenden Trompetenstößen zurück. Das weggeworfene Gepäck hatte die Elefanten nicht interessiert, es lag noch unbeschädigt im Gebüsch.

Am fünften Tag durchwatete Mustafa den zweihundert Meter breiten Cognofluß. Das trübe Wasser reichte den Männern bis zum Hals. Sie trugen ihr Gepäck auf dem Kopf und schlugen mit Zweigen in die Flut, um etwaige Krokodile zu vertreiben.

Die Bewohner der Wälder gehörten zum Stamme der Afos. Ihre Haut war so schwarz wie Kohle, und da sie ihre Schneidezähne spitz gefeilt hatten, glaubte man, in ihrem dicklippigen Mund das Gebiß eines Raubtieres zu sehen. Sie standen im Ruf, raubgierige Kannibalen zu sein, aber wohl nur bei passender Gelegenheit, denn Mustafa wurde nicht belästigt und sah bei ihnen auch keine Anzeichen von Menschenfresserei. Die Afos trugen in ihren Lederköchern vergiftete Pfeile. Das Gift dafür gewannen sie aus den Speicheldrüsen der Grünen Mamba. Alle Afos waren Heiden. Sie verehrten groteske Götzenbilder aus Holz oder Lehm, denen sie Vögel, Schlangen und Ratten opferten. *Dodo* wurde der hilfreiche Geist genannt, *Mussa* war der Anführer der bösen Dämonen.

Nachdem Mustafa das unheimliche Land hinter sich hatte, kam er zur Stadt Akrun, wo ein Sultan regierte, der angeblich dreihundert Weiber nebst siebenhundert Kindern besaß. Auch hier keine Spur des Islam, sondern finsterer Glaube an die bösen Geister der Nacht. Vor allen Hütten standen zwei bis drei Meter hohe Lehmfiguren mit gräßlichen Fratzen. Die Fremden durften zusehen, wie man im Hof des primitiven Palastes hundert Hähne schlachtete, um die zornigen Dämonen etwas freundlicher zu stimmen. Mit dem herabtropfenden Blut der Opfertiere wurden die Götzen beschmiert.

Der Strom sollte nicht mehr weit sein, sagten die Leute. Wenn man sie richtig verstanden hatte, war der Benué in ein bis zwei Tagen zu erreichen. Mustafa brach schon am nächsten Morgen wieder auf, obwohl er keinen Führer bekam. Gegen Mittag entlud sich ein Wolkenbruch über den Urwäldern. Es war nicht möglich, den Geschwindmarsch fortzusetzen, und mit dem feuchten Holz konnte man kein Lagerfeuer entfachen. Völlig durchnäßt hockten die sieben Mann im Gebüsch. Viele Stunden prasselte der Regen auf sie herab, verwandelte den Boden in eine meilenweite Pfütze und ließ die Bäche gewaltig anschwellen. Erst als die Nacht kam, hörte das Gießen auf, und bald danach erschien der Vollmond am Himmel. Im Schimmer seines Lichtes hasteten die sieben weiter nach Süden. Sie folgten einem reißenden Bach, von dem Mustafa glaubte, er führe zum großen Strom. Dabei kamen sie wieder in dichten Wald, dessen Blätterdach sie in völlige Dunkelheit tauchte. Sie faßten sich an den Händen und blieben am Ufer des Gewässers. Solange sie das Rauschen hörten, bestand keine Gefahr, sich zu verirren. Die gemieteten Sklaven stöhnten unter ihrer Last, die sie auf den Köpfen trugen, und Mustafa litt höllische Schmerzen an seinem lädierten Bein. Bei jedem Schritt versanken die Männer im Morast. Sie stürzten und standen wieder auf, sie stießen gegen Hindernisse und verfingen sich im Gestrüpp. Aber Mustafa trieb sie weiter. Wenn er jetzt eine Rast erlaubte, bekam er seine Leute so bald nicht mehr hoch. Er wollte und mußte den Strom im Gewaltmarsch erreichen, denn sie hatten nichts mehr zu essen. Noch einen Tag und vielleicht noch eine Nacht, dann konnte es in dieser entsetzlichen Nässe niemand mehr aushalten.

Als der Morgen dämmerte, öffnete sich der Wald, und die erschöpften Menschen standen am Ufer des mächtig dahinfließenden Benué. Es war der 18. März 1867, ein denkwürdiger Tag in der Entdeckungsgeschichte Afrikas.

Endlich am Atlantik

In der Mitte des Benué lag eine sandige Insel mit einem kleinen Dorf. Rauch stieg aus den strohgedeckten Hütten. Mustafa wollte einen Signalschuß abgeben, doch sein Gewehr blieb stumm. Das Pulver war feucht geworden. So riefen alle sieben mit lauter Stimme, man möge herüberkommen und sie holen.

Nach einer Weile liefen drüben die Leute zusammen. Ein Boot wurde ins Wasser geschoben und näherte sich langsam dem Ufer. Drei Pfund Kauris forderten die Fährleute für das Übersetzen. Mustafa zahlte den hohen Betrag, weil ihm gar nichts anderes übrig blieb. Aber der Empfang auf der Insel war freundlich. Gleich wurden die Fremden in die größte Hütte geführt und mit Maisbrei bewirtet. Sie aßen sich satt, trockneten ihre Kleider und schliefen neben dem flackernden Feuer.

Am nächsten Morgen verhandelte Mustafa über die Miete eines Bootes zur Fahrt nach Lokoja. Das mußte in der Zeichensprache geschehen, weil es sonst keine Möglichkeit gab, sich einigermaßen zu verständigen. Wie viele Tage man bis Lokoja brauchte, war nicht festzustellen. Aus den Handbewegungen der Insulaner konnte Mustafa nur entnehmen, daß Lokoja flußabwärts lag, allem Anschein nach an der Einmündung des Benué in den Niger.

Vor seiner Reise hatte er nie von dieser Ortschaft gehört und sie auf keiner Karte gesehen. Aber der Zusammenfluß beider Ströme war für weiße Kaufleute gewiß die am besten geeignete Stelle, um eine erfolgreiche Faktorei anzulegen.

Bei den Fischern auf der Insel sah Mustafa Töpfe, Pfannen

und leere Whiskyflaschen, von denen man ihm bedeutete, daß sie aus Lokoja kamen. Er glaubte auch zu verstehen, daß dort Leute wohnten, die helle Augen hatten und hohe Stiefel trugen. Durch Lächeln und liebenswürdiges Auftreten gelang es ihm schließlich, ein Boot und Paddler zu mieten. Er gab dafür seine letzten Taschentücher und den Rest seiner Muscheln. Wenn jetzt noch irgendwelche Kosten auf ihn zukamen, konnte er nichts mehr geben. Nur seine Kleider und Waffen, seine Instrumente, das Kochgeschirr und die Tagebücher waren ihm geblieben.

Das Boot war ein ausgehöhlter Baumstamm, zehn Meter lang, aber nur einen halben Meter breit. Es wurde von vier Mann gepaddelt, von denen zwei vorn und zwei hinten standen. Die drei Passagiere nahmen in der Mitte Platz. Die Miete für seine vier Sklaven hatte Mustafa schon in Keffi an ihre Besitzer gezahlt. Ob nun die Leute zurückkehren wollten oder nicht, konnte ihm gleich sein. Wie es schien, zogen sie die Freiheit vor und verschwanden während der Nacht. Vermutlich hatten ihnen die Insulaner zur Flucht verholfen. Man konnte nur hoffen, daß sie nicht den Kannibalen in die Hände fielen.

Als sich endlich der Einbaum vom Ufer löste, legte sich Mustafa nieder und verlor die Besinnung. Er hatte seine letzten, seine allerletzten Kräfte verbraucht, um an den Strom zu kommen. Dann war auch seine Energie zusammengebrochen. Hamed deckte ihn zu, Noel scheuchte die Moskitos von seinem Gesicht.

Zwei oder drei Tage blieb Mustafa im Schlaf der totalen Erschöpfung. Erst danach kehrten allmählich seine Lebensgeister zurück.

Lautlos glitt das Boot den Strom hinab. Nicht überall waren die Ufer bewaldet. Es gab auf beiden Seiten auch weite Strecken baumloser Steppen. Zu Dutzenden lagen Krokodile auf den Sandbänken. Manche davon waren fünf bis sechs

Meter lang. Nilpferde tauchten aus dem Wasser und verschwanden wieder. Im Schilf standen Reiher, in den Zweigen hockten graue Papageien und kreischten empört, als das Kanu vorüberfuhr. Warzenschweine wühlten im Schlamm, Wasservögel schnappten nach kleinen Fischen. Mehrere Male sah Mustafa am frühen Morgen, wie Elefanten ihr Bad nahmen.

Die Bootsleute wollten nicht am Ufer übernachten, konnte man doch nie wissen, ob Kannibalen oder Sklavenjäger in der Gegend waren. Etwa zwei Stunden vor Dunkelwerden steuerte man zu einer Sandbank, stieg aus und entfachte ein Feuer aus Treibholz. Der Rauch vertrieb die Mücken, und bei Nacht wagten sich keine Krokodile in die Nähe des Feuerscheins. Meist bestand die Nahrung aus gekochten oder an Holzspießen gebratenen Fischen. Davon gab es so viele im Strom, daß es genügte, während der Fahrt die Fischleinen mit den Widerhaken aus zugespitzten Knochen über Bord zu hängen. Dabei wurde mehr Beute gemacht, als man brauchte, obwohl nicht jeder Fisch zu einer eßbaren Sorte gehörte. Manche sollten giftig sein, andere hatten einen üblen Geschmack. Die Bootsleute kannten sich darin aus. Was sie nicht haben wollten, flog wieder ins Wasser. Als Schutz vor dem Regen dienten enggeflochtene Bastmatten auf einem Gerüst aus Zweigen. Wenn aber der Regen zu lange anhielt, wurden die Boote an Land gezogen und gekippt. Man kroch hinein und schlief dicht zusammengedrängt. Die Luft war schwül, heiß und feucht. Nachts sank die Temperatur auf zehn bis fünfzehn Grad, um bei Tag auf über vierzig Grad Celsius zu steigen.

Wenn dem eigenen Kanu andere entgegenkamen, legten sich beide Bord an Bord, und es gab ein langes, lebhaftes Palaver. Die Paddler tauschten Fische aus und beschenkten sich mit Tabak, wobei sie sehr darauf achteten, daß jede Seite von den anderen die gleiche Menge erhielt. Sie rauchten aus klobigen Tonpfeifen, und in jedem Boot stand ein Topf mit glimmenden Holzkohlen, um die Pfeifen schnell anzuzünden. Die Sitte des Rauchens stammte von den Weißen, auch der im Land angebaute Tabak war aus Amerika eingeführt worden, vermutlich von den Portugiesen. Sie waren an der Mündung des Niger die ersten weißen Händler gewesen, natürlich Sklavenhändler in erster Linie. Sie hatten auch den Mais, den Reis, das Zuckerrohr und die Kokosnüsse an die Küste des mittleren Afrika gebracht. Das wußte von den Schwarzen niemand mehr. Sie hielten die importierten Pflanzen für Gewächse, die es in ihrem Lande schon immer gegeben hatte.

Auf der Landkarte Nigeriens, die Mustafa bei sich hatte, war am Unterlauf des Benué eine große Stadt namens *Dagbo* eingezeichnet, während Lokoja fehlte. Weil die Karte außer dem ungefähren Verlauf der großen Ströme fast gar nichts zeigte, hielt Mustafa diesen Ort für den eigentlichen Mittelpunkt des Landes und wollte sich Dagbo gerne ansehen. Aber seine Paddler schienen nichts davon zu wissen. Wenn er andere Bootsleute nach Dagbo fragte, hatten sie keine Ahnung, was er meinte. Aber die englischen Forscher Allen und Oldfield hatten ausführlich von Dagbo berichtet und die Einwohnerzahl auf dreißigtausend geschätzt. Doch alles Fragen und Suchen war vergeblich, die Stadt existierte nicht, hatte auch in früherer Zeit niemals existiert. Wieder ein Beweis für die Unzuverlässigkeit so mancher Forscher. Sie waren gar nicht dort gewesen, wo sie dann behaupteten, gewesen zu sein. Sie hatten nur Eingeborene ausgefragt und bei den Sprachschwierigkeiten gründlich mißverstanden. Sie zeichneten ihre Karten nicht nach eigenen Erfahrungen, sondern nach dem Hörensagen anderer Leute. Sie ließen sich daheim als Entdecker und Durchquerer unerforschter Gebiete feiern, während sie in Wirklichkeit solche Leistungen nicht vollbracht hatten. Schon in der Sahara war Rohlfs durch eine flache Wüstenstrecke gegangen, wo seine Karte ein schroffes Gebirge zeigte. Sogar dem berühmten Heinrich Barth konnte Rohlfs einige, wenn auch nicht so bedeutende Widersprüche nachweisen. Aber er nannte sie nur Irrtümer. Erst viel später, als Innerafrika mit modernsten Methoden genau vermessen wurde, stellte sich heraus, daß sich unter den angeblichen Entdeckern auch einige Lügner, ja sogar eindeutige Betrüger befanden[1].

Als Mustafa in der kleinen Stadt Imaha eintraf, weigerten sich seine Paddler, ihn bis Lokoja zu bringen. Er war machtlos dagegen, hatte auch nichts mehr, um ein anderes Boot und Paddler zu mieten. Für eine Schachtel Streichhölzer stellte man ihm eine halbverfallene Hütte zur Verfügung. Aber darin war es vor Gestank nicht auszuhalten. Wie es Sitte war beim Stamme der Kotos, hatte man im Lehmboden der Hütte die Toten der Familie begraben. Mustafa zog wieder aus und schlief im Freien. Zum Glück fiel während dieser Tage kein Regen.

Und zum Glück begegnete Mustafa sogar hier noch einem Kaufmann aus Ghadames. Mit dem konnte er sich verständigen, fand auch die notwendige Unterstützung. Der Ghadameser vermittelte und verdolmetschte eine Unterhaltung mit dem Häuptling von Imaha. Mustafa hatte dem schwarzen Potentaten kein anderes Geschenk zu bieten als seinen eigenen Burnus. Dafür bekam er eine Flasche englischen Brandy und, was für ihn viel mehr bedeutete, die Erlaubnis, mit einem Frachtboot der Kotos nach Lokoja zu fahren.

Sechs Mann paddelten das große Kanu. Es war bis oben hin mit Elefantenzähnen beladen, und noch drei frisch eingefangene Sklaven kamen hinzu. Für Mustafa, Hamed und Noel war kaum noch Platz vorhanden. Sie konnten sich während der Fahrt nicht rühren, und ihre Glieder verkrampf-

[1] Neuerdings werden auch die Reisen (1497–1504) Amerigo Vespuccis bestritten, dem Amerika seinen Namen verdankt. Er soll die Berichte und Seekarten anderer Entdecker benützt haben, um sie als seine eigenen auszugeben.

ten. Das überfüllte Boot war stets in Gefahr zu kentern, wenn sich nur einer der Insassen ungeschickt bewegte. Angesichts der Krokodile bestand in solchem Fall nur geringe Hoffnung, sich schwimmend ans Ufer zu retten. Wieder verbrachte man die Nächte auf irgendeiner Sandbank. Dann wurden die Sklaven an Händen und Füßen gefesselt, damit sie nicht entliefen oder sich das Leben nahmen. Sie schrien vor Angst, als ihnen eines Nachts die Krokodile zu nahe kamen. Der weiße Mann war ein armer Mann, und deshalb wurde er so schlecht wie nur möglich behandelt. Für ihn, Hamed und Noel gab es keine Verpflegung. Die drei mußten sich ihre Fische selber fangen und am Feuer zubereiten.

Am 28. März 1867, gegen zwölf Uhr mittags, war die Fahrt auf dem Benué zu Ende. Der Strom vereinigte sich mit dem Niger, und nahe bei jener Stelle, wo das Wasser zusammenfloß, lag die Ortschaft Lokoja.

„Der Anblick zweier Barken, die gewiß in Europa gebaut waren“, schreibt Gerhard Rohlfs in seinem Bericht, „gab mir meine Kraft und Elastizität zurück. Bisher hatte ich kaum vermocht, mich aus meiner gekrümmten Stellung aufzurichten. Jetzt aber sprang ich, als die Spitze unseres Bootes das Land berührte, mit großen Sätzen ans Ufer.“

Es gab in Lokoja nur ein Haus mit zwei Stockwerken. Es war aus Blechplatten gebaut, um den Termiten zu widerstehen. Rohlfs lief darauf zu und begegnete auf halbem Wege einem schwarzen Diener in europäischen Kleidern. Bevor er ihn sprechen konnte, hatte sich der Mann schon umgedreht und rannte zurück in das Blechhaus.

Gleich danach eilten zwei weiße Männer auf ihn zu. Sie waren sprachlos vor Staunen. Das Händeschütteln dauerte mehrere Minuten. Sie nahmen den Fremden in ihre Mitte, griffen ihm unter die Arme und zogen ihn zur Veranda hinauf.

„Wir haben seit fast einem Jahr keinen anderen Weißen gesehen ...“

„Und bei mir sind fast drei Jahre darüber vergangen", sagte Rohlfs.

„Wo kommen Sie denn her, niemand hat Sie angemeldet... wie lange waren Sie von Lagos unterwegs?"

„Ich komme nicht von Lagos, sondern von Tripolis..."

„Wie bitte... Was sagen Sie, von Tripolis? Aber das ist doch nicht möglich... das hat's noch nie gegeben.

„Es ist wirklich so, ich komme von Tripolis... es war eine lange Reise."

Der eine Engländer hieß Fell und der andere Robins. Ihre Vornamen hat Rohlfs in seinen Berichten nicht erwähnt. Mr. Fell vertrat die britische Regierung, allerdings nur mit recht unklaren Vollmachten. Mr. Robins vertrat ein britisches Handelshaus, das vor allem Elfenbein aufkaufte, um es nach England zu exportieren. Die Faktorei war erst vor zwei Jahren gegründet worden, aber England hatte nun begonnen, am Niger und Benué Fuß zu fassen[1]. Es war klar, daß in absehbarer Zeit eine britische Kolonie das gesamte Gebiet der beiden Ströme umfassen sollte.

Rohlfs wurde von den beiden Engländern so herzlich aufgenommen, als hätte ihn schon seit vielen Jahren eine enge Freundschaft mit ihnen verbunden. Er bekam alles, was er brauchte und so manches, woran er längst nicht mehr gewohnt war. Hamed und Noel wurden so gut versorgt wie noch nie auf der langen Reise. Fell und Robins lebten wie auf einer winzigen englischen Insel mitten unter der schwarzen Bevölkerung eines noch kaum bekannten Landes. Eine Garnison von fünzig schwarzen Soldaten, von britischen Offizieren in Lagos ausgebildet, stand Mr. Fell zur Verfügung, und dazu noch vier Kanonen. Diese Streitmacht war notwen-

[1] Die Kolonie *Nigeria*, seit 1885 unter britischer Herrschaft, gewann in den folgenden Jahren eine Ausdehnung von einer Million Quadratkilometern. Sie reichte bis zum Tschad-See, umfaßte auch die weiterbestehenden Sultanate Bornu und Sokota. Seit 1960 ist Nigeria selbständig, mit ungefähr 33 Millionen Einwohnern.

dig, um bei den ständigen Stammeskriegen die Faktorei zu schützen. Aber im Hause selbst merkte man von der kriegerischen Bereitschaft nichts. Hinter den Blechwänden herrschte die bürgerliche Atmosphäre des viktorianischen England, obwohl keine weiße Frau den Haushalt leitete. Einmal im Jahr, wenn nach der Regenzeit der Niger den höchsten Wasserstand erreichte, kam ein Dampfboot aus Lagos den Strom hinauf. Es brachte europäische Waren für die Faktorei und alle Notwendigkeiten für die beiden Engländer. Dann wurde es zur Rückfahrt mit Elfenbein beladen, das sich im Laufe des Jahres in den Schuppen Mr. Robins' gesammelt hatte.

Die Herren spielten Whist und tranken Whisky, aber erst nach Sonnenuntergang, wie es sich für anständige Leute gehörte. Um Rohlfs eine Freude zu machen, spielten Fell und Robins abwechselnd auf ihrem Harmonium. Alle drei sangen dazu englische, deutsche und französische Lieder.

Noch bevor die Faktorei entstanden war, hatte sich in Lokoja ein Missionar niedergelassen, allerdings kein weißer, sondern ein schwarzer Mann. Er nannte sich Johnathan Johnston, stammte aus Lagos und war für seine christlichen Pflichten in England ausgebildet worden. Etwa hundert Eingeborene hatte der tüchtige Johnston dem Heidentum entrissen. Als er kam, um Mustafa zu begrüßen, wurde ihm Noel vorgestellt. Auch ihn sollte Johnston taufen, was schon nach einigen Tagen in der kleinen Missionarskirche geschah. Rohlfs war einer der Taufpaten und Mr. Robins der andere. Aus welchem Grund der Junge auf den Namen Henry getauft wurde, wissen wir nicht.

„In fünf oder sechs Monaten kommt unser Dampfer", hatte Mr. Fell schon am ersten Tag erklärt, „so lange bleiben Sie unser Gast, vorher lassen wir Sie nicht los."

„Ich muß aber los, ein halbes Jahr untätig zu warten, das halte ich nicht aus."

„Wir gehen auf die Jagd, my dear Rohlfs, wir schießen ein paar Elefanten. Wir sorgen schon für Ihren Zeitvertreib."

Aber schon am nächsten Morgen kam Rohlfs wieder auf seine Abreise zu sprechen.

„Ich verkaufe mein Gewehr und miete ein Boot zur Fahrt an die Küste."

„Sie sind ja von allen guten Geistern verlassen!" rief Robins entsetzt. „Am Niger werden Sie von Kannibalen gefressen oder zu Ehren der Heidengötter abgeschlachtet! Da herrscht überall Krieg, da kommen Sie niemals durch. Nur der Dampfer kann passieren, weil er Soldaten an Bord hat und mit zwei Kanönchen gespickt ist..."

Rohlfs ließ es dabei bewenden, aber wieder nur für einen Tag.

„Es tut mir leid, meine Herren, aber ich muß auf meinem Plan bestehen. Ich kann nicht anders... ich werde es trotzdem versuchen."

„Das ist Wahnsinn, Rohlfs, das ist heller Wahnsinn..."

„Wenn Sie wüßten, wie viele Leute mir gesagt haben, es sei heller Wahnsinn, die Sahara zu durchqueren!"

„War's ja auch, und Sie haben nur Glück gehabt, ganz und gar unglaubliches Glück. Aber jedes Glück hat mal ein Ende."

Doch Rohlfs ließ sich nicht davon abbringen. Er zog Erkundigungen ein und traf seine Vorbereitungen. Doch seine besorgten Freunde kamen auf einen besseren Gedanken. In der Faktorei lagen Geschenke von der britischen Regierung für den König von Nyfe bestimmt, um ihn für einen Handelsvertrag zu gewinnen. Dieser mächtige Fürst heidnischer Neger residierte in Rabba, zehn Tage weit am Nigerstrom aufwärts. Wenn das Dampfboot erschien, sollte eine Pinasse mit weißen Matrosen die Sachen nach Rabba befördern.

„Wir machen Ihnen den Vorschlag", sagte Mr. Robins

eines Abends nach dem Essen, „daß Sie dem schwarzen Scheusal die Sendung unserer gnädigen Queen überbringen. Es ist zwar ein weiter, sehr weiter Umweg, aber die Gegend da oben ist einigermaßen sicher. Und zweifellos wird der hohe Herr so entzückt sein von dem schönen Plunder, daß er alles tut, um Ihnen die Weiterreise nach Lagos zu ermöglichen. Sie können in Rabba Pferde bekommen und reisen über Land nach Lagos."

„Meine Mittel sind sehr begrenzt oder besser gesagt, gar nicht vorhanden."

„Was denken Sie denn, my dear Rohlfs, dafür kommt natürlich die britische Regierung auf. Wir versorgen Sie mit fünfzigtausend Muscheln, im Namen Ihrer Majestät und zu Lasten der englischen Steuerzahler. Außerdem können Sie doch sehr interessante Berichte mit nach Hause bringen."

Das gab den Ausschlag, damit konnte Rohlfs die Ergebnisse seiner dreijährigen Expedition noch mehr bereichern. Von Nyle hatte man in Deutschland noch nichts gehört, der Landweg von Rabba nach Lagos war in Europa unbekannt.

Rohlfs erhielt ein breites Boot mit sechs Paddlern. Er bekam seine fünfzigtausend Muscheln, seine Tauschwaren und Geschenke für alle Potentaten, die oben am Ufer des Niger die Bevölkerung in Angst und Schrecken hielten. Auch die Reise von Rabba nach Lagos schien damit gesichert.

Nun ging alles sehr schnell. Die starke Stellung und die reichen Zahlungsmittel der beiden Engländer sorgten dafür. Zutiefst dankbar für ihre Hilfe nahm Rohlfs bewegten Abschied.

„In drei Jahren ist unser Dienst in Lokoja zu Ende", sagte Robins, „dann kommen wir nach Deutschland und werden Sie besuchen."

„Darauf Ihr Wort, meine Herren, damit ich Sie ganz bestimmt wiedersehe. Ich habe genug von großen Reisen, ich bleibe daheim ... für die nächsten fünf oder sechs Jahre."

„Sie haben mein Wort“, sagte Robins.

„Und meines auch“, sagte Fell.

Aber sie konnten ihr Versprechen nicht halten. Im nächsten Jahr erlag Mr. Robins einer Tropenkrankheit, und Mr. Fell wurde auf einem Jagdausflug von Eingeborenen erschlagen.

Nicht zehn Tage, sondern vierzehn Tage beanspruchte die Reise den Niger stromauf. Die Hitze war erdrückend, und noch schlimmer war die pausenlose Plage durch Stechmükken. Aber die Menschen und die Dörfer am Ufer schenkten Rohlfs eine Menge neuer Eindrücke. Von Tag zu Tag andere Völkerschaften mit anderen Sitten. Götzendiener und Fetischisten waren sie allesamt, noch kein Hauch des Islam hatte sie berührt, erst recht keine Mission christlicher Kirchen.

Die Stadt Rabba war von benachbarten Stämmen vollkommen zerstört worden, nur seine Flotte von fünfhundert Kanus hatte König Massaba gerettet. Er befand sich mit einem Heer von dreißigtausend Mann nur einige Stunden weit von seiner verbrannten Hauptstadt entfernt. In den nächsten Tagen wollte er aufbrechen, um seinen Feinden heimzuzahlen, was sie ihm angetan hatten. Ein Bote eilte dorthin, um den Besuch des weißen Mannes anzumelden. Massaba schickte Pferde, Diener und eine Eskorte. Gleich nach seiner Ankunft wurde Mustafa in feierlicher Audienz empfangen. Er überbrachte die Geschenke der Königin Viktoria und sah im strahlenden Gesicht des schwarzen Fürsten, wie begeistert er von dem Plüsch und Plunder war, der aus den Kisten zum Vorschein kam. Die Engländer verstanden es, für solche Leute die richtigen Sachen zu wählen. Alles mußte blitzen und schimmern und möglichst bunt sein. Roter Samt, goldbetreßte Federhüte und pompöse Uniformen waren besonders beliebt. Tellergroße Medaillen, pfundschwere Halsketten und sogar ein Paar Lackstiefel hatte die Queen dem Beherrscher von Nyfe geschickt. Doch ist anzunehmen, daß sie selbst gar nichts damit zu tun hatte. Es war Sache des Londoner Kolonialamtes, die Beziehungen mit afrikanischen Potentaten zu pflegen. Die kleine, rundliche Dame im Buckingham-Palast gab dafür nur ihren Namen.

Einen phantastischen Eindruck machte das Kriegslager des Königs, vor allem bei Nacht, wenn tausend Feuer brannten und viele tausend Männer ihre wilden Tänze aufführten. Mustafa blieb drei Tage in diesem Gewühl und wurde bewirtet, als sei er selbst ein Sultan. Er bekam von Massaba ein Pferd, einen Führer und drei Gepäckträger. Zwei weitere Pferde für Hamed und Noel kaufte Mustafa für Kaurimuscheln. Am 26. April wurde er von König Massaba in freundlichster Weise verabschiedet.

Von der Küste des Atlantik und der Hafenstadt Lagos trennten ihn schätzungsweise noch fünfhundert Kilometer. Der Weg führte durch die Länder Joruba und Ibadan, wo zur Zeit relativ ruhige Zustände herrschten. Aufgeweichter Boden, reißende Bäche und dichtverfilzter Urwald machten Mustafa schwer zu schaffen. Doch die Vielfalt der Leute und Landschaften, die er zu sehen bekam, belohnte ihn für die Mühe des Marsches. Er war am 6. Mai in Savahi, wo ihn der Potentat mit einem Festmahl bewirtete, zu dessen Speisefolge in bunter Reihe auch Frösche, Affen, Hunde, Katzen, Ratten und Mäuse sowie große Heuschrecken, schwarze Ameisen und langhaarige Raupen gehörten. In Palmöl und Honig waren die Leckerbissen gebraten. Doch brauchte der Ehrengast davon nichts zu essen, denn auch Schweinefleisch, Hühner und Enten wurden aufgetischt.

Schon am nächsten Tag ging es weiter und immer weiter der Küste entgegen. Gebirgszüge erschwerten das Fortkommen, grundlose Sümpfe mußte man umgehen. Als die kleine Expedition nach Ilori kam, bot sich Mustafa ein entsetzlicher

Anblick. Vor den Toren hatte man vier Unglückliche durch die grausame Methode des Pfählens hingerichtet. Dabei wurde der Delinquent mit gebundenen Händen auf einen nadelscharf zugespitzten Pfahl gesetzt, der sich langsam, aber sicher durch den After und die Eingeweide in den Körper des Gequälten hineinbohrte. Sein Gewicht drückte ihn tiefer und immer tiefer auf den Pfahl, dessen Spitze schließlich aus dem Hals oder dem Gesicht zum Vorschein kam. Dies fürchterliche Bild wiederholte sich im Hof des schmutzigen Lehmpalastes. Es schien den Herrn von Ilori nicht zu stören, der freundlich lächelnd seinen Gast zwischen den Gepfählten empfing. Mustafa überreichte Geschenke und empfing als Gegengeschenk zwei Beutel Kaurimuscheln und einen Ziegenbock.

Sogar in Ilori entdeckte Mustafa noch Handelswaren, die aus Ghadames und Tripolis kamen, also über einen unsinnig weiten Weg. Dabei konnte man von hier aus die Lagerschuppen europäischer Kaufleute in Lagos binnen einer Woche erreichen.

Wieder Regen und Tropengewitter, dazu noch Myriaden von Moskitos, rote Ameisen und sauglustige Blutegel. Mustafa war aber bei guter Gesundheit, er konnte wieder alles ertragen. Mehrmals verlor sein Führer den Weg, zwei Tage lang suchte der Mann herum, bis er ihn wiederfand. Dann erreichte man die große, volkreiche Stadt Ibadan. Aus den Zeichen, die man ihm machte, glaubte Mustafa zu verstehen, daß ein weißer Missionar in Ibadan wohnte. Von Hamed und Noel gefolgt, ritt er eine halbe Stunde lang durch die Gassen, um ein Haus europäischen Stils zu finden. Sein Pferd war klüger als er und stieß mit dem Kopf gegen ein Hoftor. Dahinter lag ein Garten, und an seinem Ende erhob sich ein zweistöckiger Bau.

„Meine Überraschung war grenzenlos“, hat Rohlfs später geschrieben, „als ich auf dem Rasen eine schöne blonde Frau in einem Kleid aus weißer Seide erblickte. Sie war von einer Schar schwarzer Kinder umgeben, denen sie Geschichten aus einem christlichen Buch erzählte. Ich war so benommen von ihrem reizenden Anblick, daß ich jeden Gruß vergaß und mich nicht wegen meines Eindringens entschuldigte."

Seine Überraschung wurde noch größer, als sich herausstellte, daß die Frau wie auch ihr Mann Deutsche waren. Schon seit drei Jahren lebte das Ehepaar Hinderer in Ibadan und hatte eine Gemeinde von etwa dreihundert getauften Ibos um sich gesammelt. Es fiel Gerhard Rohlfs nicht leicht, nach so langer Zeit wieder Deutsch zu sprechen. Er blieb mehrere Tage in dem gastlichen Haus, genoß das Essen am weißgedeckten Tisch und die heimatliche Atmosphäre.

Aber seine Strapazen waren noch nicht vorüber. Denn nun hatte in diesem Land mit aller Macht die Regenzeit begonnen. Wassermassen strömten vom Himmel, wie sie Mustafa noch nie erlebt hatte. Es gab kaum eine Unterbrechung der ständigen Wolkenbrüche. Aber es half nichts, man mußte hindurch. Weiter ging es, weiter und weiter, der sehnsüchtig erwarteten Küste entgegen. Alle Wege waren überschwemmt, für jeden Kilometer brauchte man eine Stunde und noch mehr.

Am 25. Mai blieb endlich der Wald zurück, und vor Mustafas Augen breitete sich eine meilenweite Lagune. Kaum zu erkennen, lag auf ihrer anderen Seite die Stadt Lagos. Es war aber kein Fährschiff vorhanden, erst am nächsten Morgen sollte es kommen. Mustafa übernachtete mit seinen Begleitern in einer leeren Strohhütte.

Gegen acht Uhr früh legte das Fährschiff an. Es war groß genug, um auch die drei Pferde und Gepäckträger an Bord zu nehmen. Nach einer stürmischen und gefahrvollen Überfahrt konnte Gerhard Rohlfs in Lagos an Land gehen. Er hatte seine größte Reise vollendet, eine der bedeutendsten Reisen in der Entdeckungsgeschichte des Schwarzen Erdteils.

Er meldete sich beim britischen Gouverneur, der keinesfalls glauben wollte, daß sein Besucher aus Tripolis kam. Dann las er die Briefe, die Rohlfs aus Lokoja mitgebracht hatte, und fand darin die Bestätigung.

„Nehmen Sie's mir bitte nicht übel, Mr. Rohlfs, aber ich konnte mir wirklich nicht vorstellen, daß ein weißer Mann imstande ist, diesen Erdteil zu durchqueren. Meine herzlichsten Glückwünsche ..."

Sobald die deutschen Kaufleute von der Ankunft eines Landsmanns erfuhren, der allen Ernstes behauptete, er sei aus Tripolis gekommen, wurde Rohlfs mit Einladungen überschüttet. Er wohnte mit Hamed und Noel im Hause der Hamburger Firma Oswald, aufs beste versorgt und von einem deutschen Arzt betreut.

Am 4. Juni 1867, einundfünfzig Monate nach seiner Abreise aus Bremen, bestieg Gerhard Rohlfs mit Hamed und Noel einen englischen Dampfer, der ihn nach London brachte. Sechs Wochen später trat er in sein Elternhaus. Inzwischen hatte die Welt schon gehört, daß ein Mann die ganze Breite Afrikas, von Tripolitanien bis an die Küste Nigerias, durchquert hatte. Bei seiner Ankunft in Bremen wurde Salut geschossen.

Ein Mädchen aus Riga

„Niemals werde ich jenen Augenblick vergessen, als ich Gerhard Rohlfs zum erstenmal gegenübertrat. Die hohe, schlanke Gestalt des noch so jung erscheinenden Entdeckers, der soeben von seiner Durchquerung Afrikas zurückkehrte, steht noch lebhaft vor meiner Seele. Wie sehr wurde ich von der Ausstrahlung seiner Persönlichkeit ergriffen! Vor einem Jahr war ich von meiner ersten Reise in den ägyptischen Sudan zurückgekehrt und spürte noch die Folgen der Anstrengung. Doch bei seinem Anblick wurde mein Herz zu neuer Begeisterung für weitere Unternehmungen entflammt. Braun wie ein Araber und entsetzlich abgemagert stand Rohlfs vor mir. Aber aus seinen funkelnden Augen leuchtete das höchste Maß von Energie, gepaart mit physischer Leistungskraft. Dabei war er in seinem Wesen von gefälligster Form, in zwangloser Weise verbindlich und gewandt. An ihm war von sogenanntem Schneid oder Draufgängertum keine Spur. Statt dessen besaß er jenen echten Mannesmut, der nur zutage tritt, wenn es die Gelegenheit erfordert. Die hohe, selbstsichere Gestalt, die sympathischen Züge, seine stets tadellose Haltung, die wohltuend klare Sprache und dazu die ungeschminkte Natürlichkeit, die sich in seinem ganzen Wesen kundgab, mußte schon bei der ersten Begegnung auf jedermann den vorteilhaftesten Eindruck machen. Er war stets von gleichbleibend liebenswürdiger Form, wobei er niemals einen Unterschied des Standes machte. Gerhard Rohlfs besaß die Würde und das Auftreten eines wirklich vornehmen Mannes, der gerade dadurch höchste Achtung gewinnt, weil er nicht im geringsten Anspruch darauf erhebt. Bei keiner Gelegenheit machte er das Übergewicht seiner Persönlichkeit geltend. Aber man spürte seine Bedeutung instinktiv, dem Einfluß seines Wesens konnte man sich nicht entziehen."

Das schrieb Georg Schweinfurth, ein anderer der großen deutschen Afrikaforscher, dessen Nichte Gerhard Rohlfs einige Jahre später zur Frau nahm[1].

Erst sechsunddreißig Jahre alt, befand sich Gerhard Rohlfs schon auf der Höhe seines Ruhms. Während er sich auf seiner dritten Expedition befand, waren die Berichte über seine erste und zweite Reise erschienen. Obwohl trocken geschrieben, hatten sie wegen der ungewöhnlichen Schilderungen echter, selbsterlebter Abenteuer großes Aufsehen erregt.

Und jetzt kam Rohlfs von einer dritten, noch viel größeren Reise zurück. Noch mehr als zuvor hatte der vielbewunderte Mann geleistet. Die Zeitungen widmeten seiner Heimkehr spaltenlange Artikel. Überall war zu lesen, daß Gerhard Rohlfs von der Britischen und von der Preußischen Geographischen Gesellschaft die höchste Auszeichnung erhalten hatte: die große Goldmedaille. Auch sein getreuer Hamed wurde nicht übersehen, er bekam die Silbermedaille. Ehren aller Art und Ehrenmitgliedschaften zahlreicher wissenschaftlicher Institutionen regneten auf Rohlfs herab. Er wurde von Bismarck zu einem mehrstündigen Gespräch empfangen und anschließend zu Tisch gebeten. Noch ehrenvoller war der Empfang bei Wilhelm I. von Preußen. Die Adjutanten trauten ihren Augen nicht, als der siebzigjährige

[1] Georg Schweinfurth wurde 1836 in Riga geboren und ist 1925 in Berlin-Dahlem gestorben. Seine Forschungsgebiete waren der Sudan, das Quellgebiet des Nil und die Zuflüsse des Kongo. Dort entdeckte er neben anderen Völkerschaften auch die Pygmäen. Auf dem Schulweg ins Arndtgymnasium, Berlin-Dahlem, habe ich noch selbst den fast neunzigjährigen Afrikaforscher gesehen. Wir hatten von unserem Klassenlehrer die Anweisung erhalten, den „Entdecker der Nilquellen" höflich zu grüßen, was auch geschah. Aber ich war noch zu klein, um die Bedeutung des uralten Herrn zu begreifen.

König selbst einen Stuhl für Rohlfs heranrückte. Wie nun um Punkt zwölf Uhr die Wachablösung mit klingendem Spiel heranrückte, zog Wilhelm I. seinen Gast mit sich ans „historische Eckfenster“. Wie üblich hatten sich ein paar hundert Berliner eingefunden, den König zu sehen. Neben ihm stand nun Gerhard Rohlfs, der Held von Afrika.

Er wurde von der Königin Auguste empfangen, vom Kronprinzen Friedrich, von Moltke, Roon und vom alten Wrangel. Wegen seines tadellosen, doch ungezwungenen Auftretens machte Rohlfs überall den besten Eindruck. Da er vor den höchsten Herrschaften nicht in Ehrfurcht erstarb, sondern sich wie ein vernünftiger Mensch betrug, der bei anderen vernünftigen Menschen zu Gast ist, wurde er nun zu Geselligkeiten im kleinsten Kreis hinzugezogen. Der König und die Königin, auch der Kronprinz und die Kronprinzessin, eine Tochter der Königin Viktoria von England, saßen abends mit Rohlfs vor dem Kamin und ließen sich von Afrika erzählen.

„Was wollen Sie jetzt mit Ihrem Negerjungen anfangen“, fragte der König, „wird er sich in unseren Verhältnissen zurechtfinden?“

„Noel ist zur Zeit bei meinen Eltern, Majestät, aber er kommt dann in ein Internat.“

„Ich fürchte, die anderen Buben werden ihn behandeln wie einen Zirkusclown, mein lieber Rohlfs. Lassen Sie mich die Sorge und die Kosten für den Jungen übernehmen. Er bekommt die bestmögliche Erziehung, ich möchte sehen, wie weit es so ein Neger bringt.“

Rohlfs war gerne einverstanden, und so kam Henry Noel in die Obhut des Professors Strack, eines für damalige Begriffe vorbildlichen Pädagogen. Er wurde mit dessen Kindern aufgezogen und besuchte mit ihnen die Realschule. Von Zeit zu Zeit mußte Noel die Königin Auguste aufsuchen, um ihr seine Schulhefte zu zeigen. Er wurde von ihr verwöhnt, beschenkt und gelegentlich zu Ausflügen mitgenommen. Bald war er in ganz Berlin bekannt, man hielt den „schwarzen Prinzen“ für den Sohn eines mächtigen Negerfürsten. Und es dauerte nicht lange, da glaubte auch Noel, er sei ungefähr dasselbe wie einer der Prinzen von Preußen.

Gerhard Rohlfs hatte nicht die Absicht, so bald wieder auf Reisen zu gehen. In Gotha, bei Professor Petermann, beschäftigte er sich mit der wissenschaftlichen Ausarbeitung seiner Notizen und begann ein zweibändiges Werk, das dem allgemein interessierten Publikum seine Durchquerung Afrikas schildern sollte. Finanzielle Sorgen hatte er nicht. Die Einkünfte aus seinen Büchern und Vortragsreisen sicherten ihm den Lebensunterhalt.

Der König von Preußen hatte die Geschenke für den Sultan von Bornu bewilligt. So war eigentlich die Gelegenheit für eine neue Expedition gegeben. Die Kosten für das Unternehmen wollten die Berliner Geographische Gesellschaft, einige Privatleute und Wilhelm I. aufbringen. Es konnte aber Rohlfs nicht reizen, den gleichen Weg durch die Wüste noch einmal zu gehen. Woran ihm lag, war ein Vorstoß ins Tibesti-Gebirge.

Da kam überraschend ein Telegramm aus Berlin: „Seine Majestät der König läßt Sie bitten, als offizieller Beobachter die anglo-indische Armee nach Abessinien zu begleiten. Abreise spätestens Ende November, erbitte Ihre sofortige Entscheidung. Bismarck.“

Rohlfs überlegte keinen Augenblick, er telegrafierte sein Einverständnis.

In Abessinien, dem heutigen Äthiopien, regierte zu jener Zeit der Kaiser Theodor. Er behauptete, ein Nachkomme des biblischen Königs Salomon und der Königin von Saba zu sein. Im Verlauf blutiger Machtkämpfe war er auf den Thron gelangt, hatte es aber während der zwölf Jahre seiner strengen, oft sehr grausamen Regierung verstanden, in dem völlig zerrütteten Land einigermaßen Ordnung zu schaffen. Christliche Missionare, vor allem Engländer, gedachte er nicht länger zu dulden. Theodor war selbst Christ und gehörte, wie die gesamte Oberschicht Äthiopiens, der koptischen Glaubensgemeinschaft an. Von Protestanten und Katholiken wollten die Kopten nichts wissen. Als die fremden Missionare dennoch im Land blieben, ließ der Negus sie verhaften. Die britische Regierung protestierte, jedoch nur mit dem Erfolg, daß Theodor auch die übrigen Engländer und mit ihnen den britischen Gesandten ins Gefängnis warf.

Eine so unerhörte Beleidigung schrie nach Rache, jedenfalls zur damaligen Zeit. Um die Macht Großbritanniens zu beweisen, hatte London eine Strafexpedition beschlossen. Sie ging aus praktischen Gründen nicht von England aus, sondern von Indien. Dort standen genügend Truppen zur Verfügung, in der Hauptsache natürlich indische Soldaten unter Führung englischer Offiziere. Ein großangelegtes Unternehmen sollte es sein, wobei die Organisation eine Reihe sehr schwieriger Probleme aufwarf. In Preußen wünschte man zu wissen, auf welche Weise die Engländer damit fertig wurden. Rohlfs kannte die afrikanischen Verhältnisse und war selbst Offizier gewesen, also gab es kaum einen besseren Mann, um darüber richtig zu urteilen.

Ende November reiste er ab, nur von Noel begleitet. Der Junge war davon nicht begeistert, auch Rohlfs hätte gerne auf ihn verzichtet. Aber es war der Wunsch des Königs, beide mußten sich damit abfinden. Die Reise führte von Marseille nach Ägypten, wo Rohlfs den Khediven Ismail[1] besuchte. Erst in Sula, einem Hafen am Roten Meer, stieß Rohlfs zur britischen Armee. Es waren noch ein gutes Dutzend anderer Beobachter eingeladen worden, als Schlachtenbummler die

[1] Nominell gehörte auch Ägypten zum türkischen Reich, aber der Khedive – eigentlich nur Statthalter des Sultans – hatte sich mit englischer und französischer Hilfe weitgehend selbständig gemacht.

anglo-indischen Truppen zu begleiten, darunter ein damals noch unbekannter Journalist namens Henry Morton Stanley. Er war Berichterstatter des „New York Herald" und zum erstenmal in Afrika. Wenige Jahre später kannte die ganze Welt seinen Namen, denn Stanley fand den verschollenen Livingstone, und ihm gelang die Durchquerung des Schwarzen Erdteils von Sansibar bis zur Mündung des Kongo. Er wurde nicht nur einer der größten Entdecker in Afrika, er war auch wesentlich an der Gründung des belgischen Kongostaates beteiligt. Aber das lag Ende 1867 noch in weiter Ferne.

Die anglo-indische Armee schleppte sich bei strömendem Regen über Bergpässe von dreitausend Meter Höhe, durchzog endlose Steppen, tiefe Schluchten und dichte Dornenwälder. Die Organisation war mustergültig, der Nachschub funktionierte reibungslos, und nie herrschte Mangel an Lebensmitteln. Überall wurde der Widerstand schnell gebrochen.

Kaiser Theodor hatte sich mit seinen besten Truppen in der Stadt Magdala verschanzt. Aber die Mauern zerbrachen im Hagel der britischen Granaten. Der Negus versuchte im Gegenangriff den Feind zu werfen, wurde jedoch vernichtend geschlagen, und der größte Teil seiner Leute lief entsetzt davon. Zuletzt blieben dem Negus nur noch sieben Mann seiner Leibgarde, die kämpfend untergingen. Da keine Kugel den Kaiser traf, gab er sich selbst den Tod.

Damit war der Krieg vorbei. Die Gefangenen hatte man befreit, und die britische Armee zog sich wieder an die Küste zurück. Als Rohlfs durch die Lagergasse des Hauptquartiers schlenderte, sah er ein paar Soldaten, die sich zum Spaß als vornehme Abessinier kostümiert hatten. Zu dem gestohlenen Zeug gehörte auch eine Krone. Offenbar nur Blech und Plunder, denn schlecht war sie gearbeitet, und die Steine darin schienen nur aus buntem Glas zu bestehen. Als Kuriosität wollte Rohlfs das plumpe Ding gerne mit nach Hause nehmen. Er bot den Soldaten zwei Buddel Rum, die sie lachend entgegennahmen. Erst in Sula, als Rohlfs seinen billigen Erwerb indischen Kaufleuten zeigte, stellte sich heraus, daß die Krone nicht aus Messing, sondern aus reinem Gold bestand. Die Steine waren ungeschliffene Edelsteine von unschätzbarem Wert. Ein Zufall sondergleichen hatte ihm die abessinische Kaiserkrone in die Hand gespielt. Natürlich konnte er sie nicht behalten. In Berlin übergab er sie dem König von Preußen, der aber auch nicht wußte, was er damit machen sollte. Wilhelm I. schickte sie der Königin Viktoria, als mehr oder minder rechtmäßige Kriegsbeute der englischen Truppen. So gelangte das kostbare Stück in den britischen Kronschatz, wo es sich noch heute befinden soll.

Rohlfs war am 31. Mai 1868 wieder in Bremen. Dort, wo er ein halbes Jahr zuvor aufgehört hatte, schrieb er weiter am Bericht über seine dritte Expedition.

Aber kaum war der Sommer zu Ende, fuhr der unermüdliche Mann zum fünftenmal nach Afrika. Der Sultan von Bornu sollte endlich die Geschenke des preußischen Königs erhalten. Rohlfs hatte nicht den Auftrag, sie persönlich zu überbringen. Es genügte, in Tripolis einen zuverlässigen Mann zu finden, der so bald wie möglich den Transport übernahm. Rohlfs dachte an Mohammed el Gatroni. Er hatte diese Reise schon zweimal gemacht und verstand es ausgezeichnet, eine Karawane zu führen. Wenn das erledigt war, wenn sich el Gatroni mit den Geschenken auf dem Weg nach Bornu befand, konnte Rohlfs eigene Pläne in Angriff nehmen. Er wollte östlich von Tripolis die Küstenstädte der Cyrenaika besuchen und danach so weit wie möglich in die Libysche Wüste eindringen.

Aber leider war el Gatroni nicht aufzufinden. Zwei Kamelreiter, die Konsul Rossi in den Fezzan geschickt hatte, kehrten unverrichteterdinge wieder nach Tripolis zurück. El Gatroni war auf Reisen, mehr hatten sie von seiner Frau nicht erfahren.

Inzwischen war Rohlfs berichtet worden, daß ein Deutscher namens Gustav Nachtigal als Leibarzt am Hofe des Bey von Tunis lebte. Dr. Nachtigal war noch jung an Jahren, beherrschte vollkommen die arabische Sprache und hatte sich gut den Verhältnissen im Lande angepaßt. Telegrafisch fragte ihn Rohlfs, ob er bereit sei, den Transport nach Bornu durchzuführen. Noch am gleichen Tag depeschierte Nachtigal sein Einverständnis. Schon seit Jahren hatte er auf eine Gelegenheit gewartet, tief in die Sahara einzudringen. Er war so begeistert von dem Auftrag, daß er schon wenige Tage später in Tripolis eintraf.

„Wenn es Ihnen nicht genügt, meinem Weg zu folgen", sagte Rohlfs, „dann versuchen Sie doch die Erkundung des Tibesti-Gebirges. Man weiß nichts von diesen Bergen und noch weniger von den Menschen, die dort herumziehen. Aber ich warne Sie, man riskiert dabei sein Leben."

„Haben Sie jemals eine Gegend gemieden, weil sie gefährlich war?" fragte Nachtigal.

„Das Tibesti hätte ich gerne gesehen, nun bleibt es Ihnen überlassen. Aber sorgen Sie dafür, daß Omar seine Geschenke bekommt. Dieser Auftrag muß erfüllt sein, bevor Sie eigene Wege wandern."

Während die Vorbereitungen für Dr. Nachtigals Reise in vollem Gange waren, erschien völlig ahnungslos el Gatroni in Tripolis. Er war zu Tränen gerührt, Mustafa-el-Nemsi so überraschend wiederzusehen. Die Führung und Begleitung Nachtigals wollte er gerne übernehmen. So war in dieser Hinsicht alles aufs beste geregelt. Mitte März 1869 konnte sich Rohlfs seinen eigenen Plänen zuwenden.

Er fuhr mit einem Segelschiff nach Bengasi, Hauptstadt der Cyrenaika. Ebenso wie Tripolitanien war auch die Cyrenaika eine Provinz des türkischen Reichs, mit eigener Verwaltung und eigenem Gouverneur. Während des Altertums und bis zum Einbruch der Araber war der Küstenstrich ein dichtbewohntes Land mit hoher Kultur gewesen. Wo Gerhard Rohlfs nur Steppe und Wüste sah, lagen zur Zeit der Griechen, Römer und Byzantiner wogende Weizenfelder und reichtragende Olivenhaine. Dahinter dehnten sich grüne Wälder und große Weideflächen. Jetzt aber bot die Landschaft einen trostlosen Anblick, nur unterbrochen von den großartigen Ruinen der antiken Städte, darunter Cyrene, Berenice, Tauchila, Ptolomais und Adrianapolis. Rohlfs mietete Treiber, Diener und fünf Kamele. Er war einer der ersten Europäer, der jene Ruinenfelder besuchte und Kunde davon gab, welch wertvolle Reste des Altertums in der Cyrenaika darauf warteten, von der Wissenschaft untersucht zu werden. Aber viele der Tempel, Theater und Thermen konnte er nicht sehen, weil sie vom Sand verschüttet waren. Bis zum heutigen Tag sind noch lange nicht alle ausgegraben.

Sieben Wochen dauerte diese Wanderung durch eine versunkene Welt, dann kehrte Rohlfs nach Bengasi zurück. Aber er dachte nicht daran, sogleich heimzureisen, sondern beschaffte sich die Ausrüstung für eine neue Expedition. Nun zog er von Bengasi nach Süden, tief hinein in die noch völlig unbekannte Libysche Wüste. Am elften Tag gelangte er zur Oase Audschila, drei Wochen später nach Dschalo und bald darauf nach Dscharabub. In Europa wußte man nicht einmal, daß es diese Oasen gab. Sie gehörten zum Herrschaftsbereich der Senussi, einer islamitischen Glaubensgemeinschaft, deren Fanatismus und Fremdenhaß alles übertraf, was Rohlfs bis dahin erlebt hatte. Wieder nannte er sich Mustafa-el-Nemsi und trat als rechtgläubiger Mohammedaner auf. Dennoch wurde er beschimpft, mit Steinen beworfen und oft aus den Dörfern verjagt.

Unvorstellbar waren die Strapazen. Seine Karawane quälte sich durch Salzsümpfe, zog über glühendheiße Bergketten und endlose Sandmeere. So weit wie hier waren die Entfernungen von Brunnen zu Brunnen noch nie gewesen. Die Kamele trugen so viele Girbas, daß Mustafa auf fast alles sonstige Gepäck verzichten mußte. Drei Tage lang wurde er von einem tobenden Sandsturm festgehalten. Die Uhren und ein Teil der Instrumente fielen aus. Es war nicht möglich, sie zu reparieren. Bei der absoluten Trockenheit genügten kaum zwölf Liter Wasser pro Tag und Mann, um sich am Leben zu erhalten. Zum Glück war genug Flüssigkeit vorhanden. Zweimal stieß Mustafa auf die Überreste von Karawanen, die vor kurzem verdurstet waren. Beim erstenmal zählte er dreißig vertrocknete Leichen, danach sogar dreiundsiebzig. Die meisten davon waren Sklaven gewesen, die noch ihre Fesseln trugen. Mitsamt ihren Treibern und Sklaven waren auch die Menschenhändler zugrunde gegangen.

Mustafa-el-Nemsi wandte sich nach Osten, besuchte die Siwa-Oasen mit den imposanten Ruinen ihrer antiken Tempel und gelangte schließlich nach Ägypten. Von Alexandria fuhr er auf einem englischen Dampfschiff nach Genua und war Ende des Jahres wieder daheim in Bremen.

Rohlfs war jetzt achtunddreißig Jahre alt und hatte, nur von kurzen Unterbrechungen abgesehen, achtzehn Jahre seines Lebens in Afrika verbracht. Es schien ihm an der Zeit, seßhaft zu werden. Er mußte die Ergebnisse seiner Reisen ausarbeiten. Noch immer war der Bericht über seine dritte Expedition nicht zu Ende geschrieben. Mit den Berichten über seine Erlebnisse im abessinischen Feldzug und auf den beiden Expeditionen durch Libyen hatte er noch gar nicht begonnen. Hinzu kamen Vorträge in allen Teilen Deutschlands. Er war nun so berühmt und beliebt, daß er bei weitem nicht jedem Angebot entsprechen konnte. Die Säle waren überfüllt und die Karten schon vorher ausverkauft. Er wirkte faszinierend auf die Menschen, vor allem die Frauen waren von ihm begeistert.

Man schickte ihm Blumen und Liebesbriefe ins Hotel, doch von keinem der lockenden Angebote machte er Gebrauch. Eine sehr vermögende Dame in Wien wollte Rohlfs zu ihrem Alleinerben bestimmen, falls er nur regelmäßig mit ihr korrespondierte. Sie erhielt keine Antwort.

Anfänglich hatte er vor, seinen festen Wohnsitz in Berlin zu nehmen, doch die Millionenstadt war ihm zu betriebsam, und so entschied er sich für Weimar. Aber bevor er sich dort eine Wohnung suchen konnte, stand ihm noch eine lange Vortragsreise bevor. Sie sollte über Riga, Reval nach Petersburg, Moskau und Odessa führen, mit noch einem Dutzend anderer Stationen dazwischen.

Als er in Riga eintraf, wurde Rohlfs von Alexander Schweinfurth abgeholt. Er war ein Bruder des Afrikaforschers Georg Schweinfurth, der sich zur Zeit auf der Suche nach den Nilquellen befand. Die Familie stammte aus Riga und spielte eine bedeutende Rolle im Kulturleben der Stadt, deren Bevölkerung damals fast nur aus Baltendeutschen bestand. Das Patrizierhaus der Schweinfurths hatte ein doppeltes Gesicht, ein geschäftliches und ein künstlerisches. Schon seit drei Generationen betrieb die Familie Weinhandel en gros und war dadurch zu ansehnlichem Vermögen gelangt. Das hatte Georg Schweinfurth erlaubt, seine Forschungsreisen auf eigene Kosten zu unternehmen, während sein Bruder Alexander, nunmehr Chef der Firma, vorzugsweise musikalischen Neigungen lebte. Das Haus war ein Treffpunkt der gebildeten Kreise. Man gab Hauskonzerte, organisierte Vorträge, empfing Schriftsteller, Professoren, Gelehrte und interessante Besucher aus aller Welt. Die Schwester Alexander Schweinfurths war mit dem Komponisten Julius Behrens verheiratet. Mit ihrer neunzehnjährigen Tochter Lony lebte das Ehepaar im selben Haus.

„Sie werden natürlich bei uns wohnen“, sagte Alexander, kaum daß er Rohlfs begrüßt hatte.

„Nur keine Umstände, offen gestanden wohne ich lieber in einem guten Hotel."

„Sie können auch bei uns tun und lassen, was Sie wollen."

„So war's nicht gemeint, nur möchte ich keine Besuche machen ... ich meine, keine Besuche empfangen."

„Das brauchen Sie nicht, lieber Rohlfs, wir werden Sie abschirmen, auch meine Familie wird Sie in Ruhe lassen."

Man ließ ihn aber nicht in Ruhe. Schon im Hausflur wurde Rohlfs mit Fragen bestürmt, am Teetisch ging es weiter, und beim Abendessen sah er sich der wißbegierigen Lony Behrens rettungslos ausgeliefert. Das war deshalb ermüdend, weil die Neunzehnjährige vom wirklichen Leben und von der Welt weit draußen nur geringe Ahnung hatte. Sie war eben eine „höhere Tochter" damaliger Zeit. Sie konnte vielleicht einen Haushalt führen, recht hübsch auf dem Klavier klimpern und sich reizend anziehen, aber bestimmt nicht mehr. Wenn Rohlfs ihre Fragen beantwortete, mußte er gleichzeitig alles bis ins kleinste erklären. Lony wußte nicht, wo Tripolis lag und wer die Moslem waren. Sie hatte nie ein Kamel gesehen, auch nie von einem Burnus gehört, geschweige denn von einem Harem.

Er fand am nächsten Tag und an den folgenden Tagen ihre naive Fragerei nicht mehr so lästig. Immerhin bewies die hübsche Lony damit ein waches Interesse an Dingen, für die andere Mädchen ihrer begrenzten Erziehung sonst gar nichts übrig hatten. Ihre Schuld war es nicht, daß sie bisher nur wenig wußte. Rohlfs meinte, sie sei wie eine Knospe vor dem Aufblühen. Was konnte man bei vernünftiger Ausbildung nicht alles aus ihr machen?

Nach ungefähr einer Woche kam er zur Erkenntnis, es sei hierfür noch nicht zu spät.

„Die oder keine!" schrieb er überschwenglich in sein Tagebuch. Die Eltern des Mädchens fielen aus allen Wolken, als er seinen Antrag stellte. Rohlfs war doppelt so alt, er war weltberühmt und dem einfachen Mädchen in jeder Weise turmhoch überlegen. Warum mußte es gerade Lony sein, wenn er sich doch seine Braut in den besten und reichsten Häusern suchen konnte?

„Die oder keine“, wiederholte er vor dem Familienrat.

„Haben Sie etwa schon Lony selbst gefragt?“

„Natürlich nicht, wie dürfte ich das?“

Es wäre in der Tat äußerst ungehörig gewesen. Damals hatten allein die Eltern zu bestimmen, wem sie ihre Tochter zur Frau gaben.

„Wir sind moderne Menschen“, meinte Vater Behrens, „wir wollen auch Lony dazu hören.“

Lony wußte, wie sich in solchem Fall eine höhere Tochter zu benehmen hat. Sie fiel in eine leichte Ohnmacht oder tat wenigstens so. Aber schnell kam sie wieder zur Besinnung, um ihrerseits zu erklären: „Nur diesen Mann oder keinen!“

Da gaben auch die Eltern jeden Widerstand auf. Noch am gleichen Tag wußte ganz Riga von der sensationellen Verlobung. Als Georg Schweinfurth am Oberlauf des Nils davon erfuhr, schrieb er seinem Bruder: „Eher glaube ich, daß der Nil am Matterhorn entspringt, als daß Rohlfs mit der Lony zurechtkommt.“

Zunächst mußte Rohlfs seine Vorträge in Rußland halten. Unterdessen traf man in Riga die Vorbereitungen zu einer glanzvollen Hochzeit. Am 16. Juni 1870 wurde sie gefeiert. Telegrafische Glückwünsche kamen aus aller Welt, auch vom preußischen König, vom Kronprinzen und sogar von Bismarck. Und der Großherzog von Weimar ließ wissen, daß eine Wohnung für das junge Paar bereitstehe.

Vierzehn Tage später zogen die Neuvermählten ein. Rohlfs hatte weder die Wahl seiner Braut noch die Wahl seines Wohnorts zu bereuen. Der Zauber einstiger Größe hatte Weimar nicht verlassen, noch immer herrschte in der hübschen kleinen Stadt eine Atmosphäre wie zu Goethes Zeiten.

Bald gehörten die Rohlfs zu den beliebtesten Gästen am kultivierten Hof des Landesherrn. Mit Ernst und Eifer betrieb Gerhard Rohlfs die Fortbildung seiner Frau. Die Knospe blühte auf, Lony Rohlfs gewann an Bildung und Verstand. Ihre Wißbegier ließ nicht nach, sie hatte den passenden Lehrmeister gefunden.

Aber eines mußte er immer wieder versprechen: niemals mehr auf weite Reisen zu gehen.

„Das ist meine einzige Bedingung, Liebster. Dann kannst du sogar von mir verlangen, daß ich Kanurisch lerne oder Botokudisch oder sonstwas Grausliches."

„Nie mehr nach Afrika, ich versprech's dir hoch und heilig. Jetzt bleibe ich im Lande und nähre mich redlich."

Gut gesagt und ehrlich gemeint. Aber man schrieb das Jahr 1870, und am 14. Juli 1870 erklärte Kaiser Napoleon den Krieg gegen Preußen. Alle deutschen Staaten, Österreich ausgenommen, bildeten mit den Preußen eine geschlossene Front. Noch vor wenigen Jahren hätte das niemand für möglich gehalten, aber es war nun der Erfolg von Bismarcks geduldiger und listenreicher Politik. Als Sohn der Hansestadt Bremen und Wahlbürger eines friedlichen Fürstentums hatte sich Rohlfs nie mit der hohen Politik beschäftigt. Doch nun wurde auch er zum glühenden Patrioten. Er meldete sich zu den Waffen, sosehr seine Frau auch jammerte. Doch bevor man ihn wissen ließ, zu welcher Truppe er eilen sollte, rief ihn ein Telegramm nach Berlin. Im Garten des Auswärtigen Amtes wurde er von Bismarck gefragt, ob es ihm möglich sei, in Algerien die Eingeborenen gegen Frankreich aufzubringen. Wenn die Araber rebellierten, konnten die Franzosen keine Truppen aus Nordafrika abziehen. Vielleicht mußten sie sogar einige Regimenter von Frankreich nach Algerien verlegen.

Rohlfs hätte viel lieber ein Kommando an der Front übernommen, statt fanatische Moslem gegen die französische

Fremdenlegion aufzuhetzen. Hatte er doch selbst fünf Jahre lang zur Legion gehört! Aber auf eigene Wünsche kam es nicht an. Wenn es ihm gelang, einen Aufstand in Algerien zu entfesseln, standen den deutschen Truppen ein paar tausend Franzosen weniger gegenüber. Möglicherweise konnte das entscheidend sein. Also nahm er den Auftrag an.

Man hatte bereits Flugblätter in fehlerfreiem Arabisch gedruckt und Briefe an die Stammesführer in Algerien entworfen. Mit hohen Geldbeträgen ausgerüstet fuhr Rohlfs nach Neapel, bestieg dort ein Schiff und reiste über Catania, Malta und Tunis. Zunächst ging alles gut. Die Flugblätter und die Briefe erreichten ihre Bestimmungsorte. Aber schon bald erfuhren die Franzosen, was geplant war, und setzten den Bey von Tunis unter Druck. Als Mustafa-el-Tobib, wie sich Rohlfs wieder nannte, mit seiner eigenen Karawane auf dem Weg zur algerischen Grenze war, wurde er von Kamelreitern des tunesischen Bey eingeholt, verhaftet und nach Tunis zurückgebracht. Hier blieb er in Gewahrsam, bis ein Schiff nach Palermo abging. Dabei hatte er noch großes Glück, daß ihn der Bey nicht an die Franzosen auslieferte, sondern ihm die Rückreise ermöglichte, und zwar mit all seinen Papieren und dem preußischen Gold.

In Palermo überraschte ihn die Nachricht von dem großen Sieg bei Sedan. Kaiser Napoleon gefangen, die deutschen Truppen vor Paris und die französische Regierung auf der Flucht. Der Krieg war so gut wie entschieden, einen Aufstand in Algerien brauchte man nicht mehr.

Rohlfs reiste nach Berlin. Obwohl er seinen Auftrag nicht zu Ende geführt hatte, wurde er zum Königlichen Hofrat ernannt und mit einem hohen Orden geschmückt. Im Oktober 1870 war er wieder bei seiner lieben Lony in Weimar.

„Aber nun hast du genug von Afrika“, vergewisserte sich Frau Lony, „und du weißt doch, was du mir versprochen hast?“

„Aber natürlich, du kannst dich darauf verlassen."

Der Großherzog beschenkte Rohlfs mit einem Grundstück in der Nähe des Stadtparks. Schon nach einem Jahr erhob sich in dem ausgedehnten Garten die „Villa Meinheim", wo sich bald ein reges gesellschaftliches Leben entfaltete. Während der folgenden Jahre sah das Ehepaar Rohlfs fast alle berühmten Leute jener Zeit bei sich zu Gast. Mit vielen von ihnen kam es zu freundschaftlichen Verbindungen. Franz von Liszt, Eugen d'Albert und der russische Pianist Anton Rubinstein gaben in der Villa Meinheim ihre Konzerte. Richard Wagner und Hans von Bülow zählten zu den Besuchern des Hauses. Mit dem Zoologen Alfred Brehm, mit Walter und Wolfgang von Goethe, den Enkeln des großen Goethe, unterhielten die Rohlfs' viele Jahre hindurch herzliche Beziehungen, ebenso mit Heinrich Schliemann, der das alte Troja wiederentdeckt hatte, und mit dem Dichter Friedrich von Bodenstedt, der sich „Mirza Schafry" nannte. Der deutsche Asienforscher Ferdinand von Richthofen kam zu Besuch, und der Engländer Gordon Pascha, der als Generalgouverneur des Sudan in ägyptischen Diensten stand. Alle deutschen Afrikaner verkehrten bei Rohlfs, so die Kolonialpioniere Carl Peters, Adolf Lüderitz und Hermann von Wissmann, ebenso der Forscher Dr. Wilhelm Junker, der mehrere Reisen im Kongobecken durchführte, und Georg Schweinfurth, ein Onkel der Hausfrau. Auf einer Konferenz hatte Rohlfs fast alle übrigen der großen Afrikaner kennengelernt oder wiedergetroffen. Henry Morton Stanley, Gustaf Nachtigal, Emin Pascha, der eigentlich Eduard Schnitzer hieß, Rudolf von Slatin-Pascha, Gressi-Pascha und noch viele andere, die ihn später auch in Weimar besuchten. Es war wirklich ein „Duft der großen, weiten Welt", der sein Haus erfüllte.

Von Anfang Oktober bis Ende April ging Rohlfs auf Vortragsreise. Das war seine hauptsächliche Einnahmequelle, und er hielt während des Winters bis zu hundert Vorträge. Mehrere Monate verbrachte Rohlfs mit Vorträgen in Amerika, wo man ihn großartig feierte. Er war in New York, Washington, Boston, Philadelphia und San Francisco, auch überall dort sprach er in überfüllten Sälen. Er war oft zu Gast beim Fürsten und der Fürstin Bismarck in Friedrichsruh. Auch Kaiser Wilhelm blieb Rohlfs gewogen und bat ihn bei jedem Berliner Besuch zum Essen in kleinem Kreis. Allerdings konnte er über die Entwicklung von Henry Noel nicht viel Gutes berichten. Er war das geworden, was man heute einen Playboy nennt. Noel log wie gedruckt und erzählte allen Leuten, er sei der entführte Sohn eines mächtigen Sultans. Der Kaiser meinte, Noel könne als Dolmetscher für Arabisch in den Diplomatischen Dienst treten, man schickte ihn nach Kairo und Konstantinopel, aber sein Benehmen war unmöglich. Schließlich ergab eine ärztliche Untersuchung deutliche Zeichen von Geistesstörung. Als Rohlfs ihn besuchte, hatte Noel seinen Retter aus der Sklaverei völlig vergessen. Von einem Sanatorium kam er in das andere und letzten Endes in das Irrenhaus von Ancona in Italien. Wilhelm I. zahlte für seine Pflege.

„Ich wollte sehen, wie weit es ein Schwarzer bringen kann“, sagte der Kaiser zu Rohlfs, „in diesem Fall weiß ich es nun genau. Aber wahrscheinlich ist es unsere Schuld, wir haben von dem armen Kerl zu viel verlangt[1].“

Im September 1874 hatte Rohlfs auf Einladung König Leopold II. von Belgien an einer Konferenz teilgenommen, die sich mit der Erforschung Afrikas befaßte und wobei man neue Pläne schmiedete. Der König hatte kolonialen Ehrgeiz und dachte daran, die bisher nur wenig bekannten Gebiete am Kongo zu erwerben. Aber die belgische Regierung und das Parlament verweigerten ihre Zustimmung, was jedoch

[1] Die letzte Nachricht über Henry Noel stammt von 1912. Da war er sechzig Jahre alt und lebte noch immer, geistig völlig umnachtet, im Irrenhaus von Ancona.

Leopold nicht davon abhielt, sich weiter sehr lebhaft für den Kongo zu interessieren. Er verfügte über ein riesiges Privatvermögen und wollte eine Gesellschaft gründen, die sich erst durch Handel und dann durch eigene Verwaltung am Kongo ausbreiten sollte. Sein Ziel war ein privater Staat mit privat angeworbenen Söldnertruppen unter seiner Präsidentschaft.

Zunächst aber kam es dem König darauf an, das Stromgebiet und die Zuflüsse des Kongo so gut wie möglich zu erkunden. Deshalb die Konferenz aller zur Zeit erreichbaren Afrikaforscher. Verschiedene Aufträge wurden erteilt, aber keiner für Gerhard Rohlfs, weil er sich ja nie mit den geographischen Problemen des Kongo befaßt hatte. Leopold hatte aber sein Buch und seine Berichte aufmerksam gelesen. Er führte mit Rohlfs lange Gespräche unter vier Augen, ließ sich von ihm über die Organisation großer Karawanen beraten und zeigte erstaunliches Interesse an den Verhältnissen in Libyen, Bornu und Wadai. Weiter wollte er wissen, wo etwa die Quellen des Benué und Schari zu finden seien. Dabei blieb es jedoch, und nach vielen Festlichkeiten kehrte Rohlfs wieder nach Weimar zurück.

Briefe kamen aus Brüssel, Berlin und London. Rohlfs holte wieder seine Karten hervor, bestellte auch neue Karten und führte eine sehr lebhafte Korrespondenz mit allen geographischen Gesellschaften. Seiner Frau gefiel das immer weniger. Aber sie konnte dem Gatten nicht widersprechen, wenn er meinte, es gehöre zu seinen Studien, daß er alles verfolge, was demnächst zur weiteren Erforschung Innerafrikas geplant sei. Lony beruhigte sich wieder und war vollauf beschäftigt mit den immer zahlreicheren gesellschaftlichen Verpflichtungen.

„Ich fürchte, manchmal ist das zu viel für dich", meinte der besorgte Gatte, „hättest du nicht Erholung nötig, vielleicht eine Reise in den sonnigen Süden?"

„Ach ja, Liebster, könnten wir nicht ein paar Wochen an

der Riviera verbringen, ganz ruhig und ohne gesellschaftlichen Betrieb? Auch dir würde es gut tun."

Für Rohlfs war die Riviera noch lange kein sonniger Süden, vor allem im Winter nicht.

„Was hältst du davon, wenn wir meine Freunde in Tripolis besuchen. Ich würde die Rossis und Bottas gerne mal wiedersehen, vielleicht auch meinen braven Gatroni."

Gewiß eine weite Reise für Lony, aber wenn es ihm Freude machte, konnte sie nicht nein sagen.

„An sich wolltest du nicht mehr nach Afrika ...", erinnerte sie nur.

„Nicht allein nach Afrika, das haben wir doch gemeint, liebster Schatz. Aber mit dir zusammen ist das etwas anderes."

„Natürlich, es wäre etwas anderes. Aber du gehst mir nicht in die Wüste, Gerhard, du bleibst immer bei mir?"

Darauf zu antworten fiel ihm schwer. Er sollte ja die Wasserscheide zwischen dem Benué, dem Chari und dem Kongo feststellen. Das war für König Leopolds koloniale Pläne von großer Bedeutung. Die künftige Nordgrenze des Kongostaates hing davon ab. Man mußte klären, bis wohin die Zuflüsse des Kongo reichten, denn alles Land im Stromgebiet des Kongo und seiner Nebenflüsse wollte Leopold II. für seine Handelskompanie und den künftigen Privatstaat in Anspruch nehmen. Auf seine Veranlassung hatte die „Afrikanische Gesellschaft in Deutschland" bei Rohlfs angefragt, ob er diese Erkundung übernehmen wollte. Und er hatte sie übernommen! Nur zögernd rückte Rohlfs mit der Wahrheit heraus.

„Du wirst begreifen, daß es mich brennend interessiert, welche Pläne man neuerdings in Afrika verfolgt. Leopold hat ja auch mich als Berater hinzugezogen. Am besten zeige ich's dir auf einer Karte ..."

Er rollte das Blatt über den breiten Eßtisch und beschwerte die Ecken mit Aschenbechern. Die Karte reichte vom Mittelmeer bis zum Kongo und vom Nil zum Niger. Vom Innern des Schwarzen Erdteils war aber nur zu sehen, was europäische Forscher bisher entdeckt hatten. Dagegen fehlten alle Eintragungen, die lediglich auf Mitteilung der arabischen Kaufleute und Karawanenführer beruhten. Man konnte sich nicht darauf verlassen, denn oft gaben sie absichtlich falsche Auskünfte.

„Da siehst du einen großen weißen Fleck im Süden von Libyen und westlich des Tschad-Sees. Er reicht bis zum Oberlauf des Benué. Für jeden Forscher sind weiße Flecken auf der Landkarte ein unerhörter Anreiz, sie auszufüllen. Da kribbelt's einem richtig in den Fingern. Und hier ist ein großer Strom, der in den Tschad-See fließt, *Chari* nennen ihn die Leute von Bornu. Aber niemand weiß, woher der Chari kommt, und man weiß das ebensowenig vom Benué. Dort, wo die Quellen sind, liegt die Wasserscheide zum Kongo, ich meine, dort muß sie liegen. Du verstehst, was das bedeutet?"

Natürlich, sie war nicht umsonst eine aufmerksame Schülerin ihres Gatten gewesen. Schon längst teilte Lony seine Interessen und konnte bei geographischen Problemen mitreden. Wasserscheiden waren unerhört wichtig, sie trennten ein Stromgebiet vom anderen. Die Erschließung Afrikas hing davon ab, festzustellen, woher die Flüsse und ihre Nebenflüsse kamen, denn sie waren Wege und Wegweiser durch die Wildnis. Entweder konnte man sie befahren oder ihren Ufern folgen. Selbst die Wadis in der Wüste machten davon keine Ausnahme, denn das Grundwasser unter dem Sand speiste die Brunnen. Und nach dem Brunnen richteten sich die Handelswege der Karawanen.

„Du meinst, wenn man dem Benué folgt oder dem Chari, muß man die Wasserscheide zwischen beiden entdecken?"

„Ja, natürlich, aber vor allem soll bei diesem Unternehmen festgestellt werden, ob es möglich ist, das Stromgebiet des Kongo auf dem Weg durch die Libysche Wüste zu erreichen.

Eine wirklich faszinierende Aufgabe. Selbst wenn man das Ziel nicht erreicht, würden schon auf halbem Wege so manche Probleme gelöst. Man könnte im südlichen Libyen die sagenhaften Kufra-Oasen finden und vielleicht klären, ob das noch sagenhaftere Ennedi-Gebirge wirklich vorhanden ist. Der weiße Fleck, liebe Lony, dieser große weiße Fleck würde bedeutend kleiner."

Sie sah es ein, für jeden Forscher war das eine unwiderstehliche Verlockung. Und sie hatte einen Forscher zum Mann.

„Was würdest du machen, Gerhard, wenn es deine Aufgabe wäre ... Wo sollte die Expedition beginnen?"

In Tripolis natürlich, um von dort aus in Richtung der Kufra-Oasen vorzustoßen. Dann weiter nach Süden ins Unbekannte, bis man irgendwo auf einen Flußlauf stieß, der als Wegweiser dienen konnte.

„Ich wäre in der glücklichen Lage", meinte Rohlfs, „einen zuverlässigen Mitarbeiter zu haben, der in Tripolis bleibt und für den Nachschub sorgt. Das hat mir immer gefehlt, diese Verbindung zwischen der Heimat und meiner Expedition. Leider haben wir in Tripolis keinen deutschen Konsul, von den anderen darf man nicht zuviel verlangen. Es wäre ja diesmal unbedingt notwendig, daß ich von Zeit zu Zeit aus Tripolis versorgt werde. Ich würde einen Kurierdienst einrichten, ich würde mit Tripolis in Verbindung bleiben ... so gut oder so schlecht das eben geht. Von meinem Vertreter wird sehr viel abhängen, Lony, der übernimmt eine große Verantwortung ... und du weißt, an wen ich denke?"

„Ja, wenn es denn unbedingt sein muß ..."

„Ich kann nicht anders, Lony, der weiße Fleck ist ein Magnet, von dem ich nicht loskomme. Aber wenn du in Tripolis bist und auf mich wartest, bin ich bald zurück."

Sie fragte, wie lange er fortbleiben werde.

„Ein Jahr oder zwei ... wer kann das wissen?"

Epilog

Am 4. November 1878 waren die beiden Rohlfs' in Tripolis, sieben Wochen später kam die Stunde der Trennung. Gerhard Rohlfs wurde diesmal von vier anderen Europäern begleitet. Zwei waren Wissenschaftler, einer war Feinmechaniker für die Instrumente und der vierte einfacher Handwerker. Der älteste Sohn Mohammed el Gatronis führte die Kamele und bewies, daß er ebenso treu und tüchtig war wie sein Vater.

Die Expedition nahm keinen glücklichen Verlauf. Unter größten Schwierigkeiten erreichte sie die bis dahin noch nie von einem Europäer besuchten Kufra-Oasen in der Libyschen Wüste, aber das weitere Vordringen scheiterte am religiösen Fanatismus der Senussi. Rohlfs und seine Begleiter wurden festgenommen. Sie schwebten wochenlang in der unmittelbaren Gefahr, ermordet zu werden, und verloren fast ihre gesamte Ausrüstung. Durch eine verzweifelte List gelang es ihnen schließlich, bei Nacht zu entkommen. Halb verhungert, nur in Fetzen gehüllt und von Sonnenbrand gequält, erreichten sie am 25. Oktober 1879 wieder die Stadt Bengasi am Mittelmeer. Herr von Csillagh aus Graz, der sich schon anfangs von Rohlfs getrennt hatte, verlor sein Leben in der Nähe von Mursuk.

Die Expedition war gescheitert, wenn man ihr weitgestecktes Ziel, nämlich die nördlichen Zuflüsse des Kongo, in Betracht zog. Aber die Entdeckung der lang gesuchten Kufra-Oasen war trotz allem ein großer Erfolg. Bisher hatte man von dem Sultanat der Senussi, das ein geistlicher und weltlicher Staat zugleich war, in Europa so gut wie nichts gewußt.

Aber Rohlfs, nunmehr siebenundvierzig Jahre alt, war von seiner Leidenschaft, die weißen Flecken Afrikas zu enträtseln, gründlich geheilt, sehr zur Freude seiner lieben Lony. Er meinte, nun sollten jüngere Forscher an seine Stelle treten. Doch andere Aufgaben riefen ihn noch zweimal nach Afrika. Er reiste Ende 1880 als Sonderbotschafter des deutschen Kaisers nach Abessinien, um mit dem Negus Johannes über die Aufnahme diplomatischer Beziehungen zu verhandeln.

Dann folgten ein paar friedliche, mit wissenschaftlicher Arbeit ausgefüllte Jahre in Weimar. Allem Anschein nach hatte sich der Weitgereiste endgültig zur Ruhe gesetzt. Aber ein überraschender Auftrag des Fürsten Bismarck holte ihn wieder aus Weimar fort. Das Deutsche Reich hatte begonnen, in Afrika eigene Kolonien zu erwerben, darunter einen Küstenstreifen gegenüber der Insel Sansibar. Dort in Sansibar, wo nun alle Fäden der ostafrikanischen Kolonialpolitik zusammenliefen, sollte Rohlfs als Generalkonsul die deutschen Interessen vertreten. An Bord der Panzerfregatte „Bismarck" besuchte er auf der Hinreise die Insel St. Helena und hielt sich für mehrere Wochen in der Lüderitzbucht auf. Vor einem Jahr war hier die deutsche Flagge gehißt worden, bald danach entstand aus der kleinen Niederlassung die große Kolonie Deutsch-Südwest-Afrika. Sodann reiste Rohlfs über Kapstadt nach Sansibar, um sein Amt zu übernehmen. Frau Lony kam auf direktem Wege nach und richtete den Haushalt ein. Es scheint, daß sie im Verkehr mit den anderen Konsuln und deren Frauen weit größeres Geschick bewies als ihr Gatte. Rohlfs geriet in scharfen Gegensatz zu seinem britischen Kollegen, der alle Möglichkeiten nutzte, um das Vordringen deutscher Kolonialpioniere zu behindern. Um politische Intrigen zu spinnen, so wie es die Umstände erfordert hätten, dafür war Rohlfs nicht der richtige Mann. Er war überhaupt nicht der Typ eines wendigen Diplomaten, der es verstand, seine amtlichen Pflichten durch ausgesucht höfliche Umgangsformen zu verschleiern. Statt alle Anweisungen vom grünen Tisch in Berlin widerspruchslos zu befolgen, hatte er zu viele eigene Ideen. Auch mit dem Sultan von Sansibar gab es politische Schwierigkeiten. Rohlfs wurde zur Berichterstattung nach Berlin gerufen, wo man ihm eröffnete, daß schon ein Nachfolger für ihn bestimmt sei.

Die Episode von Sansibar war für Rohlfs der letzte Aufenthalt in Afrika gewesen. Er reiste nur noch durch Deutschland, um Vorträge zu halten, lebte aber sonst ruhig und zufrieden in Weimar. Kinder stellten sich nicht ein, obwohl die beiden Rohlfs' sie gerne gehabt hätten.

Aus gesundheitlichen Gründen erfolgte 1890 die Übersiedlung nach Godesberg am Rhein, denn Rohlfs brauchte wärmeres Klima. Finanziell mußte sich das Ehepaar einschränken. Die Beliebtheit der Rohlfsschen Reisebücher hatte ihren Höhepunkt überschritten, und die Vortragsreisen wurden dem alten Herrn zu anstrengend. Den Neubau einer kleineren Villa, wiederum „Meinheim" genannt, konnte sich Rohlfs noch leisten. Die stille Straße, in der Gerhard Rohlfs seine letzten Jahre verbrachte, hieß damals Friedrichstraße. Später wurde sie nach ihm genannt.

Im Juni 1895 feierten Gerhard und Lony ihre silberne Hochzeit. Am gleichen Tag des folgenden Jahres kam plötzlich das Ende. In Vegesack, neben seinen Eltern und dem schon früher verstorbenen Bruder, wurde Gerhard beigesetzt. Frau Lony lebte noch vierzig Jahre, ganz in der Erinnerung an ihn.

Zeitpanorama

1831 (bis 1833) Ägypt.-Türk. Krieg. G. F. Rohlfs in Vegesack geboren.
1833 Preußen gründet den Deutschen Zollverein.
1835 Tod Kaiser Franz I. von Österreich. Nachfolger Ferdinand I.
1837 Victoria wird Königin von Großbritannien.
1839 (bis 1842): „Opiumkrieg" Englands in China.
1840 Friedrich Wilhelm IV. wird König von Preußen.
1842 Buren gründen den Oranje-Freistaat in Südafrika.
1846 Richard Lepsius unternimmt Forschungsreise durch Ägypten.
1847 Liberia in Afrika wird „Freie und unabhängige Republik".
1848 Revolutionäre Erhebungen in Frankreich, Deutschland u. Österreich.
1849 David Livingstone erforscht in Afrika das Sambesigebiet.
1850 Heinrich Barth unternimmt, bis 1855, Sahara- und Sudanreisen.
1852 Frankreich: Staatsstreich Louis Napoleons; er wird als Napoleon III. erblicher Kaiser.
1853 (bis 1856): Krimkrieg Rußland–Türkei; Frankreich und Großbritannien beteiligt gegen Rußland.
Südafrikanische Republik gegründet.
1855 Livingstone erreicht die Viktoria-Fälle.
1858 Einsetzung eines britischen Vizekönigs für Indien.
Speke entdeckt den Tanganjika-See und den Viktoria-See als Nilquelle.
1860 Süd-Nord-Durchquerung Australiens durch Burke und Wills.
1861 USA: Ausbruch des Bürgerkriegs; an dessen Ende (1865) formelle Abschaffung der Sklaverei.
Gerhard Rohlfs trifft in Tanger ein, beginnt seine Forschertätigkeit.
1862 Bismarck wird preußischer Ministerpräsident.
1864 (bis 1866): Schweinfurth forscht in Ägypten und Ost-Sudan.
Gerhard Rohlfs durchquert die Sahara von Tanger nach Tripolis.
1865 (bis 1866): Gerhard Rohlfs durchquert die Sahara von Norden nach Süden (Tripolis–Tschad-See).
1867 Bismarck wird Bundeskanzler des Norddeutschen Bundes.
Kaiser Franz Josef von Österreich wird König von Ungarn („Doppelmonarchie").
USA: Kauf Alaskas von Rußland.
Mexiko: Kaiser Maximilian erschossen; der Staat wieder Republik.
(bis 1873): Livingstone forscht im Kongogebiet.
1868 (bis 1872): Von Richthofen unternimmt Forschungsreisen durch China.
1869 (bis 1874): Gustav Nachtigal unternimmt Reisen durch die Sahara und den Sudan.
(bis 1872): Schweinfurth reist in dem Gebiet zwischen Nil und Kongo.
Rohlfs forscht in der Libyschen Wüste.
1870 Deutsch-Französischer Krieg. Entscheidender Sieg bei Sedan. Napoleon III. gefangen.

1871 Gründung des Deutschen Reiches. Wilhelm I. zum Kaiser ausgerufen; Bismarck erster Reichskanzler.
Stanley findet Livingstone in Ostafrika.

1874 (bis 1887): Junker erforscht das obere Nilgebiet.
Stanley startet zum Viktoria-See, erforscht bzw. durchquert den Albert-See, den Tanganjika-See, das Kongogebiet (bis 1877).

1876 (bis 1892): Emin Pascha forscht in Ostafrika.

1877 (bis 1878): Russisch-Türkischer Krieg. Beendet durch den Frieden von San Stefano und den Berliner Kongreß.

1878 Rohlfs bereist Tripolitanien; 1879 in den Kufra-Oasen.

1881 Britische „Schutzherrschaft" über Ägypten, französische über Tunis.
Wissmann durchquert (bis 1882) Afrika von Loanda nach Sansibar.

1882 Dreibund Deutschland, Österreich, Italien.

1884 Beginn deutscher Kolonialpolitik. Schutzerklärungen des Deutschen Reiches für Deutsch-Südwestafrika, Togo und Kamerun, 1885 für Deutsch-Ostafrika.

1885 Gründung eines Kongostaates durch Leopold II. von Belgien.

1886 Nigeria britische Kolonie.

1887 Rückversicherungsvertrag Deutschland mit Rußland.
Emin Pascha trifft mit Stanley am Albert-See zusammen.

1888 „Dreikaiserjahr" in Deutschland: Nach dem Tod Wilhelms I. kurze Regierung Friedrichs III.; dann Wilhelm II.
Nansen durchquert Südgrönland auf Skiern.

1890 Bismarcks Entlassung.
Helgoland kommt durch Tausch (gegen Sansibar und Witu) von Großbritannien an Deutschland.

1891 Lilienthal unternimmt erste Flugversuche.

1893 (bis 1896): Nansens Nordpol-Expedition auf der „Fram".

1894 Rußland: Nikolaus II. wird Nachfolger Alexander III.
(bis 1895): Japanisch-Chinesischer Krieg.
(bis 1897): Sven Hedin in Tibet.

1895 Borchgrevink betritt als erster den antarktischen Kontinent.

1896 Krieg Italien–Abessinien; Abessinien wird unabhängig.
Gerhard Rohlfs gestorben.